秋田県の教員採用試験　参考書シリーズ❽

2026年度版

# 秋田県の

# 音楽科

## 参　考　書

協同教育研究会 編

協同出版

# はじめに～「参考書」シリーズ利用に際して～

　教育を取り巻く環境は変化しつつあり，日本の公教育そのものも，教員免許更新制の廃止や GIGA スクール構想の実現などの改革が進められています。また，現行の学習指導要領では「主体的・対話的で深い学び」を実現するため，指導方法や指導体制の工夫改善により，「個に応じた指導」の充実を図るとともに，コンピュータや情報通信ネットワーク等の情報手段を活用するために必要な環境を整えることが示されています。

　一方で，いじめや体罰，不登校，暴力行為など，教育現場の問題もあいかわらず取り沙汰されており，教員に求められるスキルは，今後さらに高いものになっていくことが予想されます。

　本書は，教員採用試験を受験する人が，より効率よく学習できるように構成されています。本書の基本構成としては，各自治体の過去問を徹底分析した上で，巻頭に，各自治体の出題傾向と学習法，出題例，類題等を作成・掲載しております。第 1 章以降では，各自治体の出題傾向に基づいて，頻出の項目を精選して掲載しております。ページ数やその他編集上の都合により，掲載しきれず，割愛している内容もありますので，あらかじめご了承ください。なお本書は，2024 年度（2023 年夏実施）の試験を基に編集しています。最新の情報につきましては，各自治体が公表している募集要項や Web サイト等をよくご確認ください。

　最後に，この「参考書」シリーズは，「過去問」シリーズとの併用を前提に編集されております。参考書で要点整理を行い，過去問で実力試しを行う，セットでの活用をおすすめいたします。

　みなさまが，この書籍を徹底的に活用し，難関試験である教員採用試験の合格を勝ち取って，教壇に立っていただければ，それはわたくしたちにとって最上の喜びです。

協同教育研究会

教員採用試験「参考書」シリーズ

# 秋田県の音楽科 参考書

# CONTENTS

# 秋田県の音楽科
# 出題傾向と学習法

# 効率よく試験対策を進めるために

## 1 ポイントを確実に理解して問題を解く

　教員採用試験の専門教養の筆記試験対策として最重要なのは，受験する自治体の出題形式や傾向に合った学習法を知ることである。本書は過去問を分析し，頻出分野を中心に構成されている。各節で学習のポイントを示し，問題を解きながら知識を身につけるようになっている。したがって，まず，各節のポイントを確実に理解するようにしよう。

　専門教養とはいえ，学習指導要領の内容から大きく離れた「難問」が出題されることはほとんどない。志望する学校種の問題レベルを把握し，十分に対応できるまでの知識を身につけることが求められる。試験対策としては，苦手な分野や触れたことのない内容を残さないようにすることも大切だが，まずは本書の問題や過去問などに積極的に取り組んで，頻出分野の知識を身につけてほしい。

## 2 出題傾向から効率よい学習法を導き出す

　過去問に目を通すことで，頻出分野だけでなく，出題形式の特徴も窺うことができる。

　秋田県の出題の特徴として，記述問題が多いこと，指導案作成の問題，編曲問題が毎年出題されていることが挙げられる。単純な問題が少なく，難易度が高いといえる。

　出題分野の傾向として「音楽理論・楽典(音楽の基礎知識)」や「音楽史(作曲家と作品の知識を問う問題)」，「総合問題(オーケストラスコアによる問題)」，「日本伝統音楽」，「作曲・編曲」，「学習指導案(完成学習指導案の作成)」について頻繁に出題されている。いわば，これらの分野・内容が，秋田県の特徴といえる。こうした分野については本書で学習し，過去問や類題を解き，確実に得点できるようにしておきたい。

　ここでは，実際に出題された問題を，いくつか示す(出題例参照)。

　例年【1】で楽語，【2】で全般的な音楽知識，【3】で学習指導要領の基

礎的な問題が出題されていたが，2022年度から傾向が変わった。中高共通問題として大問【1】で基本的な音楽の知識が問われ，中高別での大問は，指導に絡めた問題と，スコアからの問題である。いずれの問題も，多くの知識がないと解けないうえに，記述や記譜に時間がかかるものなので時間配分について意識して対策してほしい。また，秋田県の伝統芸能，ゆかりのある作曲家についての問題は頻出しているので，過去問でしっかりチェックしておこう。

　スコア問題は，一つの楽曲について様々な角度から問われる。その中で楽典の問いについては，作品に触れたことがなくても解答できるので，落ち着いて取り組んでほしい。学習指導要領については，「どのように指導するか」という点まで記述を求められるので，文章暗記にとどまらず，実際の授業をイメージして学習に取り組んで欲しい。学習案を書く練習は，様々な題材で練習しておくこと。編曲問題は，創作するのではなく，移調楽器に書き換える問題である。2018年度より弦楽四重奏の曲をサックス四重奏に書き換える問題が続いていたが，2023年度，2024年度はクラリネットアンサンブルへの書き換えであった。次年度はどの楽器について問われるかわからないが，サックスの管の種類は必ず覚えておくこと。

## 3　過去問題集との併用等で実践力をつける

　以上のように，本書の使い方としては，効率的に試験対策を進めるために頻出分野のポイントを押さえ，問題を通して解法を理解していくことになるが，本試験でその学習成果が発揮できるかどうかは，実践的な問題をどれだけ解いているかが重要である。その対策として，一通り基礎の確認ができたら時間を計って各年度の過去問を解くこと，模試を活用するといったことが考えられる。そこで不正解だった問題については，本書の該当箇所を参照して，繰り返し学んでほしい。そうすることで，出題傾向に合わせた実践的な力が必ず身につくはずである。

## まずは出題例を見ていこう！

### 本自治体の出題例：始めにチャレンジ！①（2024年度実施問題改）

（　①　）～（　④　）に適する語句を書け。

　アメリカ合衆国では，19世紀末に民間吹奏楽団が発展し，（　①　）は1892年に自らの吹奏楽団を立ち上げ，世界中で公演した。（　①　）は多くの行進曲を作曲しており，後に母国アメリカの公式行進曲に制定された「（　②　）」や，1889年新聞社の作文コンテストの表彰式のために作曲された「ワシントンポスト」がある。（　①　）はマーチングバンドなどでよく用いられる，管を袈裟懸け状にして一方の肩に担ぎ，楽器のベルが前方を向いた金管低音楽器（　③　）を考案した。

　また，日本で吹奏楽と音楽教育の分野を中心に活躍している（　④　）は，秋田県出身の作曲・編曲家である。彼が高校在学中に作曲した「即興曲」は1976年度に，「カドリーユ」は1983年度に，全日本吹奏楽コンクール課題曲として採用された。

解答：①　ジョン・フィリップ・スーザ(スーザ)　②　星条旗よ永遠なれ　③　スーザフォーン　④　後藤　洋

### 本自治体の出題例：始めにチャレンジ！②（2024年度実施問題改）

　次は雅楽「平調　越天楽－管絃－」で用いる楽器を分類したものである。（　①　）～（　⑩　）に適する語句を書け。ただし，（　④　），（　⑦　）は読み方をひらがなで答えよ。

| 分類 | 楽器名 | 楽器の特徴・役割 |
|---|---|---|
| （　①　）物 | （　③　） | 17本の竹を束ねた楽器で，吹いても吸っても音が出る。和音を演奏することができる。 |
| | 篳篥（　④　） | ダブルリードを用いる竹製の縦笛。旋律を演奏する。 |
| | （　⑤　） | 竹製の横笛。篳篥より高い音域で装飾的な旋律を演奏する。 |

| | | （　⑥　）鼓 | 金属製の打楽器。先端に球がついた2本のばちで打つ。 |
|---|---|---|---|
| （　②　）物 | 鞨　鼓 （　⑦　） | | 左右両面に張られた革をばちで打つ。速度を決めたり，終わりの合図を出したりして全体をリードする役割をもつ。 |
| | 釣（　⑧　）鼓 （鼓） | | 鹿革を巻いた木製のばちで片面を打つ。音楽の区切りを知らせる役割をもつ。 |
| 弾き物 | 楽（　⑨　） | | リュート属の弦楽器で4本の糸を右手に持ったばちで演奏する。一定の音型を繰り返し，拍を明確にする。 |
| | 楽（　⑩　） | | 13本の糸を右手の指にはめた爪で演奏する。一定の音型を繰り返し，拍を明確にする。 |

解答：① 吹き(吹)　② 打ち(打)　③ 笙　④ ひちりき
　　　⑤ 竜笛　⑥ 鉦　⑦ かっこ　⑧ 太　⑨ 琵琶
　　　⑩ 箏

**本自治体の出題例：始めにチャレンジ！③** (2023年度実施問題改)

　次のスコアは，ある楽曲の冒頭部分である。この曲について，以下の設問に答えよ。

10

(1) この曲の作曲者名を書け。

(2) 上記(1)はどこの国の作曲家か書け。

(3) この曲の曲名を書け。

(4) この曲は，ある詩にインスピレーションを受けて作曲されたが，その詩の作者を書け。

(5) スコア中のⒶ及びⒷに入る楽器名を書け。

解答：(1) クロード・ドビュッシー(ドビュッシー)　(2) フランス
　　　(3) 牧神の午後への前奏曲　(4) ステファヌ・マラルメ(マラルメ)　(5) Ⓐ フルート　Ⓑ オーボエ

**本自治体の出題例：始めにチャレンジ！④**（2024年度実施問題改）

　次のスコアは，ある楽曲の一部分である。この曲の3小節目から10小節目までの8小節間について，クラリネット・アンサンブルで演奏できるように編曲せよ。

　なお，全休符の小節への記入は不要とする。

　また，楽器編成は，E♭小クラリネット1，B♭クラリネット2，アルト・クラリネット1，バス・クラリネット1，コントラバス・クラリネット1とし，編曲後は原曲と同一調（原調）とする。

解答：

**本自治体の出題例：始めにチャレンジ！⑤** （2023年度実施問題改）

「高等学校学習指導要領（平成30年3月告示）」第2章　第7節
芸術　第2款　第1「音楽Ⅰ」では次のように示されている。

第1　音楽Ⅰ　2　内容　B　鑑賞　(1)鑑賞

(1)　鑑賞に関する次の事項を身に付けることができるよう指導する。

　ア　鑑賞に関わる知識を得たり生かしたりしながら，次の(ア)から(ウ)までについて考え，音楽のよさや美しさを自ら味わって聴くこと。

　　(ア)　曲や演奏に対する評価とその根拠

　　(イ)　自分や社会にとっての音楽の意味や価値

　　(ウ)　音楽表現の共通性や固有性

　イ　次の(ア)から(ウ)までについて理解すること。

　　(ア)　曲想や表現上の効果と音楽の構造との関わり

　　(イ)　音楽の特徴とその文化的・歴史的背景，他の芸術との関わり

　　(ウ)　我が国や郷土の伝統音楽の種類とそれぞれの特徴

　このことを踏まえ，第1学年における「ボレロ」（ラヴェル作曲）を主な教材とした2時間扱いの題材を構成し，次の3点について書け。なお，指導する事項は，ア(ア)イ(ア)とする。

・題材の目標
・本題材の学習において，生徒の思考・判断のよりどころとなる主な音楽を形づくっている要素
・1時間ごとのねらい，学習活動，評価規準

本題材（全2時間）の指導計画

| 題材の目標 |
|---|
| （1）<br><br>（2）<br><br>（3） |
| 本題材の学習において、生徒の思考・判断のよりどころとなる主な音楽を形づくっている要素 |

| | | |
|---|---|---|
| 第1時 | ねらい | |
| | 学習活動 | |
| | 評価規準 | |
| 第2時 | ねらい | |
| | 学習活動 | |
| | 評価規準 | |

15

解答：

| | | |
|---|---|---|
| 題材の目標 | | |

**題材の目標**
(1) リズムの反復と2つの旋律を捉え，楽曲の構成を理解して鑑賞することができる
(2) 楽器を重ねたときの音色や強弱の表現効果の違いに気づき，オーケストラの表現の豊かさを味わって鑑賞することができる。
(3) 曲の構成やオーケストラの表現の豊かさについて，よさや美しさを自分の言葉で説明することができる。

本題材の学習において，生徒の思考・判断のよりどころとなる主な音楽を形づくっている要素
音色，リズム，旋律，構成

| 第1時 | ねらい<br>楽曲の構成を理解して鑑賞することができる |
|---|---|
| | 学習活動<br>・スコアの見方を確認する。<br>・グループごとに，2つのパターンの旋律の色分けをする。<br>・色分けをして気づいたことを全体に発表する。<br>・小太鼓のリズムを提示し，スコアを見て，全体を通して演奏されていることを理解する。<br>・スコアを見ながら鑑賞する。 |
| | 評価規準<br>・2つの旋律やリズムの現れ方などといった，楽曲の構成を理解して鑑賞することができる。 |
| 第2時 | ねらい<br>オーケストレーションの豊かさを味わい，よさや美しさを説明することができる |
| | 学習活動<br>・前時の復習をする。<br>・同じ旋律（同じ色で塗られた箇所）であっても，楽器が異なると感じ方が異なることに気づく。<br>・どの楽器のときにどのような感じ方になるか，クラスのみんなに対して『ボレロ』紹介文を書く。<br>・互いに発表する。<br>・発表したことを踏まえ，再度鑑賞する。 |
| | 評価規準<br>・オーケストラに用いられる楽器の音色に関心を持ち，主体的に鑑賞に取り組んでいる。<br>・楽器ごとの音色の違いや，複数の楽器の重なりなどといったオーケストレーションを理解し，それらが生み出す効果について紹介文に表すことができる。 |

## 過去３カ年の出題傾向分析

　ここでは，過去３カ年で出題された分類と主な出題事項を表にまとめている。学習する前に，大まかな傾向をつかんでおこう。

| 年度 | 分類 | 主な出題事項 |
|---|---|---|
| 2024年度 | 音楽理論・楽典 | 音楽の基礎知識，調と音階，音楽の構造 |
| | 音楽史 | 作曲家と作品の知識，音楽様式，音楽形式の知識，近現代の作曲家や演奏家についての知識 |
| | 総合問題 | オーケストラスコアによる問題，小編成アンサンブルのスコア，大譜表(ピアノ用楽譜)による問題 |
| | 楽器奏法 | |
| | 日本伝統音楽 | 楽器(箏，尺八，三味線)，総合問題 |
| | 民族音楽 | |
| | 中学校学習指導要領 | 目標，各学年の目標と内容，指導計画と内容の取扱い，指導要領と実践のつながり |
| | 高校学習指導要領 | 各学年の目標と内容，指導計画と内容の取扱い |
| | 教科書教材 | 総合問題，学習指導要領と関連させた指導法を問う問題 |
| | 作曲・編曲 | クラスの状況を踏まえた編成に編曲 |
| | 学習指導案 | 完成学習指導案の作成，指導についての論述 |
| 2023年度 | 音楽理論・楽典 | 音楽の基礎知識，調と音階 |
| | 音楽史 | 作曲家と作品の知識，近現代の作曲家や演奏家についての知識 |
| | 総合問題 | オーケストラスコアによる問題，小編成アンサンブルのスコア，大譜表(ピアノ用楽譜)による問題 |
| | 楽器奏法 | |
| | 日本伝統音楽 | 楽器(箏，尺八，三味線) |
| | 民族音楽 | |

| 年度 | 分類 | 主な出題事項 |
|---|---|---|
| | 中学校学習指導要領 | 目標，各学年の目標と内容 |
| | 高校学習指導要領 | 目標，各学年の目標と内容 |
| | 教科書教材 | 総合問題 |
| | 作曲・編曲 | クラスの状況を踏まえた編成に編曲 |
| | 学習指導案 | 完成学習指導案の作成 |
| 2022年度 | 音楽理論・楽典 | 音楽の基礎知識，調と音階 |
| | 音楽史 | 作曲家と作品の知識，音楽様式，音楽形式の知識，文化的背景との関わり |
| | 総合問題 | 小編成アンサンブルのスコア，大譜表(ピアノ用楽譜)による問題 |
| | 楽器奏法 | |
| | 日本伝統音楽 | 歌舞伎 |
| | 民族音楽 | |
| | 中学校学習指導要領 | 目標，各学年の目標と内容 |
| | 高校学習指導要領 | |
| | 教科書教材 | 学習指導要領と関連させた指導法 |
| | 作曲・編曲 | クラスの状況を踏まえた編成に編曲 |
| | 学習指導案 | 完成学習指導案の作成 |

※「分類」「主な出題事項」は，過去問シリーズに掲載されている出題傾向分析に該当する。

　次に，ここで紹介した分類の類題を掲載しておくので，学習の第一歩としてほしい。

## 類題を解いてみよう！

### 類題で問題演習の幅を広げよう！①

次の (1) ～ (5) の各問いに答えなさい。

(1) ルネサンス期のドイツにおいて，マルティン・ルターが宗教改革を進めるにあたり，一般信徒が覚えやすいようにドイツ語の歌詞で歌う讃美歌を用いた。このような讃美歌を何というか答えよ。

(2) バロック期に多く使用された形式の1つで，総奏部と独奏部を交互に繰り返しながら発展していく形式を何というか答えよ。

(3) 19世紀以降に多く作られた，特定の気分や性質を想起させるような名をもつ，小規模で自由な形式のピアノ曲を何というか答えよ。

(4) ヴァーグナーによってオペラに用いられた，登場人物や場面の状況に対して，常に同じ動機を用いる手法を何というか答えよ。

(5) 20世紀を代表する作曲家で，偶然性，不確定性の音楽を実践し，「4分33秒」などで知られる作曲家を答えよ。

解答：(1) コラール　(2) リトルネッロ形式　(3) キャラクター・ピース　(4) ライト・モティーフ(示導動機)　(5) ジョン・ケージ

### 類題で問題演習の幅を広げよう！②

能に関する次の文章を読み，( ① ) ～ ( ⑤ ) に適する語句をそれぞれ答えよ。ただし，同じ番号には同じものが入る。

能は，音楽，( ① )，演劇などの要素をもった日本の伝統的な歌舞劇である。室町時代の初め頃，足利義満の保護のもと，( ② )，世阿弥親子によって基本的な形が整えられ，室町時代の末頃にはほぼ現在のような様式が完成した。現在では，雅楽や文楽，歌舞伎，組踊などとともに，「ユネスコ無形文化遺産」に登録され，海外からも高い評価を受けている。

能では主役のことを「シテ」，相手役のことを「( ③ )」と呼ぶ。

「（　③　）」は，僧侶や武士など，現実に生きている男性にふんするため，「（　④　）」をかけずに演じる。

　地謡は，シテの演技に合わせて，シテにまつわる物語やその心情，情景を描写した謡を謡う。通常8人で編成される。

　能の囃子は，笛(能管)，小鼓，大鼓，（　⑤　）で編成され，この4つの楽器を合わせて「四拍子」ともいう。（　⑤　）は，主に神や鬼など，人間ではない役が活躍する場面で用いられる。

解答：① 舞踊　　② 観阿弥　　③ ワキ　　④ 面　　⑤ 太鼓

## 類題で問題演習の幅を広げよう！③

　次の総譜は，ある楽劇の第1幕への前奏曲の一部である。以下の問いに答えなさい。

1 この楽劇名と作曲者名をそれぞれ書きなさい。

2 楽譜中の ① にあてはまる楽器名をカタカナで書きなさい。

3 楽譜中の □ で囲まれた②の「*sehr kräftig*」は「*molto vigoroso*」と同じ意味である。この楽語の意味を答えなさい。

4 楽譜中の □ で囲まれた③の実音を主音とする長調の属調の平行調は何か，日本語で書きなさい。

5 楽譜中の □ で囲まれた④の和音をコードネームで答えなさい。

解答：1 楽劇名…ニュルンベルクのマイスタージンガー　作曲者名…ワーグナー　2 クラリネット　3 とても力強く　4 ロ短調　5 Dm7

## 類題で問題演習の幅を広げよう！④

　次の楽譜は，立原道造作詞，木下牧子作曲の混声合唱曲「夢みたものは……」の冒頭である。冒頭の４小節を，以下の①〜③の指定楽譜にそれぞれ書き換えなさい。なお，調号や縦線，拍子記号も書くこと。歌詞及び曲想楽語は省略可とする。

①　ソプラノパート譜をクラリネット譜

②　アルトパート譜をアルトサクソフォン譜

③　テノールパート譜をフレンチホルン譜

22

解答：①

　次の音楽科学習指導案の１～４の設定を踏まえ，「５　本時の展開(第１時／全３時間)」を作成しなさい。なお，「学習活動」と「指導上の留意点」の項目を作成するものとする。ただし，学習指導要領の指導内容及び〔共通事項〕は，中学校学習指導要領(平成29年３月)によるものとする。

音楽科学習指導案

1　対　象　第3学年
2　題材名「作曲者の祖国への思いを感じ取ろう」
　　教材名「ブルタヴァ」(連作交響詩「我が祖国」より)
3　本時で扱う学習指導要領の内容
　　第3学年B　鑑賞　(1)　鑑賞
　　　　　　　イ　(ア)　曲想と音楽の構造との関わりについて理解すること。
　　　　　　〔共通事項〕旋律，音色
4　本時の目標　各場面のテーマの「旋律」と「音色」から情景の変化を感じ取ろう。
5　本時の展開(第1時／全3時間)

秋田県の音楽科

| | 学習活動 | 指導上の留意点 |
|---|---|---|
| 導入 | | |
| 展開 | **ねらい**　各場面のテーマの「旋律」と「音色」から情景の変化を感じ取ろう。 | |
| | | |
| まとめ | | |

24

解答：本時の展開(第1時／全3時間)

| | 学習活動 | 指導上の留意点 |
|---|---|---|
| 導入 | ○自分にとって身近な「川」をイメージし、イメージを言語化する。<br><br>○川のイメージをタブレット端末の音楽創作ソフトを使って音色を選び、即興的に3音を選んで自由に表す。 | ・生徒にとって身近な川のイメージをマインドマップに書き出させた後、文章にまとめさせる。＜要素の例：おだやかな流れ、サケが帰る、清流、豊かな水量、あたたかっ＞<br>(予想される生徒のまとめ例)<br>「僕が住んでいる〇〇市の中心を流れる〇〇川はサケが帰ってくる清流です。豊富な水量でゆっくり流れています。毎年帰ってくるサケを待つ暖かさを感じます。」<br>・音楽創作ソフトの音源から音色を選び、即興で3音を選んで音楽に表す。<br>　例：水面がきらきらと輝く様子をグロッケンの音色で、あたたかいイメージをⅠ度(ドミソ)の長三和音の3音を使って、ゆっくりと2分音符で表します。 |
| 展開 | **ねらい**<br>　各場面のテーマの「旋律」と「音色」から情景の変化を感じ取ろう。 | |
| 展開 | ○「ブルタヴァ」が川を表した管弦楽曲であることを知り、全曲を聴く。<br>・楽曲の7つの場面について、旋律と音色から情景を思い浮かべ、ワークシートに書き留める。 | ・ある国の川を表した楽曲であること、「我が祖国」という名前の連作交響詩の中の1曲であることを伝え、全員に対してステレオのCD音源で鑑賞させる。<br>・楽曲の構成として、作曲者が7つの場面に表題を付けていることを伝える。<br>各場面の旋律と音色から各場面の情景を思い浮かべてワークシートにメモさせる。<br>＜ワークシート＞<br><br>| 場面 | 旋律の特徴 | 音色の特徴 | 思い浮かべた情景 |<br>|---|---|---|---|<br>| A | | | |<br>| B | | | |<br>| C | | | |<br>| D | | | |<br>| E | | | |<br>| F | | | |<br>| G | | | |<br><br>・メモできなかった場面は、タブレット端末で繰り返し聴きながら、旋律と音色の特徴をつかみ、情景をイメージする。<br>・旋律の特徴を書き留めにくい生徒に対して、旋律の特徴を表すことばのカードを前に掲示する。(例：上行、下行、同音進行、順次進行、跳躍進行、半音階進行など) |
| 展開 | ○各場面の旋律と音色の特徴、感じ取った情景をグループで話し合う。<br>○教科書で7つの場面(A〜G)の標題及び楽器名を確認する。<br>○7つの場面の中から、情景が最もイメージしやすかった場面を選び、旋律と音色との関連について理解したことを文章にまとめる。 | ○各グループで話しあってまとめた内容を発表する。<br><br>○7つの標題　A：2つの源流 (フルートとクラリネット) B：森の狩猟 (ホルン)<br>　　　　　　　C：農民の結婚式 (ヴァイオリン、クラリネット)<br>　　　　　　　D：月の光、水の精の踊り (フルート、ヴァイオリン)<br>　　　　　　　E：聖ヨハネの急流 (金管楽器、チェロ、コントラバス)<br>　　　　　　　F：幅広く流れるブルタヴァ (木管楽器、ヴァイオリン)<br>　　　　　　　G：ビシェフラト (王城の丘) (フルート、ピッコロ)<br>○旋律、音色の特徴と情景の関連について、ワークシートのまとめから評価し、まとめとして記入できていない生徒に対しては、個別に聴き取る。＜知識＞ |
| まとめ | ○冒頭に思い浮かべた自分にとっての川のイメージと鑑賞した「ブルタヴァ」のイメージを比べて発表する。<br>○次時で「ブルタヴァ」の創作の背景を知り、楽曲の特徴との関連を考えることを伝える。 | ○予想される生徒の例：自分にとっての〇〇川は幼いころから遊んでいた明るいイメージの川だけれど、鑑賞した「ブルタヴァ」はテーマの旋律が短調で、テーマ旋律の特徴は上下行の音程が広く、悲しみを感じる旋律だった。先生から楽曲のテーマはチェコの長調の民謡をモチーフとして作曲されたと聞いたので、なぜ、テーマを短調にしたのか知りたいと思った。 |

# 第 1 章

# 音楽理論

# 音楽理論

## Point

　音楽理論の出題内容は多岐にわたっており，倍音，音程，音楽用語，音階(調と旋法)，コードネーム・和音記号，移調と調判定，楽式などが出題される。これらは音楽の専門基礎知識であり，完全にマスターしておく必要があるだろう。音楽理論に関する問題は単独で出題される場合がほとんどだが，楽譜，総譜を用いた総合問題の1つとして出題される場合も見られるので，受験する自治体の傾向を研究する必要がある。

# 倍音

## Check

　楽器等で音を奏でると振動が発生する。その振動数(周波数)が，基になる音(基音)の整数倍になる音を「倍音」と呼ぶ。理論上，倍音は無限に存在するが，音楽科で出題されるのは，10倍音までとみてよい。当然，基音によって倍音は変わるので，幹音，派生音を含む構成を把握しておく必要がある。

○　C音を基音とした場合の倍音

| 倍音 | 基音との関係 | 音名 |
|---|---|---|
| 第2倍音 | 1オクターヴ上 | C |
| 第3倍音 | 1オクターヴと完全5度上 | G |
| 第4倍音 | 2オクターヴ上 | C |
| 第5倍音 | 2オクターヴと長3度上 | E |
| 第6倍音 | 2オクターヴと完全5度上 | G |
| 第7倍音 | 2オクターヴと短7度上 | B♭ |
| 第8倍音 | 3オクターヴ上 | C |
| 第9倍音 | 3オクターヴと長2度上 | D |
| 第10倍音 | 3オクターヴと長3度上 | E |

# 音程

## Check

　示された2音間の隔たりを「度」という単位を用いて表す。音程の表記は「完全」「長」「短」などの漢字と「1度」「2度」などの数字の2つの部分で構成される。1度，4度，5度，8度は「完全」を用いるが，2度，3度，6度，7度は「長」「短」を用いる。それぞれの音程から半音1つ分「増」「減」「重増」「重減」は共通で用いる。1オクターヴを超える音程の場合は「1オクターヴと○○度」，もしくは「7」を加えた数を用いる（例：「オクターヴと長3度」もしくは「長10度」）。なお，幹音のみでできている音程をまとめると，次表の通りになる。

| | 全音 | 半音 | 音程名 |
|---|---|---|---|
| 1度 | 同じ音 | | 完全1度 |
| 2度 | 1 | | 長2度 |
| | | 1 | 短2度 |
| 3度 | 2 | | 長3度 |
| | 1 | 1 | 短3度 |
| 4度 | 3 | | 増4度 |
| | 2 | 1 | 完全4度 |
| 5度 | 3 | 1 | 完全5度 |
| | 2 | 2 | 減5度 |
| 6度 | 4 | 1 | 長6度 |
| | 3 | 2 | 短6度 |
| 7度 | 5 | 1 | 長7度 |
| | 4 | 2 | 短7度 |
| 8度 | 5 | 2 | 完全8度 |

　「転回音程」は，示された2音の上下を逆にした(転回した)音程である。度数の最初の漢字の部分は，「長－短」「増－減」「重増－重減」と交換しなければならないが，「完全」はそのまま用いる。また数字の部分は「9からオリジナルの音程数を引き算」した数字を用いる(例：長2度の転回音程は短7度，増4度の転回音程は減5度，完全8度の転回音程は完全1度)。

## 音楽用語

### Check

　音楽用語は大きく分けて速度記号，強弱記号，発想記号，前者3つを含めた複合的記号，奏法記号，省略記号，付加語に分類できる。下記にその一例を示すが，教員採用試験では多くの用語が出題されている。

| 速度記号 | | | |
|---|---|---|---|
| Lento | 遅く | Adagio | ゆるやかに |
| Andante | 歩くような速さで | Allegro | 速く |
| Vivace | 活発に | Presto | 急速に |

| 強弱記号 | | | |
|---|---|---|---|
| $f$ | 強く | $p$ | 弱く |
| decresc. | 音を次第に小さく | dim. | 音を次第に小さく |
| cresc. | 音を次第に大きく | | |

| 発想記号 | | | |
|---|---|---|---|
| espressivo | 表情豊かに | dolente | 嘆くように |
| appassionato | 激情的に | animato | 活き活きと |
| giocoso | 戯れるように | | |

| 速度記号・強弱記号・表情記号を含めた記号 | | | |
|---|---|---|---|
| Allargando | だんだん遅くするとともにだんだん強く | Perdendosi | だんだん遅くするとともにだんだん弱く |

| 奏法記号 | | | |
|---|---|---|---|
| arco | 弓で弾く | una corda | (ピアノの)ソフトペダルを踏む |
| staccato | 音を切り離して | legato | 音をつないで |
| G.P. | 総休止 | | |

| 省略記号 | | | |
|---|---|---|---|
| div. | 2つで | m.s. | 左手で |
| m.d. | 右手で | 8va. | 1オクターヴ上げる(下げる) |

| 付加語 | | | |
|---|---|---|---|
| Molto | 非常に多く | Piu | より多く |
| Meno | より少なく | Senza | …なしに |
| Poco | 少し | Assai | 非常に |

## 音階(調と旋法)

### Check

　西洋音楽で主として用いられている音階，長音階，短音階(自然，和声，旋律)の元となったのが，教会旋法である。教会旋法には第1旋法(ドリア旋法)，第2旋法(ヒポドリア旋法)，第3旋法(フリギア旋法)，第4旋法(ヒポフリギア旋法)，第5旋法(リディア旋法)，第6旋法(ヒポリディア旋法)，第7旋法(ミクソリディア旋法)，第8旋法(ヒポミクソリディア旋法)がある。なお，現在の長調の原型は第11旋法(イオニア旋法)，短調の原型は第9旋法(エオリア旋法)であることを覚えておこう。日本の音階では「都節音階」「律音階」「民謡音階」「沖縄音階」などが代表的なものである。

○　教会旋法

第1旋法　　　第3旋法　　　第5旋法　　　第7旋法

第2旋法　　　第4旋法　　　第6旋法　　　第8旋法

※fは終止音を示す

○　日本の音階の代表例

都節音階　　　　　　　　　　　律音階

民謡音階　　　　　　　　　　　沖縄音階

## コードネーム，和音記号

### Check

　コードネームは「C」「Cm」など，主としてジャズやポピュラー音楽のジャンルで用いられている「和音記号」の1つである。和声学におけるローマ数字「I」「V」などの和音記号との違いは，前者は和音構成音が絶対音であるのに対し(CならばC，E，G)，後者は特定の調における機能を示した相対的な音構成という点である。和音にはそれぞれ機能がある。問題で頻出するのは，主要三和音と呼ばれる，主音上に三和音を作った主和音，下属音の上の下属和音，属音の上の属和音。それから，属和音に主音から7度にあたる音をもう1つ加えた属七の和音は，調を規定する役割も大きく，導音を含んでいるため重要である。また，短調のⅦ7の和音は，主音から7度上の音程が減七の関係になるため，減七の和音と呼ばれる。

　和音の機能は，以下の通りである。

T(tonic)　　　　　主和音に代表される，主格感，安定感をもった和音

D(dominant)　　　属和音に代表される，主和音へと進もうとする強い性格がある和音

S(subdominant)　下属和音に代表される，強さはないが開放的，抒情的な性格をもつ和音

コードネームについては，主要なものを以下にまとめた。

○　コードネームの例

※演奏するジャンルや曲の流れにより，省略コードや異なるフォームを使用することがある。

# 移調と調判定

## Check

　教員採用試験では楽譜に記入させる移調問題が多く出題される。これは,音楽の授業の際に,例えば歌唱での出しやすい声域への移調,リコーダーで臨時記号が少ない調への移調など,必要になるテクニックであるため,マスターしておきたい。

　移調とは,旋律をそのまま別の調に移動することであり,移調後の音程関係は元の旋律と同一でなければならない。例えば,ハ長調の旋律をホ長調に移調する場合,ハからホへ,長3度上がるため,旋律の各音をすべて長3度上げて記譜する。

　移調をするためには,元の楽譜が何調であるのか判定する必要がある。各音階の調号を覚えることは必須であり,調号で何調かわかれば移調すべき調の調号に変え,臨時記号に注意して,指定された度数だけ移動すればよい。たいていの問題では調号を付けず,臨時記号で記譜されていることが多い。

　その解き方は,旋律の中の「音階固有音」と「非音階固有音」をわけ,「音階固有音」を選び出すことである。音階固有音を特定するための手掛かりは次のようなものがあげられる。

> ① 跳躍進行する音(ただし,短調の導音は跳躍進行することがある)。
> ② 2度上行するときも2度下行するときも変わらない音。
> ③ 音階固有音が臨時に2度高くされた場合は,次に2度上行し(2度下行の場合は非音階固有音),2度低くされた場合は,次に2度下行(2度上行の場合は非音階固有音)する。
> ④ 終止のある旋律の場合は最後の音。

　なお,短調の場合,和声短音階は第7音,旋律短音階では上行形で第6,7音が半音上げられるので,長短調の判定の手掛かりとなる。

# 楽式

## Check

　西洋音楽では原則として，2小節を「動機」，4小節を「小楽節」，小楽節2つ，つまり8小節を「大楽節」と呼び，小楽節，大楽節をさまざまな形式で組み合わせて楽曲を構成する。1部形式は1つの大楽節，2部形式は2つの大楽節，3部形式は3つの大楽節から成り立っており，最も基本的な音楽形式として「唱歌形式」または「リート形式」と呼ばれる。

○　2部形式の典型例

| A | | B | |
|---|---|---|---|
| a | a′ | b | a′ |

○　3部形式の典型例

| A | | B | | C(A) | |
|---|---|---|---|---|---|
| a | a′ | b | b′ | c | c′ |

　そして，唱歌形式を複雑，かつ大規模に発展させた形式として，「複合3部形式」「ロンド形式」「ソナタ形式」「フーガ形式」などがある。

○　複合3部形式

　上記A，B，C(A)をさらに2部形式，3部形式に細分化した形式であり，典型例は次の通りである。

| A | | | B | | | A | | |
|---|---|---|---|---|---|---|---|---|
| a | b | a | c | d | c | a | b | a |

○　ロンド形式

　主題が異なる旋律を挟みながら，繰り返し演奏される形式で，典型例は次の通りである。

| A | B | A | C | A | D |
|---|---|---|---|---|---|

○　ソナタ形式

　前古典派の時代から用いられた楽曲形式で，1780年代には形式が完成した。基本的には次の形式で構成される。

| 序奏 | 提示部 | 展開部 | 再現部 | コーダ |
|---|---|---|---|---|

○　フーガ形式

　対位法によって展開される形式で，提示部，嬉遊部，追迫部で構成される。典型例は次の通りである。

| 提示部<br>(主調) | 嬉遊部 | 提示部<br>(主調以外) | 嬉遊部 | … | 追迫部<br>(主調) |
|---|---|---|---|---|---|

　その他，ロンド形式にソナタ形式を組み込んだ「ロンドソナタ形式」，主題にさまざまな変化を施し展開する「変奏曲形式」がある。

　なお歌曲形式や音楽様式については，次表の通りである。

○　歌曲形式

| 有節形式 | 同じメロディに1番，2番と歌詞をつけている |
|---|---|
| 通作形式 | 歌詞毎にメロディが異なる |
| 連作形式 | 複数の歌曲をつなげ，音楽的なまとまりをもっている |
| ポピュラー歌曲 | (Aメロディ) − (Bメロディ) − (サビ) − (コーダ) |
| リフレイン形式 | 前語り(verse)とリフレインから構成される |

○　音楽様式

| モノフォニー | 1つの旋律のみからなる音楽 |
|---|---|
| ポリフォニー | 複数の異なる動きの声部が重なり協和し合う音楽 |
| ホモフォニー | 1つの旋律に対して複数の並行した音が和声を構成する音楽 |
| ヘテロフォニー | 同一の旋律が任意で別々に動き，テンポや音程がずれて偶発的に各声部が複雑に重なる音楽(雅楽，声明，地謡など) |

# Attention!

## 倍音

　Cを基音として第1～第10倍音，そして，隣接する倍音構成音の音程は覚えておく必要がある。例えば第1倍音と第2倍音は完全8度，第2倍音と第3倍音は完全5度，第3倍音と第4倍音の音程は完全4度など，確認しておくこと。Cからの音程関係がわかれば，他の音が基音となってもあてはめることができる。

## 音程

　単純に2音を示して答えさせる問題だけでなく，転回音程や派生音で問われることもある。自治体によっては重増，重減音程も出題されているので留意すること。

## 音楽用語

　丸暗記ではなく，楽譜を見ながら演奏したり鑑賞することと関連させることが，音楽用語が身に付く近道だと思われる。音楽用語は非常に多いので，地道な日頃の積み重ねが必要である。イタリア語だけでなく，ドイツ語，フランス語の音楽用語にもふれておきたい。

# 演習問題①

## 問題 1

次の音が倍音列の第8倍音にあたる場合，基音を低音部譜表に全音符で記せ。

**解答**

**解説** 第2倍音は1オクターヴ上の音，第4倍音が2オクターヴ上の音，第8倍音は3オクターヴ上の音なので，出題の音を3オクターヴ下げた音となる。

## 問題 2

次に示された2音間の音程が，減6度になるように変化記号を書け。

**解答**  　　　※ダブルフラットを用いてもよい

**解説** ここで使われている音部記号は，ソプラノ記号である。第1線がハ音にあたるので，示された2音はハとイである。ト音記号，ヘ音記号が一般的に使われることが多いが，それ以外の音部記号も理解しておきたい。アルト記号はヴィオラやアルト・トロンボーンで用いられる。

■■■■■■■■■■■■■■■ **問題 3** ■■■■■■■■■■■■■■■

音程について，次の(1)，(2)の問いに答えよ。

(1) 三全音にあたる音程を，次の1〜4の中から1つ選べ。

   1　長3度音程　　2　完全3度音程　　3　増4度音程

   4　完全4度音程

(2) 長6度の転回音程を，次の1〜4の中から1つ選べ。

   1　長3度　　2　短3度　　3　長2度　　4　短6度

**解答** (1)　3　　(2)　2

**解説** (1)　三全音はトライトーンと呼ばれ，全音3つ分の音程を意味し，増
4度もしくは，減5度に相当する。　(2)　転回音程とは，片方の音を
オクターヴ上げたり，下げたりしてできる音程である。長は短に，増
は減に，完全は同じく完全音程で，度数は9度から元の音程をひいた
ものとなる。

■■■■■■■■■■■■■■■ **問題 4** ■■■■■■■■■■■■■■■

音楽用語について，次の(1)，(2)の意味を答えよ。

(1)　Adagio assai　　(2)　Tempo giusto

**解答** (1)　非常にゆったりと　　(2)　正確な速さで

■■■■■■■■■■■■■■■ **問題 5** ■■■■■■■■■■■■■■■

次の(1)〜(5)の音楽用語の意味を下の①〜⑧から選んで番号で答えよ。

(1)　ritenuto　　(2)　sempre　　(3)　amabile　　(4)　cantabile

(5)　leggero

   ①　急に　　　　　②　すぐに遅く　　　　③　歌うように

   ④　常に　　　　　⑤　だんだんせきこんで　⑥　軽く

   ⑦　表情豊かに　　⑧　愛らしく

**解答** (1)　②　　(2)　④　　(3)　⑧　　(4)　③　　(5)　⑥

解説 音楽用語は基礎的，かつ頻出であるので十分な対策が必要である。関連事項として，同義語や反意語を覚える必要があろう。

━━━━━━━━━━ 問題 6 ━━━━━━━━━━

次の①～④の楽譜の説明として正しいものを，それぞれア～エから1つずつ選び，記号で答えよ。

① col legno
  ア　弱音器をつけて
  イ　弓の木部で弦をたたいて
  ウ　声部に従って
  エ　左手で

② colla parte
  ア　主声部のリズムやテンポに従って
  イ　2つのパートに分かれて
  ウ　話しかけるように
  エ　ペダルを離して

③ arco
  ア　低く　　イ　弓で　　ウ　愛らしく　　エ　強くしながら

④ rinforzando
  ア　だんだん強く　　イ　すぐに遅く　　ウ　急に強く
  エ　少し強く

解答　①　イ　　②　ア　　③　イ　　④　ウ

解説　②のcolla parte(コラ・パルテ)は伴奏者に指示する語で難問である。④は*rfz*または*rf*と略されることが多い。

━━━━━━━━━━ 問題 7 ━━━━━━━━━━

音楽用語について，次の1，2の問いに答えよ。

1　次の(1)，(2)の意味を答えよ。

  (1) elegiaco　　(2) ritenuto

2 次の(1), (2)に示した音楽用語と同じ意味を持つものをア〜エからそれ
ぞれ1つずつ選び, 記号で答えよ。

(1) pauken

ア gran cassa　　イ piatti　　ウ tam-tam　　エ timpani

(2) Hum.

ア B. F.　　イ D. S.　　ウ G. P.　　エ M. M.

**解答** 1 (1) 悲しく　　(2) すぐに遅く　　2 (1) エ　　(2) ア

**解説** 1 (1) 伊語エレジアコで「悲しく, 悲しそうに」という意である。

(2) 伊語リテヌートで「すぐに遅く」という意味である。

2 (1) 「pauken」は独語でティンパニーのこと。アは伊語グランカッ
セで大太鼓, イは伊語ピアッティでシンバル, ウは英語タムタムで金
属製の銅鑼を指す。　　(2) 「Hum.」はハミングで歌うことの略記。ア
のように仏語「bouche fermee」(閉じた口)とも書く。イは伊語ダル
・セーニョでセーニョ記号に戻って再度演奏すること, ウは英語
「general pause」の略記で演奏者全員の休止, エは独語「metronom
mälzel」の略記でメトロノームの速さを意味する。

---

■■■ **問題 8** ■■■

次の①〜⑩の音楽用語の示す意味をそれぞれ答えよ。

① con spirito　　② grandioso (grand.)　　③ sospirando

④ delicatezza　　⑤ vigoroso　　⑥ con moto

⑦ stringendo　　⑧ misterioso　　⑨ cantando

⑩ alla marcia

**解答** ① 精神をこめて(元気に)　　② 壮大に(堂々と)　　③ 嘆息し
ながら(悲しんで)　　④ 優雅に(やさしく, 繊細に)　　⑤ 力強
く(活発に)　　⑥ 動きをもって(感動して, 動きをつけて)
⑦ だんだんせきこんで(しだいに急速に)　　⑧ 神秘的に
⑨ 歌うように　　⑩ 行進曲風に

**解説** ①は「活気をつけて」, ③は「嘆いて」「苦悩に満ちて」, ⑤は「活気

のある，エネルギッシュに」，⑦は「緊迫感をもって」，などの意味
もある。④と⑤は難易度の高い問題。

================ **問題 9** ================

次の音楽用語群のうち，それぞれ種類の異なるものを答えよ。

アの語群　1　assai　　2　destra　　3　molto　　4　poco
　　　　　5　simile　　6　subito
イの語群　1　accelerando　　2　calando　　3　morendo
　　　　　4　perdendosi　　5　slentando　　6　smorzando

**解答**　ア　2　　イ　1

**解説**　ア　2は右を意味する。よく使われるのは, mano destra(m.d.)右手で。
2以外は程度や状態を表す。1…きわめて，3…とても，4…少し，5…
同様に，6…急に。　イ　1以外はいずれも遅くすることや消えてい
くような曲想を示す用語である。

================ **問題10** ================

高さの異なる二音間を，音を引きずるようになめらかに演奏する奏法を答
えよ。

1　arco　　　　2　bel canto　　3　martellato　　4　pizzicato
5　portamento　6　sostenuto　　7　staccato

**解答**　5

**解説**　選択肢の他の用語の意味は，1…弓を使って，2…声楽における歌唱
法の一つ，3…弦楽器の奏法で強いスタッカートをつけて，4…指で
弦をはじいて，6…少し遅く音の長さを十分に保って，7…音と音の間
を切って。

## 問題11

次の(1)～(5)の問いに答えよ。

(1) 次のア～オの用語と同様の意味を持つ用語として最も適当なものを，あとの①～⑤のうちからそれぞれ1つずつ選べ。

| | | | | | |
|---|---|---|---|---|---|
| ア | animato | イ | dolente | ウ | grave |
| エ | con amore | オ | appassionato | | | |

① pesante   ② con calore   ③ con brio   ④ elegiaco
⑤ affettuoso

(2) Es を基音(第1倍音)とした場合の第7倍音の音名として最も適当なものを，次の①～⑦のうちから1つ選べ。

① C   ② Des   ③ Es   ④ F   ⑤ G   ⑥ A
⑦ B

(3) Dis と Fis の2音を同時に音階構成音とする長調と短調はいくつあるか。最も適当なものを，次の①～⑤のうちから1つ選べ。ただし，短調は和声的短音階とする。

① 6   ② 7   ③ 8   ④ 9   ⑤ 10

(4) 舞曲を表す用語として適当なものを，次の①～⑧のうちからすべて選べ。

① ソナタ      ② ポルカ       ③ シチリアーナ
④ スケルツォ   ⑤ オーヴァチュア  ⑥ メヌエット
⑦ セレナード   ⑧ アンプロンプチュ

(5) 弦楽器の奏法に関するものとして適当でないものを，次の①～⑤のうちから1つ選べ。

① thumbing   ② spiccato   ③ pizzicato   ④ choking
⑤ col legno

**解答** (1) ア ③   イ ④   ウ ①   エ ⑤   オ ②
(2) ②   (3) ③   (4) ②，③，⑥   (5) ①

**解説** (1) 提示された楽語は基本的なもので，選択も容易である。(ア)は生き生きと，(イ)は悲しげに，(ウ)は重々しく，(エ)は愛情をもって，

(オ)は熱情的に。楽語については普段から学習しておくことが大切である。　(2)　倍音の基本を理解していないとこの問題は解けない。第1倍音を基音としてオクターヴの関係で倍音列になっていく倍音は，第2倍音，第4倍音，第8倍音等・・・となる。第3倍音は第2倍音の完全5度上，第5倍音は第4倍音の長3度上，第6倍音は第3倍音のオクターヴ，そして，第7倍音は第6倍音の短3度上に現れる。上記の考えに基づき，基音を「Es」とした場合は，第7倍音は「Des」になる。　(3)　DisとFisの2音を含む調は，E dur と H durの関係調を中心に導き出すと比較的早く解答を出すことができる。解答は，E・H・Fis・Cisdurの長音階とcis・gis・dis・ais mollの短音階の8種類の調である。　(4)　ポルカはチェコ(ボヘミア)に起こった2拍子の舞曲，シチリアーナはイタリアのシチリア島に発生した8分の6拍子または12拍子の舞曲，メヌエットはフランスで流行した3拍子系の舞曲である。他の選択肢について，①は器楽曲の形式の一つで，提示部，展開部，再現部の形式をもつ曲，④は複合3部形式の曲，⑤は序曲，⑦は小夜曲，⑧は即興曲である。　(5)　①のサミングはリコーダーで使う奏法である。②は弓を弦上で弾ませる奏法，③は弦を指で弾く奏法，④はエレキギターの音程を変える奏法，⑤は弓の木部で，という意味である。

# Ａｔｔｅｎｔｉｏｎ！

## 音階（調と旋法）

　音階や旋法の問題は，それぞれの種類の名前と構成音，および調号を覚えておく必要がある。楽譜から音階，旋法を問う問題については楽譜に書かれた音符を音階構成音として取り出して該当する音階と照合する。

　教会旋法を暗記するには，それぞれの旋法名の頭の言葉をつなげて「ドフリミ」と覚えるとよい。それぞれ第1，第3，第5，第7旋法が対応し，「ヒポ」をつけた旋法がそれぞれ第2，第4，第6，第8旋法となる。

## コードネーム，和音記号

　コードネームは，コードの種類ごとに音程の組み合わせとして覚えておくこと。例えば，メイジャーコードの場合は，根音から長3度，短3度，マイナーコードでは短3度，長3度，オーグメントコードでは長3度，長3度，メイジャー・セブンコードでは長3度，短3度，長3度となる。

## 移調と調判定

　移調の際は音符の移動に伴って，「ぼう」「はね」の向きに注意すること。転調の問題では，素早く音階固有音を見つけることができる跳躍音程を探すことから始めるとよい。また，終止線が書かれている楽譜は，最後の音が主音である場合が圧倒的に多い。

## 演習問題②

██████████████ **問題 1** ██████████████

次の文章中の ( a ) ～ ( e ) に入る最も適当なものを, 下の①～④
の中から1つ選び, 記号で答えよ。

> 　教会旋法は, グレゴリオ聖歌の集大成とともに組織化された旋法で,
> 最初は正格旋法4種( a )旋法・( b )旋法・リディア旋法・ミク
> ソリディア旋法と, 変格旋法4種の計8種だったが, ( c )世紀に至っ
> て4種の旋法が追加された。
> 　そのうちエオリア旋法が後の( d )音階に, イオニア旋法が後の
> ( e )音階に発展した。

| | | | | | | | | |
|---|---|---|---|---|---|---|---|---|
| ① | a | ヒポドリア | b | ヒポフリギア | c 15 | d 長 | e 短 |
| ② | a | ドリア | b | フリギア | c 16 | d 短 | e 長 |
| ③ | a | ドリア | b | フリギア | c 14 | d 長 | e 短 |
| ④ | a | ヒポドリア | b | ヒポフリギア | c 15 | d 短 | e 長 |

**解答** ②

**解説** 正格旋法は, ドリア旋法, フリギア旋法, リディア旋法, ミクソリディ
ア旋法の4種, 変格旋法は, ヒポドリア旋法, ヒポフリギア旋法,
ヒポリディア旋法, ヒポミクソリディア旋法の4種である。後に追
加された4種の旋法は, 正格旋法のエオリア旋法, イオニア旋法と
変格旋法のヒポエオリア旋法, ヒポイオニア旋法である。

██████████████ **問題 2** ██████████████

次の(1), (2)の音階を主音から1オクターブ上の主音まで全音符で答えよ。
その際, 調号は用いないこと。

(1)　1点ニ音を下属音とする旋律的短音階上行形(ト音譜表上)。

(2) ヘ音を主音とする調の下属調(ヘ音譜表上)。

解答 (1)

(2)

解説 (1) ニ音を下属音とする短調は，完全4度下のイ短調である。調号は0で，旋律的短音階なので，第6音と第7音を半音あげる。1点ニ音の音高に気をつけること。 (2) ヘ音を主音とする調はヘ長調もしくはヘ短調である。その下属調は，完全4度上の変ロ音から始まる音階である。ヘ音は点がついていない，ひらがなの「ヘ」である。音高に気をつける。

━━━━━━━━━━━ 問題3 ━━━━━━━━━━━

次の図Aは，C durを主調に置いた場合の近親調とそれに準ずる調を示したものである。図Aにおける調の相互関係で図Bに調を書き入れた場合，①に入る調を下の1〜4の中から1つ選べ。

1  e moll    2  a moll    3  h moll    4  g moll

解答  4

解説　主調に対して上の列は同主調，下は平行調。右は属調で，左が下属
　　　調となっている。fis mollの平行調はA dur，A durを属調とする調は，
　　　D dur。D durの下属調はG durでその同主調なので，g mollである。

━━━━━━━━━ 問題 4 ━━━━━━━━━

次の楽譜の5音が含まれる音階を，①〜⑤から1つ選べ。

　①　b moll旋律的短音階上行形
　②　b moll和声的短音階
　③　f moll旋律的短音階上行形
　④　es moll旋律的短音階上行形
　⑤　es moll和声的短音階

解答　①

解説　旋律的短音階では第6・7音が半音上がることを理解していれば，正
　　　答できるだろう。

━━━━━━━━━ 問題 5 ━━━━━━━━━

音階について，次の(1)，(2)の各問いに答えよ。
(1)　次の①〜③の各問いに答えよ。
　①　変イ長調の平行調が属調である短調を日本語で答えよ。
　②　ニ長調の第6音を下属音とする長調の同主調を日本語で答えよ。
　③　平行調の属音がG durの下属調の導音と同じである長調をドイツ
　　　語で答えよ。
(2)　次の旋律の調名をドイツ語で答えよ。

**解答** (1) ① 変ロ短調 ② 嬰ヘ短調 ③ G dur (2) f moll

**解説** (1) ①は変イ長調の平行調であるヘ短調の5度下になる。②はニ長調の第6音，ロ音を下属音(第4音)にするのは嬰ヘ長調である。③はG dur(ト長調)の下属調であるハ長調の導音ロ音が第5番目の音になる調はホ短調で，その平行調は短3度上のト長調となる。 (2) 楽譜よりト音には♭が付いていないことから，♭の付く順番を考慮すると♭4つがつく調である。また経過音以外のホ音に♭が付いていないことからも，ホ音を導音とするヘ短調と判別できる。

---

## 問題 6

次の音を終止音(フィナリス)とする第7旋法をアルト譜表上に全音符を用いて書け。

**解答**

**解説** 教会旋法8種のうち第7旋法(正格第4，ミクソリディア)を，示された音を終止音として書く出題である。中世から16世紀までの西欧音楽史や教会旋法について学んでいないと解答するのは困難であろう。

---

## 問題 7

次の和音を表すコードネームとして適当なものを，あとの①〜④のうちから1つ選べ。

1

① D ② D7 ③ Dm7 ④ DM7

2

① Am7 　② AM7 　③ Adim7 　④ A7

解答 1 ④ 　2 ③

解説 1 示された和音は，Dを根音とする長3和音の上に，根音から数えて長7度の音をのせた長7の和音。 2 示された和音は，Aを根音とする減3和音の上に，Aから数えて減7度の音をのせた減7の和音。

━━━━━━━━━━ **問題 8** ━━━━━━━━━━

次の和音のコードネームを答えよ。

1 Aaug 　2 Adim 　3 B♭7 　　4 CM7 　5 C7
6 Daug7 　7 F6 　　8 F♯dim7 　9 F♯6 　0 G♭

解答 ① 4 　② 0 　③ 1 　④ 3 　⑤ 8

解説 Cを基準に，基本的なコードネームを簡単に説明する。Cは長三和音(C・E・G)，Cmは短三和音(C・Es・G)，Caugは増三和音(C・E・Gis)，Cdimは減三和音(C・Es・Ges)である。C7は属七の和音(C・E・G・B)，CM7は長七の和音(C・E・G・H)，Cm7は短七の和音(C・Es・G・B)，Caug7は増三和音＋減3度からなる和音(C・E・Gis・B)，Cdim7は減七の和音(C・Es・Ges・Heses)である。和音の構成音を下から3度で並べなおし，この説明に当てはめて判断する。

## 問題 9

次の①～⑤のコードネームで示される和音を例に倣って五線譜上に全音符で書け。

① D6    ② Em7    ③ C9    ④ B7    ⑤ Fm

例：C7

解答　①　　　　　　　　　　　②

③　　　　　　　　　　　④

⑤

解説　①　ニ音を根音とする長三和音に長6度の音が加わった和音。
　　　②　ホ音を根音とする短七の和音。　③　ハ音を根音とする属七の和音に長9度を加えた和音。　④　ロ音を根音とする属七の和音。
　　　⑤　ヘ音を根音とする短三和音。

## 問題10

曲が嬰ハ短調であったとき，D#m7 − G#7 − C#m − A7のコード進行を和音記号で正しく表したものを選べ。

(1)　II7 − V7 − I − VI7

(2)　I7 − IV7 − I − VI7

(3)　II7 − V7 − VI − I7

(4)　II7 − IV7 − V7 − I

**解答** (1)

**解説** 主音が嬰ハなので，3番目の和音C♯mがⅠになる。よって(1)か(2)に絞られる。さらに，はじめがDに係るコードから始まっているのでⅡの和音である(1)を選ぶことができる。

## 問題11

次の楽譜を(1)，(2)の指示にしたがって移調せよ。

flute

(1) alto saxophone in E♭用に高音部譜表に移調せよ。

(2) 長3度下に移調し，アルト譜表にせよ。

**解答** (1)

(2)

**解説** 各設問の指示にしたがって曲の各音の相対的な音程関係をかえずに，そっくり別な高さ(異名同音を含む)に移す必要がある。音符を書く問題では書き間違い等に注意すること。

## 問題12

次の曲は転調を含む楽曲である。何調から何調へ転調しているか答えよ。

**解答** Ges dur → as moll

**解説** 転調の問題はすんなりと読譜できない旋律が出題されることが多い。調号が順にどこまで付いているか，付いているべき音に付いていないのは，臨時的に付けない旋律が不自然でない場合もある(例えばこの楽譜の1小節め最後のG音)。

━━━━━━ **問題13** ━━━━━━

次の(1)～(3)の楽譜は曲の一部であるが，調名を日本語音名で答えよ。

(1)

(2)

(3)

**解答** (1) ホ長調　　(2) 変ロ長調　　(3) ハ短調

**解説** 調号とは音階にもとより備わっている派生音を楽譜の混雑をさけるために，あらかじめ音部記号の隣に書く変化記号のことを指す。調号は主音を探して調名を判断することができる。

━━━━━━ **問題14** ━━━━━━

次の略譜を演奏したときの小節数はどれか。

D.C. con replica

① 15　　② 17　　③ 19　　④ 21

**解答** ④

解説 terは3回繰り返す記号である。またcon replicaはD.C.などで，曲の初めに戻った場合にもリピートを指示する記号であるが，カッコ
<u>1.2.</u> も含んで繰り返す。

━━━━━━━ **問題15** ━━━━━━━

次の(1)〜(5)の楽曲形式名等を書け。

(1) 主に2つの主要主題が提示される提示部(A)−展開部(B)−再現部(A')からなる3部構造で，それに終結部が付加されるもの。

(2) 主要主題(A)が，副主題をはさんで反復される形式で，A−B−A−C−A−B−Aのように構成されるもの。

(3) 3部形式A−B−AのA及びB部分が拡大されて，それ自体が2部あるいは3部形式をなすような構造をもつもの。

(4) 主題の旋律やリズム，速度などを様々に変化させたり，発展させたりするなどの手法によるもの。

(5) ポリフォニー(多声音楽)の完成されたものといわれ，主題と応答が規則的な模倣，自由な対位法的手法で展開された楽曲。

解答 (1) ソナタ形式 (2) ロンド形式 (3) 複合3部形式
(4) 変奏曲形式 (5) フーガ形式

解説 本問は楽曲形式名を答える出題だが，楽曲形式を説明させる問題であってもきちんと対応できるようにしたい。(3)は「複合」を必ず付けること。

**問題16**

次の楽譜について，あとの問に答えよ。

子供の情景　作品15－トロイメライ－から抜粋
(ロベルト・シューマン　作曲)

問1　調名を答えよ。また，ア～エはその調の何度の和音か，答えよ。な
　　お，転回和音であれば，例えばⅤ6などと答えよ。ただし，イは装飾音
　　符も含むものとする。

問2　ア～エの和音をコードネームで答えよ。

問3　1段目のバスパートをE♭バリトンサックス用の楽譜に書き換えよ。

問4　1段目のソプラノパートの冒頭部分と3～5小節目のリズムの特徴を
　　何というか，答えよ。

**解答**　問1　調名：Fdur　　ア　Ⅰ　　イ　Ⅳ　　ウ　Ⅴ　　エ　Ⅵ
　　　　問2　ア　F　　イ　B♭　　ウ　C　　エ　Dm
　　　　問3

問4　冒頭：弱起　　3〜5小節：ヘミオラ

**解説**　問1　1小節目の構成音から判断してF durである。ア〜エのそれぞれの構成音を把握する。アはド・ミ・ソの音で構成されているので，F durにおけるⅠの和音になる。同様に考えて，イはファ・ラ・ドでⅣ，ウはソ・シ・レでⅤ，エはラ・ド・ミでⅥとなる。

　　問2　アはF－A－CになっているのでコードはFである。イは装飾音を入れて考えるとB♭－D－FなのでB♭，ウはC－E－GのC，エはD－F－AのDmである。　問3　E♭管は長6度上げて記譜をする。その際，バリトンサックスは高音部譜表を使う楽器なので，低音部譜表で記譜しないこと。また，長6度上げるとD durの調になるので♯を2つ付けるのを忘れないようにする。　　問4　冒頭部分と3〜5小節のソプラノパートの旋律を見てみると，4拍子の曲でありながら，旋律の♪♪♪の音型のかたまりが3拍子の曲の小節であるようなリズムになっている。このようなリズムの特徴をヘミオラという。なお，ヘミオラの語源はギリシャ語のヘミ(半分)，オリオス(全体)からきている。

---

### 問題17

次の旋律を短3度下に移調せよ。(調号を用いること。)

解答

**解説**　設問の楽譜は♭が2つとF♯よりト短調と判断し，その短3度下はホ短調となり，その調号は♯が1つになる。旋律の音を全て3度下にさげてから，臨時記号の音が短3度になるよう臨時記号を付ける。

## 問題18

次の旋律はフルート(in C)用に書かれた楽譜である。クラリネット(in B♭)で演奏できるように，調号を用いて書き換えよ。

**解答**

**解説** 楽譜はト長調の旋律で，クラリネットB♭の記譜音は実音より長2度高くなるので，イ長調となり♯3つを付け，各音も長2度上げて書き，臨時記号ももとの調からみて上がり下がりの関係で♯，♭，♮を付けなおす。

## 問題19

次の楽譜A・Bは，F.シューベルトの歌曲「魔王」をF.リストがピアノ独奏用に編曲した楽譜の一部(A117小節〜125小節，B142小節〜148小節)である。あとの各問いに答えなさい。

(1)　楽譜A①と楽譜B⑥の調性をそれぞれ日本語で答えなさい。

(2)　②molto appassionato及び⑤precipitatoのそれぞれの意味を答えな
さい。

(3)　楽譜A③，④の和音について，二短調を主調とする和音記号を答え
なさい。

(4)　⑦Recit.の読み方及び意味を答えなさい。

(5)　楽譜Bの⑧の和音について，ト短調を主調とする和音記号を答えな
さい。

(6)　この曲のB終末部分に見られるように主音から短2度上の長3和音
に転調する和音名を答えなさい。

**解答** (1) ① 変ホ長調　⑥ 変イ長調　(2) ② 非常に(極めて)激しく(情熱的に)　⑤ 速く,性急に　(3) ③ Ⅶ₇(減7の和音), Ⅴ₉, Ⅴ₉²(属9和音根音省略形)　④ Ⅴ/Ⅶ₇, Ⅴ/Ⅴ₉
(4) 読み方…レチタティーボ　意味…叙唱風に(語るように)
(5) Ⅴ/Ⅶ₇, Ⅴ/Ⅴ₉　(6) ナポリ6度の和音

**解説** (1) ① ♭がロ・ホ・イ音に付いており,短調の導音の半音上がりがないので変ホ長調と判断できる。　⑥ 調号でロ・ホに♭が2つ付いており,臨時記号でイ・ニ音にも♭がついているので変イ長調と判断できる。　(2) ② moltoは英語のveryと同様に強調の意味を持つ。appassionatoはベートーヴェンのピアノソナタ熱情(appassionata)と同義。　⑤ 急激にという意味をもつ。precipitandoも同じ。
(3) ③ 和音構成音は,嬰ハ・ホ・ト・変ロ音となり,ニ短調の第七和音。短調のⅦ₇なので,減七の和音も正解。またはⅤ和音のイ・嬰ハ・ホ・ト・変ロの属九和音の根音のイ音を省略した形ともいえる。
④ 和音構成音が,嬰ト・ロ・ニ・ヘ音となり,属調イ短調Ⅴの導音上に作られた減七和音。または属調イ短調の属九和音の根音省略形となる。　(4) recitativoの略。歌の譜面だけでなく,オーケストラ譜でもよく使用される。有名なのは,ベートーヴェンの交響曲9番の4楽章,冒頭のチェロとコントラバスのユニゾン部分。　(5) 和音構成音は嬰ハ・ホ・ト・変ロ音となり,ト短調の属調ニ短調Ⅴの導音上の減七和音。もしくは,属調ニ短調Ⅴの属九和音,イ・嬰ハ・ホ・ト・変ロの根音イ音を省略した形となる。　(6) ナポリ楽派が好んで使用したため,また慣習的に第一転回形(6の和音)で用いられるのでナポリの6度と呼ばれている。

# 第２章

# 音楽史

# 音楽史

## Point

　音楽史の中でも西洋音楽史の問題は，教員採用試験の問題の中でも大きな割合を占めている。出題される時代も中世・ルネサンス期から現在まで，また問われる知識も作曲家の作品内容，文化的背景，音楽様式，楽器など広範囲にわたっている。したがって，楽譜と作品を一致させる，有名な演奏者についての知識を問う問題などでは，音楽史の専門書だけでは足りず，コンサートに出かける，自ら演奏するといったことも必要になるだろう。さらに中学校，高等学校の教科書で扱っている範囲も広く，それだけで一般の音楽史専門書に匹敵する量があるといっても過言ではない。受験生は，少なくとも教科書で取り上げられている作曲家，作品，音楽様式，音楽用語等を学習しておくことが必要であろう。

# 西洋音楽史

## Check

　音楽史関連の問題でも，最も多いのが作曲家と作品の知識を問うもので
ある。作曲家の生没年と国，代表的な作品を取り上げる(ここで取り上げて
いる代表曲以外も必ずチェックすること)。

(1)　中世・ルネサンス時代

| 作曲家 | 生没年 | 国 | 代表曲名 | 備考(参考用語) |
|---|---|---|---|---|
| ペロタン | 12世紀末 | フランス | オルガヌム大全 | コンドゥクトゥス |
| ギヨーム・ド・マショー | 1300?-1377 | フランス | ノートルダムのミサ曲 | アルス・ノーヴァ |
| ジョスカン・デ・プレ | 1450または1455?-1521 | フランス | ミサ・パンジェリングァ | — |
| オルランド・ディ・ラッソ | 1532-1594 | ベルギー | 狩人のミサ曲 | ムジカ・レセルバータ |
| パレストリーナ | 1525?-1594 | イタリア | 教皇マルチェルスのミサ曲 | パレストリーナ様式 |
| ウィリアム・バード | 1543?-1623 | イギリス | 3声のミサ曲 | イギリスルネサンス期の大作曲家 |

(2)　バロック時代

| 作曲家 | 生没年 | 国 | 代表曲名 | 備考(参考用語) |
|---|---|---|---|---|
| クラウディオ・モンテヴェルディ | 1567-1643 | イタリア | アリアンナ，マドリガーレ集 | ルネサンス期とバロック期にまたがる大作曲家 |
| ヘンリー・パーセル | 1659-1695 | イギリス | ディドとエネアス | — |

| 作曲家 | 生没年 | 国 | 代表曲名 | 備考(参考用語) |
|---|---|---|---|---|
| ハインリッヒ・シュッツ | 1585-1672 | ドイツ | 十字架上の7つの言葉, マタイ受難曲 | バロック様式初期の大家 |
| アントニオ・ヴィヴァルディ | 1678-1741 | イタリア | 四季, 調和の霊感 | ピエタ慈善院音楽院で教えた |
| J.S.バッハ | 1685-1750 | ドイツ | マタイ受難曲, 教会カンタータ | 音楽の父と呼ばれる |
| G.F.ヘンデル | 1685-1759 | ドイツ〜イギリス | メサイヤ, 水上の音楽 | ― |
| アルカンジェロ・コレッリ | 1653-1713 | イタリア | クリスマス協奏曲 トリオ・ソナタ | 協奏曲の原型, トリオソナタの確立 |

## (3) 古典派時代

| 作曲家 | 生没年 | 国 | 代表曲名 | 備考(参考用語) |
|---|---|---|---|---|
| フランツ・ヨーゼフ・ハイドン | 1732-1809 | オーストリア | 天地創造, 交響曲100番(軍隊) | ― |
| ヴォルフガング・アマデウス・モーツァルト | 1756-1791 | オーストリア | オペラ「フィガロの結婚」, 「魔笛」, 交響曲, ピアノソナタ, 協奏曲 | ― |
| ルートヴィヒ・ヴァン・ベートーヴェン | 1770-1827 | ドイツ | 交響曲, ピアノソナタ, 弦楽四重奏曲 | ― |
| アントニオ・サリエリ | 1750-1825 | イタリア〜オーストリア | オペラ「アルミーダ」 | モーツァルトのライバル |
| ジョン・フィールド | 1782-1837 | アイルランド | 夜想曲第1番 | 夜想曲(ノクターン)の確立 |

## (4) ロマン派時代

| 作曲家 | 生没年 | 国 | 代表曲名 | 備考 ( 参考用語 ) |
|---|---|---|---|---|
| カール・マリア・フォン・ウェーバー | 1786-1826 | ドイツ | オペラ「魔弾の射手」 | ドイツ・ロマン派の確立 |
| フランツ・シューベルト | 1797-1828 | オーストリア | 歌曲集「冬の旅」 | 歌曲の王 |
| ロベルト・シューマン | 1810-1856 | ドイツ | 交響曲，ピアノ協奏曲，アベッグ変奏曲 | 音楽評論の分野を確立 |
| フェリックス・メンデルスゾーン | 1809-1847 | ドイツ | ヴァイオリン協奏曲第1番 | J.S.バッハの復興 |
| フレデリック・ショパン | 1810-1849 | ポーランド | ピアノ協奏曲第1番，ピアノソナタ，ピアノ練習曲集 | ピアノの詩人 |
| フランツ・リスト | 1811-1886 | ハンガリー〜ドイツ | 交響詩「前奏曲」ピアノ協奏曲第1番 | 交響詩の確立ピアノの大家 |
| ヨハネス・ブラームス | 1833-1897 | ドイツ | 交響曲 | — |
| リヒャルト・ワーグナー | 1813-1883 | ドイツ | 楽劇「ニーベルングの指輪」 | 楽劇の創設者，音楽と総合芸術 |
| ジュゼッペ・ヴェルディ | 1813-1901 | イタリア | 歌劇「アイーダ」 | イタリア歌劇王 |
| ピョートル・チャイコフスキー | 1840-1893 | ロシア | バレエ音楽「白鳥の湖」，交響曲第6番「悲愴」 | 三大バレエ西欧派(モスクワ楽派) |
| ジャコモ・プッチーニ | 1858-1924 | イタリア | 歌劇「蝶々夫人」 | ワーグナー派と論争 |
| ジョルジュ・ビゼー | 1838-1875 | フランス | 歌劇「カルメン」 | — |

| 作曲家 | 生没年 | 国 | 代表曲名 | 備考(参考用語) |
|---|---|---|---|---|
| ガブリエル・フォーレ | 1845-1924 | フランス | レクイエム | 教会旋法の使用 |
| アントン・ブルックナー | 1824-1896 | オーストリア | 交響曲 | 長大な作品 |
| ベドルジハ・スメタナ | 1824-1884 | チェコ | 連作交響詩「わが祖国」 | 国民楽派 |
| アントニン・ドヴォルザーク | 1841-1904 | チェコ | 交響曲第9番「新世界」 | 国民楽派 アメリカでも活躍 |
| エドワード・グリーグ | 1843-1907 | ノルウェー | 「ペールギュント」 | ― |
| グスタフ・マーラー | 1860-1911 | オーストリア | 交響曲第2番・第5番 | 声楽を取り入れた管弦楽曲 |

## (5) 近・現代

| 作曲家 | 生没年 | 国 | 代表曲名 | 備考(参考用語) |
|---|---|---|---|---|
| クロード・ドビュッシー | 1862-1918 | フランス | オペラ「ペレアスとメリザンド」,交響詩「海」 | 印象主義音楽の確立 |
| モーリス・ラヴェル | 1875-1937 | フランス | 「ボレロ」,「スペイン狂詩曲」 | 新古典主義 |
| アルノルト・シェーンベルク | 1874-1951 | オーストリア〜アメリカ | 「月に憑かれたピエロ」,「ワルシャワの生き残り」 | 12音技法の確立 表現主義 |
| アントン・ヴェーベルン | 1883-1945 | オーストリア | 3つの宗教的民謡 | 12音技法の発展 表現主義 |
| アルバン・ベルク | 1885-1935 | オーストリア | 歌劇「ヴォツェック」 | 12音技法の発展 表現主義 |
| マヌエル・デ・ファリャ | 1876-1946 | スペイン | 「三角帽子」 | スペイン民族主義 |

| 作曲家 | 生没年 | 国 | 代表曲名 | 備考(参考用語) |
|---|---|---|---|---|
| イサーク・アルベニス | 1860-1909 | スペイン | 「イベリア」 | スペイン民族主義 |
| バルトーク・ベーラ | 1881-1945 | ハンガリー〜アメリカ | 歌劇「青ひげ公の城」,ヴィオラ協奏曲 | 民謡収集, さまざまな演奏技法 |
| コダーイ・ゾルタン | 1882-1967 | ハンガリー | 「ハーリー・ヤーノシュ」「ミサ・ブレヴィス」 | コダーイ音楽教育システム |
| セルゲイ・プロコフィエフ | 1891-1953 | ロシア〜アメリカ | 「古典交響曲」「ピアノ協奏曲第1番」 | 日本に約3か月滞在 |
| イゴール・ストラビンスキー | 1882-1971 | ロシア〜アメリカ | 「春の祭典」,「火の鳥」,「兵士の物語」 | 原始主義,新古典主義と変遷 |
| カール・オルフ | 1895-1982 | ドイツ | 「カルミナ・ブラーナ」 | オルフ音楽教育メソッド |
| オリビエ・メシアン | 1908-1992 | フランス | 「トゥランガリーラ交響曲」,「7つの俳諧」 | 鳥の音楽,第1回京都賞受賞 |
| ジョン・ケージ | 1912-1992 | アメリカ | 「4分33秒」 | 偶然性の音楽 |
| スティーヴ・ライヒ | 1936- | アメリカ | 「砂漠の音楽」 | ミニマリズム |
| クシシュトフ・ペンデレツキ | 1933-2020 | ポーランド | 「広島の犠牲者に捧げる哀歌」 | トーンクラスター,電子音楽 |
| ピエール・ブーレーズ | 1925-2016 | フランス | 「ル・マルトー・サン・メートル」 | 指揮者, 評論家,京都賞受賞 |
| レナード・バーンスタイン | 1918-1990 | アメリカ | 「ウェストサイド物語」,「キャンディード」 | 指揮者として有名 |

# 音楽用語

## Check

　音楽用語は時代と関連している。Ⅰと同様，時代を5区分してそれぞれの時代を代表する音楽用語，および国民楽派を紹介する。

### (1)　中世・ルネサンス時代

グレゴリオ聖歌，ネウマ譜，ミサ，マドリガル，レクイエム，
グィド・ダレッツォ，定量記譜法，教会旋法

### (2)　バロック時代

オペラ，オペラ・ブッファ，オペラ・セリア，オラトリオ，コラール，
序曲，通奏低音，アリア，レチタティーヴォ，カンタータ，受難曲，
コンチェルトグロッソ，リトルネッロ，トリオソナタ，舞曲(アルマンド，
サラバンド，クーラント，ジーグなど)

### (3)　古典派時代

通作歌曲，ソナタ，交響曲，協奏曲，アルベルティバス，夜想曲，
即興曲，疾風怒濤運動

### (4)　ロマン派時代

ライトモティーフ(示導動機)，国民楽派，交響詩，ヴェリズモ・オペラ

### (5)　近・現代

12音音楽(ドデカフォニー)，印象主義，原始主義，新古典主義，全音
音階，偶然性の音楽，ミュージックコンクレート，ラグタイム，ジャズ，
ミニマルミュージック，トーンクラスター，図形譜，電子音楽

## (6) 国民楽派

○ ロシア5人組

> ムソルグスキー，バラキレフ，キュイ，リムスキー＝コルサコフ，
> ボロディン

○ フランス6人組

> デュレー，プーランク，オーリック，タイユフェール(女性)，ミヨー，
> オネゲル

○ チェコ

> ドヴォルザーク，スメタナ

○ スペイン

> ファリャ，ロドリーゴ，アルベニス

○ 北欧

> シベリウス(フィンランド)，グリーグ(ノルウェー)，ニールセン(デンマー
> ク)

---

# 文化的背景との関わりを問う問題

## Check

西洋音楽史の問題では，社会的な動きや時代の流れとの組合せで問うものがみられる。代表的なのが，ルネサンス期からバロック期における人間中心思想への変換と音楽のスタイルの関係，18世紀の啓蒙主義期における王制主体から市民社会へのパラダイム変換と音楽との関係，そして19世紀における民族主義の台頭と音楽の変化の関係等である。

## ▶ 16世紀末のルネサンス期からバロック期の社会と音楽

○　神中心から人間中心へ

○　古代ギリシアの思想と文化の復活

○　ポリフォニーからホモフォニーへ(合唱中心から独唱へ)

○　宗教曲中心から世俗曲へシフト

○　オペラとオラトリオの発明

## ▶啓蒙主義(17世紀末〜18世紀初頭)

○　人間の知性(理性)の覚醒

○　シンプルさ，自然科学の重要性

○　「音楽美」の形成と音楽美学の確立

○　多感，ギャラント様式

○　使用人としての音楽家から芸術家としての音楽家へ

## ▶民族主義

○　自国の文化への目覚め

○　中央権力からの独立と民族の一員としての誇り

○　民謡，地元の音楽の導入

○　様々な新しい音楽技法や演奏法の開発

## 日本音楽史

## Check

　最近では西洋音楽史だけでなく，日本音楽史も出題されるので注意したい。出題方法は西洋音楽史とほぼ変わらないが，ジャンルは西洋音楽史より幅が広いといえるので，参考書以外の学習も必要になるだろう。ここでは，主たる作曲家と代表曲などを紹介する。

## ○ 主たる日本の作曲家

| 作曲家 | 生没年 | 代表曲名 | 備考 ( 参考用語 ) |
|---|---|---|---|
| 滝廉太郎 | 1879-1903 | 花，納涼 | 夭逝 |
| 岡野貞一 | 1878-1941 | ふるさと，春が来た | 尋常小学唱歌作曲委員 |
| 瀬戸口藤吉 | 1868-1941 | 軍艦行進曲 | 軍楽隊長 |
| 小山作之助 | 1864-1927 | 夏は来ぬ，敵は幾万 | ― |
| 本居長世 | 1885-1945 | 七つの子 | 赤い鳥 |
| 山田耕筰 | 1886-1965 | 赤とんぼ，黒船 | ― |
| 中田章 | 1886-1931 | 早春賦 | 中田喜直の父 |
| 中山晋平 | 1887-1952 | 波浮の港，シャボン玉 | 童謡と流行歌の作曲 |
| 信時潔 | 1887-1965 | 沙羅，海ゆかば | ― |
| 弘田龍太郎 | 1892-1952 | 浜千鳥，叱られて | ― |
| 草川信 | 1893-1948 | ゆりかごの歌 | ― |
| 成田為三 | 1893-1945 | 浜辺の歌，かなりや | ― |
| 橋本國彦 | 1904-1949 | お菓子と娘，斑猫 | ― |
| 平井康三郎 | 1910-2002 | 平城山，ゆりかご | 音楽教科書編纂に従事 |
| 高田三郎 | 1913-2000 | 水のいのち，心の四季 | 合唱作品，キリスト教音楽 |
| 伊福部昭 | 1914-2006 | 映画音楽ゴジラ，日本狂詩曲 | 映画音楽を多数作曲 |
| 柴田南雄 | 1916-1996 | 追分節考，北越戯譜 | ― |
| 中田喜直 | 1923-2000 | 夏の思い出，雪の降るまちを | ― |
| 團伊玖磨 | 1924-2001 | 夕鶴 | 三人の会メンバー |
| 芥川也寸志 | 1925-1989 | 八つ墓村，交響三章 | 三人の会メンバー |
| 黛敏郎 | 1929-1997 | 涅槃交響曲 | 三人の会メンバー |
| 武満徹 | 1930-1996 | ノヴェンヴァー・ステップス，弦楽のためのレクイエム | ― |

| 作曲家 | 生没年 | 代表曲名 | 備考(参考用語) |
|--------|--------|----------|----------------|
| 三善晃 | 1933-2013 | オデコのコイツ，小鳥の旅 | ― |
| 坂本龍一 | 1952-2023 | 戦場のメリークリスマス，ラストエンペラー | YMOメンバー |
| 佐藤眞 | 1938- | 大地讃頌 | ― |
| 久石譲 | 1950- | となりのトトロ，千と千尋の神隠し | ジブリ映画音楽 |
| 松井孝夫 | 1961- | マイバラード，ここにいる幸せ | 教育現場からの作品 |
| 信長貴富 | 1971- | 新しい歌，せんねんまんねん | 合唱曲作品多数 |

# Attention!

## 西洋音楽史　　1. 作曲家と作品の知識を問う問題

　作曲家の名前と業績や作品名を一致させる問題は多く見られる。
(1) 音楽史区分の各時代における様式，作曲家，特徴，作品などに
関する知識を問う問題，(2) ある作品の旋律を提示し，作曲家を特
定したり，同一作曲家の他の作品を楽譜より特定する問題，(3) 作
品で用いられている特殊な楽器や奏法を特定する問題，(4) 組曲の
構成曲を問う問題 ( ペールギュントなど) などの類型がある。

**演習問題①**

━━━━━━━━━━ **問題 1** ━━━━━━━━━━

次のア〜オを時代の古い順番に並べた時，3番目に来るものを選び，記号で答えよ。

　ア　低音部に記された数字をもとに，鍵盤楽器奏者が和音を付けたり，装飾や上声部の模倣を行ったりした。

　イ　器楽分野で器楽独自の原理による楽曲の構成方式が求められ，後にソナタ形式と呼ばれる形式が発達した。

　ウ　宗教改革を起こしたルターが，歌詞がドイツ語で単純で歌いやすいコラールの普及に力を尽くした。

　エ　十字軍の遠征以来，騎士階級の民族・階級意識が強くなり，恋愛歌などの世俗音楽が現れた。

　オ　リラやキタラ，ハープ，アウロスなどの楽器が使われ，ピュタゴラスが音程と音律の理論を確立した。

**解答**　ウ

**解説**　最も古いのはオの古代ギリシャ。次がエのトルヴァドールやトルヴェール，ミンネゼンガーの中世(12〜14世紀)。そして3番目がウのルター(1483〜1546年)とコラールの普及となる。4・5番目はア・イのバロック音楽の時代である。

━━━━━━━━━━ **問題 2** ━━━━━━━━━━

次の西洋音楽史に関する文章の【　　】内に入る適切な語句または数字を記せ。ただし，【　キ　】と【　ク　】の順序は問わない。

《古代ギリシャの音楽》

　紀元前5世紀には悲劇や喜劇が開花した。ギリシャ悲劇の三大詩人アイスキュロス，【　ア　】，エウリピデスの時代には【　イ　】と呼ばれる12〜15人の合唱隊が歌い，伴奏はたいていダブル・リードの管楽器である【　ウ　】が使われていた。古代ギリシャでは音楽の理論的考察も推し

進められた。ピュタゴラス音階(音律)と呼ばれる音階は，純正【　エ　】度の振動数比3：2をつぎつぎと積み重ねる方法で得られる音階をさし，大全音と呼ばれる全音の振動数比はすべて【　オ　】：8となり，ギリシャ語で【　カ　】と呼ばれる半音の振動数比は256：243となる。

《中世の音楽》

　6世紀末ヨーロッパ各地のキリスト教会で歌われていた単旋律の聖歌が収集・整理され，ローマ・カトリック教会の礼拝用音楽に定められた。これは一般にグレゴリオ聖歌と呼ばれている。9世紀末ごろには，単旋律聖歌に対して【　キ　】度，5度，【　ク　】度といった完全協和音程で並進行する声部が加えられた【　ケ　】と呼ばれる最も初期の多声音楽がみられるようになった。中世後期には世俗的宮廷文化も開花した。十字軍遠征の時代には，いわゆる吟遊詩人である【　コ　】のトルバドゥール，トルヴェールやドイツの【　サ　】と呼ばれる12世紀から14世紀の貴族・騎士・家人身分を中心とした叙情詩の作者の音楽が登場し，あるいは聖母マリアを賛美し，あるいは貴婦人への愛を歌った。

《バロック時代》

　この時代にはチェンバロやオルガンの改良，ヴァイオリン属の完成によって器楽が興隆し，独奏ソナタ，トリオ・ソナタ，組曲や日本語で【　シ　】と呼ばれるコンチェルト・グロッソ，独奏協奏曲が生まれた。一方，イタリアの作曲家らによって本格的なオペラが作られ，さらに受難曲や，ソナタ(「演奏される曲」)に対する「歌われる曲」を意味する声楽のジャンルのひとつである【　ス　】やオラトリオといった大規模な声楽曲も多く書かれるようになった。

《古典派の音楽》

　古典派の音楽は形式美・様式美の音楽ともいわれ，これを代表するのがソナタ形式である。ソナタ形式の典型的な構造は大きく分けて，演奏される順番に提示部，【　セ　】部，【　ソ　】部の3部分からなり，多くの例では提示部の主調が長調の場合，第二主題は第一主題の【　タ　】調，また主調が短調の場合は第一主題の平行調である。

**解答**　ア　ソフォクレス　イ　コロス　ウ　アウロス　エ　5

　　　オ　9　　カ　リンマ　　キ　4　　ク　8　　ケ　オルガヌム
　　　コ　フランス　　サ　ミンネゼンガー(ミンネジンガー)
　　　シ　合奏協奏曲　　ス　カンタータ　　セ　展開　　ソ　再現
　　　タ　属

**解説**　ア　古代ギリシャでは音楽も学問の対象とされ，音楽理論などに優れた成果を残した。　イ　登場人物や解説者の役割などを行った。ウ　二本管のダブルリードの木管楽器。　エ　ピタゴラス音律は完全5度の音程を積み上げることに基づく。　ケ　二声の合唱で第一声が旋律を歌い，第二声がその完全4または5度上を歌う形式。
サ　ミンネザングと呼ばれる12〜14世紀のドイツ語圏における抒情詩と恋愛歌曲の作り手や演じ手を指す。　シ　バロック時代に成立した器楽様式。独奏とオーケストラの総奏に分かれ，それが交代しながら演奏する楽曲。　ス　動詞「歌う」のカンターレの分詞形。
セ・ソ　ソナタとはイタリア語の鳴りひびくという意味のソナーレが語源である。ソナタ形式は主題を提示→展開→再現する形式であるが，冒頭に序奏がつくこともある。　タ　提示部は二つの主題が提示される。第二主題は第一主題に対して調を変えるのみならず，その主題としての性格を対照させていることが多い。

━━━━━ **問題 3** ━━━━━

西洋の音楽史に関して，あとの(1)，(2)の問いに答えよ。
(1)　バロック時代について，次の①，②の問いに答えよ。
　①　バロック時代の特徴として誤っているものを，次の1〜5のうちから1つ選べ。
　　1　イタリアにおいて新種の劇音楽が生まれ，劇の内容をわかりやすく表現するために，和声的な伴奏の上で主旋律が奏でられるモノディー様式が開発された。
　　2　イタリアのクレモナで弦楽器の製作が最盛期を迎え，ヴァイオリン族の楽器が室内楽の中心としての役割を果たすようになった。
　　3　通模倣様式をはじめとする，きわめて精緻な作曲技法を駆使し，ミサ曲やモテット，シャンソンなど，多岐にわたる声楽曲が作曲

された。

  4　オルガンやチェンバロといった鍵盤楽器のための独奏曲が大きな発展を遂げ，変奏曲形式や組曲形式の作品が愛好された。

  5　低音声部に和音を表すための数字を記し，鍵盤楽器奏者がその数字に基づいて即興的に演奏する，通奏低音という演奏形態が成立した。

②　次の文のうち，バロック時代の作曲家ではないものを，次の1〜5のうちから1つ選べ。

  1　A.ヴィヴァルディが，急—緩—急の3楽章構成やリトルネッロ形式を用いて，膨大な数の独奏協奏曲を作曲した。

  2　フランスの作曲家，ジャン＝バティスト・リュリは，宮廷バレやコメディバレで成功し，フランス独自のスタイルをもつバロックオペラを確立した。

  3　ヘンデルは，ドイツとイギリスで活躍した作曲家。聴衆の興味がオペラから離れると，今度はオラトリオの作品でも成功した。

  4　フランドル楽派のジョスカン・デプレが，各声部の旋律がバランスを保って絡まり合う均整のとれた美しい音楽を作った。

  5　イタリアの作曲家であるモンテヴェルディは，オペラ「アリアドネ」などを発表し，作曲家としての名声を高め，1613年には，サンマルコ大聖堂の楽長になった。

(2)　次の楽譜について，下の①〜③の問いに答えよ。

①　この楽曲の作曲者について誤っているものを，次の1〜5のうちから1つ選べ。

  1　7歳で教会付属ラテン語学校に入学するが，数年中に両親が亡く

　　　なったため，年の離れた兄に引き取られ，クラヴィーア演奏の基
　　　礎を学んだ。

　2　長い年月にわたり，エステルハージ侯爵家の楽長をつとめ，その
　　　後，ウィーンやロンドンを拠点にして，国際的に活躍した。

　3　ケーテンの領主レオポルト侯に，宮廷楽長として約6年間仕えた。
　　　この間，「平均律クラヴィーア曲集」をはじめとする，世俗的な作
　　　品の名曲を次々と生み出した。

　4　ライプツィヒにある聖トマス教会の音楽監督となり，亡くなるま
　　　での約27年間，この地で活躍した。

　5　ワイマールの宮廷に約9年間仕えた。はじめは，宮廷オルガニス
　　　ト兼宮廷楽師だったが，後に楽隊長に任命された。

②　この楽曲の特徴として最も適当なものを，次の1〜5のうちから1
　　つ選べ。

　1　宗教的あるいは世俗的な内容を歌った多楽章の器楽付き声楽曲。

　2　イエス・キリストの受難の物語を題材にした声楽曲。

　3　オペラ，オラトリオ，劇などの本編が始まる前に演奏される。

　4　急速なパッセージと華やかな性格を特徴とする鍵盤楽器のための
　　　楽曲。

　5　一つの主題が調を変えて，いろいろな声部に追いかけるように現
　　　れる，対位法の重要な形式の一つ。

③　この楽曲を演奏する楽器の説明として誤っているものを，次の1
　　〜5のうちから1つ選べ。

　1　両手で弾く鍵盤のほかに，足で弾くための鍵盤もある。

　2　大小さまざまなパイプに空気を送って音を出す鍵盤楽器である。

　3　両手に持った木製のばちで打ち鳴らす。一つの音を連続して小刻
　　　みに打つトレモロ奏法が多用される。

　4　キリスト教の教会で，礼拝に用いられる楽器として古くから発達
　　　した。

　5　ストップと呼ばれる仕組みによって，音色を変化させることがで
　　　きる。

**解答** (1) ① 3　② 4　(2) ① 2　② 5　③ 3

**解説** (1) ① 3の通模倣様式はルネサンス時代の作曲技法である。
② 4はルネサンス時代の作曲家である。　(2) 楽譜はバッハ作曲の「フーガト短調BWV578」である。　① 2はハイドンのことを述べている。　② 1はカンタータ，2は受難曲，3は序曲，4はトッカータである。　③ 3はスネアドラムの奏法なので誤り。

---

**問題 4**

次の表は，組曲名とその中の楽曲名を示したものであるが，それぞれ1曲だけ違う組曲のものが含まれている。違うものだけを抜き出した組合せのうち正しいものを，あとの①〜⑤から1つ選べ。

| 組曲名 | 楽曲名 |
|---|---|
| 「管弦楽組曲第2番」 | (a)サラバンド (b)ブーレ (c)ファランドール (d)ポロネーズ |
| バレエ組曲「ガイーヌ」第1組曲 | (a)王女たちのロンド　(b)剣の舞　(c)子守歌　(d)バラの娘たちの踊り |
| 「ペールギュント」第1組曲 | (a)オーゼの死　(b)キエフの大門　(c)アニトラの踊り　(d)朝の気分 |
| バレエ組曲「くるみ割り人形」 | (a)天王星 (b)トレパック (c)葦笛の踊り |

| | 「管弦楽組曲第2番」 | バレエ組曲「ガイーヌ」第1組曲 | 「ペールギュント」第1組曲 | バレエ組曲「くるみ割り人形」 |
|---|---|---|---|---|
| ① | (d) | (a) | (c) | (b) |
| ② | (b) | (d) | (a) | (c) |
| ③ | (a) | (b) | (d) | (b) |
| ④ | (c) | (a) | (b) | (a) |
| ⑤ | (d) | (c) | (c) | (a) |

**解答** ④

**解説** 示されている楽曲の作曲者はそれぞれ，「管弦楽組曲第2番」はバッハ，バレエ組曲「ガイーヌ」はハチャトゥリアン，「ペールギュント」はグリーグ，バレエ組曲「くるみ割り人形」はチャイコフスキーが作曲したものである。

■■■■■ **問題 5** ■■■■■

西洋の音楽史に関して，次の(1)〜(3)の各問いに答えよ。

(1) 次の説明文に該当する作曲家を，あとのa〜eの中から1つ選べ。

　　19世紀末から20世紀半ばにかけて活躍した後期ロマン派のドイツの作曲家であり，ワーグナーやリストの影響を受け，オペラ，交響詩，歌曲に多くの名作を残している。代表的な作品は，楽劇「ばらの騎士」，交響詩「英雄の生涯」などがある。

a　メンデルスゾーン　(Jakob Ludwig Felix Mendelssohn)

b　R．シュトラウス　(Richard Strauss)

c　シベリウス　　　　(Jean Sibelius)

d　マーラー　　　　　(Gustav Mahler)

e　ラフマニノフ　　　(Sergey Vasilévich Rakhmaninov)

(2) バロック時代に属さない作曲家を，次のa〜eの中から1つ選べ。

a　フォーレ　(Gabriel Urbain Fauré)

b　コレッリ　(Arcangelo Corelli)

c　リュリ　　(Jean-Baptiste Lully)

d　パーセル　(Henry Purcell)

e　ヘンデル　(Georg Friedrich Händel)

(3) 20世紀の音楽について，次の説明文に該当する語句を次のa〜eの中から1つ選べ。

　　長・短2度，微分音などで隣接した音群が，同時に鳴らされた響き，及びこれを用いた技法。調的な機能をもっていない点で，和音とは区別される。

a　ミュジック・コンクレート

b　ミニマル・ミュージック

c　十二音技法

d　トーン・クラスター

e　ライトモティーフ

**解答** (1)　b　　(2)　a　　(3)　d

**解説** (2)　フォーレは19世紀から20世紀にかけてフランスで活躍し，国葬

で悼まれた作曲家。他はすべてバロックの人々で，リュリが最も古い作曲家である。　(3)　正答は〈トーン・クラスター〉で密集音塊が用いられる。ポーランドの作曲家・ペンデレツキの「広島の犠牲者に捧げる哀歌」が有名である。

**問題 6**

次の楽曲を，発表順に正しく並べたものを選べ。
(ア)　草野正宗　作詞作曲「楓」
(イ)　西條八十　作詞／服部良一　作曲「青い山脈」
(ウ)　三浦徳子　作詞／小田裕一郎　作曲「青い珊瑚礁」
(エ)　桑田佳祐　作詞作曲「東京VICTORY」
(1)　(ウ)→(イ)→(エ)→(ア)　　(2)　(イ)→(ウ)→(エ)→(ア)
(3)　(イ)→(ウ)→(ア)→(エ)　　(4)　(ウ)→(イ)→(ア)→(エ)

**解答** (3)
**解説** (ア)はスピッツのシングル曲で1998年に，(イ)は同タイトルの映画の主題歌として1949年に発表，(ウ)は松田聖子のシングル曲で1980年，(エ)はサザンオールスターズのシングル曲で2014年にリリースされた。

**問題 7**

次の(ア)～(エ)のオペラとアリアの組合せについて，正誤の正しいものを選べ。

(ア)　Cosi fan tutte (W.A.Mozart)　　－　　Vaga luna, che inargenti
(イ)　La Traviata (G.Verdi)　　－　　Brindisi
(ウ)　Rinaldo (G.F.Händel)　　－　　Ombra mai fù
(エ)　Gianni Schicchi (G. Puccini)　　－　　O mio babbino caro
(1)　(ア)　誤　(イ)　正　(ウ)　誤　(エ)　正
(2)　(ア)　誤　(イ)　誤　(ウ)　正　(エ)　正
(3)　(ア)　正　(イ)　正　(ウ)　誤　(エ)　誤
(4)　(ア)　正　(イ)　誤　(ウ)　正　(エ)　誤

**解答** (1)

**解説** (ア)の「Vaga luna, che inargenti」はベッリーニ作曲の「3つのアリエッタ」の第3曲「優雅な月よ」である。(イ)は正で，椿姫の「乾杯の歌」である。(ウ)の「Ombra mai fù」はヘンデル作曲のオペラ「セルセ」の第1幕のアリアである。「ヘンデルのラルゴ」としても知られる曲である。(エ)は正で，ジャンニ・スキッキのラウレッタのアリア「私のお父さん」である。

---

## 問題 8

作品とその作品の作曲者の組み合わせが正しいものを選べ。

(1) タクシーム            －    黛敏郎
(2) オペラ「愛の妙薬」      －    G.ドニゼッティ
(3) 食卓の音楽            －    J.ハイドン
(4) 交響曲第3番「カディッシュ」 － G.ガーシュイン

**解答** (2)

**解説** (1)は西村朗，(3)はテレマン，(4)はバーンスタインの楽曲である。

---

## 問題 9

作曲家ジョン・ウイリアムズがテーマ音楽を作曲していない映画を選べ。

(1) ハリー・ポッターとアズカバンの囚人
(2) ファンタスティック・ビーストと黒い魔法使いの誕生
(3) シンドラーのリスト
(4) インディ・ジョーンズ／最後の聖戦

**解答** (2)

**解説** (2)はジェームズ・ニュートン・ハワードにより作曲された。

# Attention!

## 西洋音楽史　2. 音楽様式，音楽形式の知識を問う問題

　Check で触れた重要な用語が青森県の問題に見られる。また，ポピュラー音楽のジャンルについての理解を問う問題 ( 山形 )，12 音技法の発展したものの名称を答えさせる問題 ( 埼玉 )，オペラとオラトリオの起源と内容を問う問題 ( 青森 )，楽譜から民族様式 ( ポロネーズ ) を答えさせる問題 ( 神奈川 ) など細かい知識が問われている。

# 🎼 演習問題②

▌▌▌▌▌▌▌▌▌▌▌ **問題 1** ▌▌▌▌▌▌▌▌▌▌▌

次の①~⑥の語句について，それぞれに関連する説明文をA群ア~コから，時代をB群a~fから1つずつ選び，その記号を書け。

① オラトリオの興隆　　② ライトモティーフ

③ オルガヌム　　　　④ コラールの誕生

⑤ 12音音楽　　　　⑥ アルベルティ・バス

〈A群〉

ア　文学作品や絵画などを題材とし，詩的感情や幻想的内容を表現したもの。多楽章ではなく，1曲1曲が独立していることが多い。

イ　中心音の存在や調性の支配を否定し，新しい表現を追求した作曲技法体系であり，すべての幹音と派生音を平等かつ均等に用いた音楽。

ウ　ワーグナーの楽劇において用いられたもので，曲の中で繰り返し使われ，人物や状況を表す。劇中での状態の変化にしたがってリズムや和声が変形され，楽曲を統一するものである。

エ　分散和音の1種。右手の旋律に対する左手の伴奏の形として，連続的に現れることが多い。

オ　ローマ・カトリック教会のラテン語典礼文をテキストとする単声聖歌。

カ　2声部以上の旋律の独立的な横の流れに重点を置いて作曲された音楽。

キ　多声音楽の1形態で，聖歌の旋律に1度，4度，5度，8度音程で並進行する対声部を付けるという手法。

ク　宗教的または道徳的な性格をもつ劇的な物語を，独唱，合唱，管弦楽のために作曲した作品。

ケ　幻想交響曲に初めて使用された，文学的な一定の概念に結びつけられたモティーフのことで，全曲を通して反復される。

コ　聖歌隊によって歌われる歌という意味を持ち，ルター派の礼拝で

歌われる自国語による賛美歌。

〈B群〉

a　中世　　　　b　ルネサンス　　c　バロック　　　d　古典派

e　ロマン派　　f　近・現代

**解答**　(A群, B群の順)　①　ク, c　　②　ウ, e　　③　キ, a　　④　コ,

b　　⑤　イ, f　　⑥　エ, d

**解説**　いずれの用語も西洋音楽史において，おさえておきたい用語である。説明文と時代の組合せを確認するだけでなく，流れとして確認しておいた方がよいだろう。用語の意味があいまいなものがあったら，自分の言葉で説明できるようにしておくこと。

**問題 2**

次の文章中の[　A　]～[　E　]に入れるのに最も適当な語句を，それぞれ①～④のうちから選べ。

中世ヨーロッパでは，キリスト教の普及とともにグレゴリオ聖歌が生まれた。この単旋律聖歌は基本的に[　A　]の教会旋法を用い，歌詞は[　B　]である。後にネウマと呼ばれる[　C　]で表わされるようになった。

ルネサンスの音楽は声楽の[　D　]を中心に発展した。16世紀後半ローマで活躍した教会音楽における代表的なイタリアの作曲家[　E　]も[　D　]書法を用いたカトリック教会のミサ曲やモテットを多数残した。

[　A　]の語群：①　5種　　　　　　②　6種

　　　　　　　③　8種　　　　　　④　12種

[　B　]の語群：①　ドイツ語　　　②　ラテン語

　　　　　　　③　英語　　　　　④　ロシア語

[　C　]の語群：①　作曲法　　　　②　記譜法

　　　　　　　③　演奏法　　　　④　発声法

[　D　]の語群：①　ポリフォニー　②　モノフォニー

　　　　　　　③　ホモフォニー　④　ヘテロフォニー

[　E　]の語群：①　シュッツ　　　②　J.S.バッハ

　　　　　　　③　ダウランド　　④　パレストリーナ

**解答** A ③　B ②　C ②　D ①　E ④

**解説** 中世西欧の教会音楽に関する設問。グレゴリオ聖歌はドリア・フリ
ギアなど正格旋法が4種，ヒポドリア・ヒポフリギアなど変格旋法が
4種の計8種の旋法に体系化された。歌詞はすべてラテン語である。
ネウマの記譜法は9〜15世紀頃に用いられた。ルネサンスのローマ
楽派の代表者パレストリーナは〈パレストリーナ様式〉と呼ばれる無
伴奏合唱様式を確立し，「教皇マルチェルスのミサ」が知られる。

---

## 問題 3

15〜16世紀の西洋音楽について以下を読んで答えなさい。

(1)　ルネサンス期のオケヘム(1410頃または1420頃〜1497年)や，ジョ
スカン・デプレ(1445頃〜1521年)が活躍した楽派名を答えなさい。

(2)　器楽について以下を読んで答えなさい。

　　ルネサンス時代，ひろく一般的に用いられた楽器は，主として弦楽
器，管楽器，鍵盤楽器であった。撥弦楽器の(　ア　)は，もっとも広
範に用いられた独奏楽器であり，西洋梨の形をした胴と曲がった首を
持っていた。ルネサンス時代のもっとも重要な管楽器はリコーダーと
よばれる，木製の縦吹きフルートであった。ルネサンスの鍵盤楽器と
してはまず，大きなオルガンがあちこちの教会で製造されるようになっ
た。

　　1597年, (　イ　)が「ピアノとフォルテのソナタ」を出版した。この
曲では，史上初めて使用楽器が指定されている。演奏に用いる楽器が
現場の選択による演奏形態としてではなく，作者からのメッセージと
して指定されている。これは「器楽の確立」と宣言するにふさわしい出
来事であった。

①　(　ア　)の楽器名を答えなさい。

②　(　イ　)の人物名を答えなさい。

③　「探求する」というイタリア語に語源をもち，16〜17世紀の多く
の器楽曲に対して用いられた名称で，フーガの前段階をなす模倣的
器楽形式をイタリア語で何というか。

解答 (1) フランドル楽派 (2) ① リュート ② ジョバンニ・ガ
ブリエリ ③ リチェルカーレ

解説 (1) フランドル楽派は，ルネサンス期後半からバロック時代にかけ
て活躍したフランドル出身の音楽家のことをいう。彼らはヨーロッ
パ各地で活動を展開し，盛期ルネサンスの音楽を主導していった。
(2) ① リュートはルネサンス期に全盛期をむかえた撥弦楽器であ
る。世俗曲ではリュートや初期の鍵盤楽器であるヴァージナルを用
い，声楽と器楽のバランスのとれたアンサンブルが行われていたと
されている。 ② ジョバンニ・ガブリエリはヴェネツィアで活躍
した優れた音楽家の一人である。彼が作曲した「ピアノとフォルテ
のソナタ」は，ソナタという名称を用いた器楽曲の最初期の例であ
り，楽譜に強弱の指示を書き込んだものであったことも特徴の一つ
である。 ③ リチェルカーレは模倣的な動きを特徴とし，モテッ
トなどの通模倣技法を適用している。後にフーガに発展していった。
リチェルカーレを大きく発展させたのはヴェネツィア楽派の音楽家
たちである。

# Attention!

## 西洋音楽史　3. 文化的背景との関わりを問う問題

　Check でも述べたように，文化的背景として最も取り上げられる
可能性が高いのは，ヨーロッパにおける国民主義である。フランス
6 人組，ロシア 5 人組，北欧，スペイン，チェコなどの国民楽派の
作曲家と作品を関連付けて覚えておく必要がある。

　また，頻出するのが，標題音楽と交響詩についての問題である。
「標題音楽」という言葉はリストが論文の中で 1855 年に初めて使用
した。交響詩を確立したのもリストである。「幻想交響曲」におい
て固定楽想を用いて恋の物語を交響曲にあらわしたベルリオーズ，
スメタナの連作交響詩「我が祖国」，リヒャルト・ストラウスのニー
チェの哲学書による「ツァラトゥストラはこう語った」，ムソルグ
スキー ( リムスキー＝コルサコフ編 ) の「展覧会の絵」など，標題
やテキストとあわせて聴いておきたい。

演習問題③

問題 1

音楽史について，次の問いに答えよ。

　19世紀前期・中期は，自由思想やロマン主義文学の影響のもと，音楽の世界にも「ロマン派」が花開いた時代であるが，19世紀も後期にさしかかると，ヨーロッパの中でも周辺地域の国々や民族的な少数派が，市民権の獲得や自由な表現様式による精神の解放を求め，国民主義的な音楽家が次々に輩出した。こうした傾向の先駆けとなった作曲家の1人にポーランド出身の( ① )があげられる。彼は「24の前奏曲」作品8や4つの即興曲をはじめ，当時の中流家庭に普及しつつあった楽器( ② )のための作品にとりわけ優れた才能を発揮し，古典派以来の形式の中に，A母国の民族舞踊のリズムや情感を巧みに詩的に表現して「( ② )の詩人」と呼ばれたが，2010年はその生誕( ③ )年の年にあたり，いろいろな催し物が世界中で行われた。

　国民主義的な傾向の作曲活動は，ロシアでは，バラキレフやリムスキー＝コルサコフ，ボロディンらが同人であったグループ( ④ )の活動が知られている。交響詩「禿山の一夜」や組曲「展覧会の絵」を作曲した( ⑤ )も，このグループに属していた。一方，スペインにおいてはヴァイオリンの名手で「ツィゴイネルワイゼン」を作曲した( ⑥ )や，フランス音楽の影響を強く受けながらも，Bスペイン独特のリズムや旋律を用いたバレエ音楽「恋は魔術師」や「三角帽子」などを作曲した( ⑦ )が出た。さらに，20世紀に入ると，Cスペインの国民的な楽器を独奏楽器にして民族的なリズムや響きを多用した「アランフェス協奏曲」を作曲した盲目の作曲家( ⑧ )が有名である。

1 ( ① )～( ⑧ )にあてはまる作曲家名や語句，数字を書け。
2 下線部Aのリズムの例を2つ書け。
3 下線部Bのリズムの例を1つ書け。
4 下線部Cの楽器は何か書け。

**解答** 1 ① ショパン ② ピアノ ③ 200 ④ 5人組 ⑤ ムソルグスキー ⑥ サラサーテ ⑦ ファリャ ⑧ ロドリーゴ 2 マズルカ，ポロネーズ 3 ボレロ or ハバネラ 4 ギター

**解説** 1 ① ショパンはポーランド出身で，前期ロマン派を代表する作曲家である。 ② 産業革命の影響もあり，1790年から1860年頃にかけて，ピアノの生産技術は飛躍的に向上した。ショパンはピアノのための作品を数多く残し，「ピアノの詩人」と呼ばれている。 ③ 2010年にショパン生誕200年をむかえた。 ④ 本文であげられている3人に，キュイ，ムソルグスキーを加えた5人の作曲家が，19世紀後半に民族主義的な芸術音楽を志向したロシア5人組と呼ばれる。 ⑥ スペインの作曲家サラサーテは，自身もヴァイオリン奏者であり，技巧的かつスペインの民謡風の旋律を用いた音楽をのこしている。 ⑦ ファリャは，新古典主義の影響を受けたスペインの作曲家である。 ⑧ ロドリーゴは，幼児期に失明したにも関わらず数々の作品を残したスペインの作曲家・ピアニストである。 2 マズルカ，ポロネーズは，共にポーランドを代表する民族舞踊のリズム，形式である。基本的には両方とも4分の3拍子。 3 ボレロはスペイン起源，ハバネラはキューバ起源で，共にスペインで流行した舞踊音楽である。ボレロは3拍子，ハバネラは2拍子。 4 ロドリーゴは，自身はピアニストでありながらギターに関心を持ち，クラシック・ギターを用いた楽曲を数多くのこしている。「アランフェス協奏曲」でもギターが独奏楽器として使用される。

---

**問題 2**

次の文は，オペラの誕生とその発展についての説明である。あとの1から3の問いに答えよ。

オペラは，16世紀末イタリアの[ ① ]で誕生した。当時この都市を支配していたメディチ家は，さまざまな芸術家を支援していた。[ ② ]と呼ばれる詩人や音楽家，文化人たちのグループは，ギリシャ悲劇を復興させるため試行錯誤を重ね，新しいスタイルの音楽劇を創出した。こ

れが今日のオペラの始まりといわれている。完全な楽譜が現存する最古の
オペラは，リヌッチーニの台本によりペーリとカッチーニが作曲し，1600
年に初演された「[　③　]」である。

　その後，オペラの中心はヴェネツィアに移り，17世紀末には10を越え
る劇場が存在し栄えた。ヴェネツィア派最大の作曲家モンテヴェルディは
劇的効果を音楽に表した。18世紀になるとオペラはナポリで盛んになり，
アレッサンドロ・スカルラッティや A ペルゴレージのような優れた作曲家
が現れた。

　オペラは次いで各国に移り，フランスではリュリ，ラモーなどが現れ，
フランスオペラの様式を確立し，イギリスでは[　④　]が「ディドとエネ
アス」を作曲した。ドイツでは，[　⑤　]が劇と音楽との統一という観点
から大改革を行い，「アルチェステ」，「タウリスのイフィゲニア」などを
作曲した。モーツァルトはイタリア・オペラの形式の中にドイツ音楽の精
神をもって，「フィガロの結婚」など多くのオペラを作曲した。

　19世紀のイタリアに目を向けると，ロッシーニ，ドニゼッティ，ベッリー
ニが現代に続くイタリア・オペラの様式を完成させ，[　⑥　]は「椿姫」
や「アイーダ」など多くの作品を残した。B 19世紀末になると，イタリア・
オペラに起こった新しい運動の影響をうけて，マスカーニが「カヴァレリ
ア・ルスティカーナ」を，レオンカヴァッロが「道化師」を作曲した。

1　[　①　]から[　⑥　]にあてはまる最も適切な語句を答えよ。
2　Aの代表作，歌劇「奥様女中」のように，18世紀のイタリアで発展した
　喜劇的なオペラの総称を次の語群アからエのうちから，また，それに属す
　るロッシーニの作品名を語群オからクのうちからそれぞれ1つずつ選び，記
　号で答えよ。
　　語群
　　ア　オペラ・ブッファ　　　　イ　オペラ・セリア
　　ウ　ジングシュピール　　　　エ　オペレッタ
　　オ　歌劇「ウィリアム・テル」　カ　歌劇「オテロ」
　　キ　歌劇「タンクレーディ」
　　ク　歌劇「セヴィーリャの理髪師」
3　Bの名称を答えよ。

**解答** 1 ① フィレンツェ ② カメラータ ③ エウリディーチェ
④ パーセル ⑤ グルック ⑥ ヴェルディ 2 総称…ア
作品名…ク 3 ヴェリズモ

**解説** 1597年に誕生したといわれるオペラの歴史の出題であり，1の①フィ
レンツェや②カメラータ，③「エウリディーチェ」(現存する最古の
オペラ，カッチーニとペーリ作曲)など記述解答できるよう学習して
おきたい。また，オペラ・ブッファ(「奥様女中」，「フィガロの結婚」，
「ドン・ジョバンニ」，「セヴィーリャの理髪師」など)や，ジングシュ
ピール(歌芝居と言われドイツ語・せりふ入り，「魔笛」，「魔弾の射
手」など)，オペレッタ(「メリー・ウィドウ」，「こうもり」，「天国と
地獄」など)についても復習しておきたい。3のヴェリズモオペラは
19世紀後半のイタリアオペラで，日常生活に根ざした台本による〈現
実主義〉ともいう作品。代表作はマスカーニ作曲「カヴァレリア・ル
スティカーナ」，およびレオンカヴァッロ作曲「道化師」で両作品と
も一幕のオペラ。両作品が一緒に上演されることが多い。

## 問題 3

次の楽譜について，下の問いに答えよ。

(1) 次の文はこの曲の作曲者について書かれている。( ア )，( イ )
にあてはまる適切なものをそれぞれ①〜⑤から選び番号で答えよ。
　作曲者は( ア )の音楽一家に生まれた。音楽大学卒業後，しばら
く( イ )奏者を務めたのち，音楽教師として生計を立てながら作曲
活動を続けた。( ア )音楽復興の立役者の一人として位置付けられ
ている。
ア ① ロシア ② イギリス ③ ハンガリー
④ ドイツ ⑤ オーストリア
イ ① オルガン ② ピアノ ③ オーボエ
④ トロンボーン ⑤ チューバ
(2) 次の文はこの曲について書かれている。( ア )〜( ウ )にあては

まる適切なものをそれぞれ①～⑤から選び，番号で答えよ。

管弦楽組曲「惑星」は，太陽系の惑星のうち( ア )つを題材にした作品で，この曲は第4曲に当たる。この曲の副題は( イ )である。曲は，急速で華やかな部分から始まり，それが静まるとゆったりとした( ウ )な部分が現れ，再び華やかな部分に戻っていくという構成になっている。

ア　①　4　　②　5　　③　6　　④　7　　⑤　8

イ　①　快楽をもたらす者　　②　老いをもたらす者

　　③　戦争をもたらす者　　④　平和をもたらす者

　　⑤　翼のある使者

ウ　①　アジア風　　②　ロンド風　　③　和風　　④　都会風

　　⑤　民謡風

**解答**　(1)　ア　②　　イ　④　　(2)　ア　④　　イ　①　　ウ　⑤

**解説**　(1)　「管弦楽組曲　惑星　作品32」より「木星」からの出題である。作曲者のホルスト(Gustav Holst 1874 − 1934)はイギリスの作曲家であり，トロンボーン奏者を務めたのち，音楽教師として作曲を続けた。「惑星」のほか，吹奏楽曲なども遺している。　(2)　地球をのぞく7つを題材にしている。「木星」では民謡風の第3主題がホルンによって示される。また本問で提示された楽譜は第4主題である。イの選択肢はいずれも副題として用いられており，それぞれ，②　第5曲「土星」，③　第1曲「火星」，④　第2曲「金星」，⑤　第3曲「水星」の副題である。

---

**問題 4**

次の楽譜について，あとの問いに答えよ。

(1) 次の文の( ア )～( エ )にあてはまる適切なものを①～⑤から
選び，番号で答えよ。

この作品は，作曲者の親友であった建築家で画家の( ア )の遺作
展覧会をきっかけにつくられた。絵にちなんだ10曲に加え，楽譜Aの
「( イ )」と呼ばれる部分が，何度か形を変えて冒頭や曲間で演奏さ
れる。

作曲者は，( ウ )世紀のロシアを代表する作曲家の一人である。
この作品はもともとピアノのために書かれたが，のちに多くの作曲家
によって管弦楽に編曲された。ラヴェルによって編曲されたものでは，
楽譜Bの旋律は( エ )で演奏される。

ア ① ガルトマン ② カンディンスキー
　 ③ バラキレフ ④ キュイ
　 ⑤ ガウディ

イ ① ブイドロ ② リモージュ
　 ③ カタコンブ ④ はげ山の一夜
　 ⑤ プロムナード

94

ウ ① 16 ② 17

③ 18 ④ 19

⑤ 20

エ ① クラリネット ② コールアングレ

③ サクソフォーン ④ ヴィオラ

⑤ チェロ

(2) 楽譜Bの曲名を①～⑤から選び，番号で答えよ。

① こびと ② 鶏の足の上に建っている小屋

③ テュイルリー ④ 古城

⑤ ザムエル・ゴルデンベルクとシュムイル

(3) 楽譜Cと楽譜Dの曲をラヴェルによって編曲されたものを用いて鑑賞の授業をする。生徒に知覚・感受させる内容の例として，適切なものをそれぞれ次の①～⑤から選び，番号で答えよ。

① チューバの重厚な主旋律が，農民の憂鬱な気持ちを表している。

② 金管楽器による壮大な響きが，どっしりとした門を表している。

③ 木管楽器の旋律が単調な伴奏にのって現れ，感傷的な雰囲気を醸し出している。

④ 打楽器のたたきつけるような鋭い動機で始まり，何物かが活動し始めたような感じを受ける。

⑤ 弾むようなリズムと高い音から，小さな動物が動き回っている様子を感じさせる。

**解答** (1) ア ① イ ⑤ ウ ④ エ ③ (2) ④

(3) 楽譜C ⑤ 楽譜D ②

**解説** (1) ロシアの作曲家ムソルグスキー(Modest Petrovich Mussorgskiy 1839 - 1881)によって作曲された，「組曲 展覧会の絵」からの出題である。特にラヴェルによる管弦楽編曲版が有名であるが，ムソルグスキーの代表的なピアノ音楽である。親友ガルトマンの遺作展がこの組曲を作曲するきっかけであり，絵にちなんだ10曲と，前奏および間奏にあたる「プロムナード」から構成されている。なお，楽譜Bは10曲のなかの「古城」の一部であり，ラヴェル編曲版ではアル

トサックス(Alto Saxophone)で奏される。オーケストラ曲でサックスが用いられる曲は珍しく，この曲の特徴となるので覚えておきたい。　(2)　楽譜A～Dと結びつくのは「古城」のみであるが，いずれも「展覧会の絵」に含まれる曲名である。付言して，提示された楽譜の曲名はそれぞれ，楽譜A…冒頭の「プロムナード」，楽譜B…「古城」，楽譜C…「殻をつけたひなどりのバレエ」，楽譜D…「キエフの大門」である。　(3)　曲名が判明していれば解答は容易である。楽譜CではScherzino，高音および装飾音，楽譜Dではmaestoso，強弱記号，構成音の幅広さ，音符の長さがヒントになるであろう。

## 問題 5

次の「交響詩」について説明した文章の空欄にあてはまる言葉として正しい組合せを選べ。

19世紀半ばに生まれた管弦楽による(　ア　)の一種で，詩的，絵画的，観念的内容と結びつきをもとうとするものであり，この名称の最初の使用者は(　イ　)である。この呼称は，多くは1楽章形式の場合に用いられ，ベルリオーズの「(　ウ　)」のような多楽章形式の曲は交響詩と区別されることもあるが，両者は性格の点で近親性をもっている。19世紀の国民主義はその隆盛に好適な土壌となり，自国の風景や生活や伝説が好んで描かれたスメタナの「わが祖国」，ボロディンの「(　エ　)」,や(　オ　)の「フィンランディア」等が有名である。

| | ア | イ | ウ | エ | オ |
|---|---|---|---|---|---|
| ① | 絶対音楽 | ワーグナー | ファウストの劫罰 | 中央アジアの草原で | シベリウス |
| ② | 標題音楽 | ワーグナー | ファウストの劫罰 | ポロヴェツ人の踊り | グリーグ |
| ③ | 標題音楽 | リスト | 幻想交響曲 | 中央アジアの草原で | シベリウス |
| ④ | 絶対音楽 | リスト | ファウストの劫罰 | ポロヴェツ人の踊り | グリーグ |
| ⑤ | 標題音楽 | リスト | 幻想交響曲 | 中央アジアの草原で | グリーグ |

**解答** ③

**解説** ア 「絶対音楽」は歌詞を持たず，物語や絵画，文学といった他の芸術と結び付けない音楽そのものを表現しようとする音楽のことで，「標題音楽」の対義語にあたる。　イ 「ワーグナー」は楽劇の創始者である。　ウ 「幻想交響曲」はベルリオーズの最初の交響曲で5楽章からなる。本来，交響詩は単一楽章で切れ目なく演奏されるのが基本である。「ファウストの劫罰」は4部からなる楽劇。　エ 「ポロヴェツ人の踊り」はオペラ「イーゴリ公」のうちの1曲である。　オ 「フィンランディア」はシベリウス作曲の交響詩である。グリーグはノルウェーの作曲家である。

━━━━━━ **問題 6** ━━━━━━

次の文章を読み，(1)〜(4)の問いに答えよ。

　ブルタバ(モルダウ)(連作交響詩「我が祖国」から)はスメタナの作曲である。スメタナはチェコのボヘミア地方出身で，プラハでピアノと作曲を学んだ後，　ア　で指揮者として活躍。1861年にチェコの独立運動に参加するために祖国に戻る。当時のチェコはオーストリアの強い支配を受けていた。そのため，チュコの人々は母国語を話すことさえ禁じられていた。このような圧政下で，人々は「自分たちの言葉で話そう」「独立した国を作ろう」と強く願うようになっていった。スメタナはこうした願いを音楽に託し，「我が祖国」をはじめ，祖国への思いに満ちた作品を世に送り続けた。「我が祖国」はチェコの自然や伝説，歴史に基づく6曲の交響詩からなる。

連作交響詩「我が祖国」全曲構成
第1曲　ビシェフラト(高い城)
第2曲　ブルタバ(モルダウ)
第3曲　　イ
第4曲　ボヘミアの森と草原から
第5曲　ターボル
第6曲　ブラニーク

第2曲の「ブルタバ」では，祖国の姿がブルタバ川の流れに沿って描かれている。楽譜にはA〜Gの標題が記されている。

A　ブルタバ2つの源流

B　森の妖精

（実際は1オクターヴ下）

C　農民の結婚式

> ウ

D　月の光，水の精の踊り

（実際は1オクターヴ上）

E　エ

F　幅広く流れるブルタバ

98

G　ビシェフラトの動機

（実際は）オクターヴ上）

※出典　教育芸術社　「中学生の音楽　2・3下」

(1)　　ア　　に入る国名を，次の①〜⑤から1つ選べ。

①　ポーランド　　②　ドイツ　　③　フランス

④　オーストリア　　⑤　スウェーデン

(2)　　イ　　に入る言葉を，次の①〜⑤から1つ選べ。

①　グノームス　　②　タミーノ　　③　ジークフリート

④　シャールカ　　⑤　見知らぬ国と人

(3)　　ウ　に当てはまる旋律を，次の①〜⑤の中から1つ選べ。

①

②

③

④

⑤

(4)　Eの標題　　エ　に当てはまるものを，次の①〜⑤の中から1つ選べ。

①　大地の踊り　　②　追い詰められた獣たち　　③　古城

④　雷雨と嵐　　⑤　聖ヨハネの急流

**解答** (1) ⑤　　(2) ④　　(3) ④　　(4) ⑤

**解説** (1)　スメタナ(1824〜1884)は，チェコスロヴァキアの国民主義的音楽の祖といわれ，作品において愛国精神を促進した。交響詩「わが祖国」は国民主義の傾向をもった代表作である。1856年にスウェーデンへ行き，指揮者として迎えられ，多くの作品を上演し，またその期間中に交響詩を3曲書いた。　(2)　第3曲は「シャールカ」である。チェコの乙女戦争で勇敢に闘った女性である。　(3)　森の狩猟が描かれたあとは，G dur，4分の2拍子で書かれた結婚の祝いにおける田舎の踊りの場面になる。そして次は夜の場面へとすすむ。

(4)　水の精の踊りを経て主題が回帰し，その後モルダウは急流にさしかかる。聖ヨハネの急流が正答である。そしてプラハへと進み，壮大で幅広い流れを表す主題が再び現れ，やがてビシェフラトがみえる。本問Gの譜例は，第1曲の主題が用いられている。

# Attention!

## 総合問題

　戦後から現代までの新しい時代に活躍した演奏家，作曲家についての問題が見られる。日頃から，現在活躍する音楽家の情報は取り入れておく必要がある。

　指揮者では，カラヤン，プレビン，バーンスタイン，ブーレーズ，小澤征爾。ピアニストでは，リヒテル，ポリーニ，ブーニン，キーシン，アルゲリッチ，グールド。チェリストでは，ロストロポーヴィチ，カザルス，ヨーヨーマ。ヴァイオリニストでは，オイストラフ，ハイフェッツ，パールマン。フルートのパユ，ランパル。古楽の鈴木雅明などは知っておきたい。

　また，ミュージカルや日本のポピュラー音楽についての出題もある。合唱やリコーダー，吹奏楽のアンサンブルで取り上げることもあるので，幅広く知っておきたい。

## 演習問題④

■■■■■■■■ **問題 1** ■■■■■■■■

次の問1～問5の各問いにあてはまる最も適当なものを，それぞれ①～④のうちから1つ選べ。

問1 次の中で，1901年ロシアに生まれたアメリカのヴァイオリニストで，Arthur Rubinstein, Gregor Piatigorskyらとトリオを組んだのはだれか。

① Joseph Szigeti ② David Oistrakh ③ Isaac Stern
④ Jascha Heifetz

問2 次の演奏家と楽器の組合せとして，適当ではないものはどれか。

① Jean-Pierre Rampal －フルート
② Lily Laskine －ファゴット
③ Karl Leister －クラリネット
④ Heinz Holliger －オーボエ

問3 次の中で，オランダのオルガニスト，チェンバロ奏者で，1979年にアムステルダム・バロック管弦楽団を結成したのはだれか。

① Ton Koopman ② Karl Richter ③ Helmut Walcha
④ Marie-Claire Alain

問4 次の中で，アメリカの指揮者で，ニューヨーク・フィルハーモニック音楽監督に就任，また，交響曲第1番「エレミヤ」やミュージカルなどを作曲したのはだれか。

① André Previn ② Leonard Bernstein
③ Pierre Boulez ④ Leopold Stokowski

問5 次の中で，鈴木雅明が1990年に創立した古楽器のアンサンブル・合唱団はどれか。

① サイトウ・キネン・オーケストラ
② 日本音楽集団
③ バッハ・コレギウム・ジャパン
④ オーケストラ・アンサンブル金沢

解答　問1　④　　問2　②　　問3　①　　問4　②　　問5　③

解説　問1　④のヤッシャ・ハイフェッツ(1901～87年)はロシア生まれで
アメリカのヴァイオリニスト。すでに伝説的な存在である。他の①～
③も高名なヴァイオリニストである。　問2　②のリリー・ラスキン
はフランスのハープ奏者。ハープを独奏楽器として再生・発展させ
た人物である。　問3　②のカール・リヒター(ドイツ，オルガン奏
者・合唱指揮者)と間違えやすいので留意したい。　問4　②のバー
ンスタインは交響曲を3曲残している。その第1番が「エレミヤ」で
ある。　問5　昨今の我が国の演奏活動に関心をもつことが正答③に
つながる。

### 問題 2

次の作曲家の説明ア～エと作曲家名A～Eの組合せとして適切なものは，
下の1～4のうちのどれか。

ア　北海道で各地方からの移住者たちの民謡等を聞きながら育ち，チェ
　　レプニンの指導を受けたほかは独学で，「日本狂詩曲」はチェレプニン
　　賞に首席入賞した。

イ　基本的には組歌「四季」のようにヨーロッパの古典派または初期ロマ
　　ン派的なスタイルだが，日本風な表現を意図してヨナ抜き短音階によ
　　る曲も作曲している。

ウ　歌曲，童謡，合唱曲など新しい日本のうたの創造に力を注ぎ，「かわ
　　いいかくれんぼ」など多くの愛唱歌をうみ出している。

エ　「テクスチュアズ」は国際作曲家会議で年間最優秀作品に選ばれるな
　　ど，その個性と鋭敏な感覚によって高く評価されている。

〈語群〉
A　武満徹　　　B　滝廉太郎　　C　伊福部昭　　D　中田喜直
E　山田耕筰

1　ア－A　　イ－B　　ウ－E　　エ－C
2　ア－C　　イ－B　　ウ－D　　エ－A
3　ア－C　　イ－D　　ウ－E　　エ－B
4　ア－D　　イ－E　　ウ－B　　エ－C

**解答** 2

**解説** アの北海道出身で「日本狂詩曲」のチェレプニン賞などで伊福部昭や，イの組歌「四季」の春の歌が有名な同声2部合唱の「花」の滝廉太郎は知っておきたい。

━━━━━ **問題 3** ━━━━━

次の問1～問5の各問いに当てはまる最も適当なものを，それぞれ①～④のうちから1つ選べ。

問1　1926年にブルックナーの「交響曲第7番」を指揮してデビューし，後にバイエルン放送交響楽団の音楽監督やアムステルダム・コンセルトヘボウ管弦楽団の指揮者を務めたのはだれか。

①　Václav Neumann　　②　Charles Münch
③　Otmar Suitner　　④　Eugen Jochum

問2　チリ出身で，ベルリンのシュテルン音楽院に学び，リストの弟子であるマルチィン・クラウゼに師事し，後にリスト賞を受賞したピアニストはだれか。

①　Daniel Barenboim　　②　Dinu Lipatti
③　Claudio Arrau　　④　Walter Gieseking

問3　1937年にイザイ国際コンクールで優勝し，オボーリンやクヌシェヴィッツキーと三重奏団を組んだヴァイオリニストはだれか。

①　David Oistrakh　　②　Arthur Grumiaux
③　Gidon Kremer　　④　Joseph Szigeti

問4　「交響三章」「エローラ交響曲」などを作曲し，日本音楽著作権協会の理事長を務めた作曲家はだれか。

①　團伊玖磨　　②　芥川也寸志　　③　黛敏郎　　④　武満徹

問5　演奏家と楽器の組合せとして，適当なものはどれか。

①　Dennis Brain　─　フルート
②　Aurèle Nicolet　─　クラリネット
③　Maurice André　─　トランペット
④　Leopold Wlach　─　ホルン

**解答** 問1　④　　問2　③　　問3　①　　問4　②　　問5　③

**解説** 問1　Eugen Jochum(オイゲン・ヨッフム，1902〜87年，独)はドイツ音楽の，特にブルックナーに定評があった。　問2　③のClaudio Arrau(クラウディオ・アラウ，1903〜91年，チリ)は，1927年にジュネーヴ国際ピアノコンクールで優勝，リストやベートーヴェン弾きとして名高い。　問3　David Oistrakh(ダヴィッド・オイストラフ，1908〜74年，露)，世界的名声を得たヴァイオリニストである。　問4　芥川也寸志(1925〜89年)，オペラ「ヒロシマのオルフェ」や映画音楽作品も多い。　問5　①のDennis Brain(1921〜57年)はホルン奏者，②のAurèle Nicolet(1926〜2016年)はフルート奏者，④のLeopold Wlach(1902〜56年)はクラリネット奏者である。

---

**問題 4**

ワルシャワで5年に1回開催される「ショパン国際ピアノコンクール」で優勝したことがある人物を選べ。

(1)　ユンディ・リ
(2)　ウラディーミル・アシュケナージ
(3)　スヴャトスラフ・リヒテル
(4)　エフゲニー・キーシン

**解答** (1)

**解説** (1)は第14回の優勝者である。ショパン国際コンクール15年ぶりの第1位優勝者，中国人初の優勝者ということで話題になった。(2)は1955年に出場したが2位だった。(3)は出場していない。(4)はコンクールにほとんど出場していない。

■■■■■■■ 問題 5 ■■■■■■■

次のA～Eが使用されたミュージカルを初演年が古い順に並べたとき,
正しいものを①～⑤の中から1つ選べ。

(楽譜は曲の一部である。)

① D→A→C→E→B　② C→A→D→B→E
③ A→D→E→C→B　④ D→A→E→C→B
⑤ C→D→A→B→E

解答　①

解説　D「ウエスト・サイド物語」より「Tonight」(1957年)→A「サウン
ド・オブ・ミュージック」より「私のお気に入り」(1959年)→C「見
上げてごらん夜の星を」より「見上げてごらん夜の星を」(1960
年)→E「キャッツ」より「Memory」(1980年)→Bオペラ座の怪人
より「The Phantom of the Opera」(1986年)である。

次の合唱曲について，各問いに答えなさい。

(楽譜は曲の一部である。)

1　この曲の題名を①～⑤の中から1つ選べ。

　①　旅立ちの日に　　　②　大切なもの

　③　With You Smile　　　④　Let's search for Tomorrow

　⑤　マイバラード

2　この曲の作曲者を①～⑤の中から1つ選べ。

　①　松井　孝夫　　②　水本　誠　　③　坂本　浩美

　④　大澤　徹訓　　⑤　山崎　朋子

解答　1　②　　2　⑤

解説　1　出題の曲は中学校の合唱コンクールでよく取り上げられる「大切
なもの」。「明日へ」「COSMOS」など中学生にとって取り組みやす
い合唱曲については学習しておきたい。　2　「大切なもの」の作詞・
作曲者は山崎朋子。

# 第 3 章

# スコアによる総合問題

# スコアによる総合問題

## Point

　ほとんどの自治体で出題されているのが，スコア(総譜)を提示し，音楽史，音楽理論，楽器の知識，および指導法などを総合的に問うものである。受験者には，スコアリーディングに加えて，曲の背景や作曲者に関する知識，あるいは実際の演奏や教室での生徒指導を想定した知識が求められている。問題の大部分はオーケストラスコアであるため，過去問等で慣れておく必要がある。また，出題傾向の高い楽曲を簡単にまとめているので，そちらも学習に役立ててもらいたい。

# オーケストラスコアによる問題

## 1. 楽器群の配置

　オーケストラスコアに記載される楽器は上から「木管楽器」「金管楽器」「打楽器」「追加楽器」「弦楽器」の順に配置される。「追加楽器」とは，大規模な作品や特殊な編成の時に記載され，協奏曲における独奏楽器，独唱，声楽，ピアノなどの楽器を示している。それぞれの楽器群による配置は次の通りである。

| 木管楽器 | ピッコロ，フルート，オーボエ，クラリネット，ファゴット |
|---|---|
| 金管楽器 | ホルン，トランペット，トロンボーン，テューバ，(コルネット) |
| 打楽器 | ティンパニ，その他の打楽器 |
| 追加楽器 | 上記文参照 |
| 弦楽器 | 第1ヴァイオリン，第2ヴァイオリン，ヴィオラ，チェロ，コントラバス |

## 2. 各楽器の調的特性

　楽器は特定の調を基準に作られている。例えば，トランペットではスコア上のCの音は実音ではB♭となる。これは，楽器の構造や歴史に由来している。これらの楽器はスコアでは，それぞれの特性にしたがって，実音とは異なる調で書かれており，スコアリーディングの最も主要なポイントである。以下，それぞれの調的特性別に分類する。

〈ハ調〉…実音で書かれており，スコアと実音が同一

鍵盤楽器，弦楽器，フルート，オーボエ，ファゴット，ティンパニ。トロンボーン，テューバ，ユーフォニアムはB管だが，スコアは実音で記譜される。

〈変ロ調〉…楽譜上のC音は実音ではB♭となる

トランペット(B管)，クラリネット，ソプラノサキソフォン，テノールサキソフォン，バスサキソフォン

〈ヘ調〉…楽譜上のＣ音は実音ではＦとなる

```
ホルン，イングリッシュホルン
```

〈イ調〉…楽譜上のＣ音は実音ではＡとなる

```
クラリネット(Ａ管)
```

〈変ホ調〉…楽譜上のＣ音は実音ではＥ♭となる

```
アルトサクソフォン，バリトンサクソフォン，アルトホルン
```

## 3. 曲の特定の方法

　多くの問題は，冒頭部分，主旋律が登場する部分，その曲のクライマックスなど曲の特徴をつかむことができるような部分を選んで出題されているといってもよい。したがって，ある程度の曲の知識や演奏経験があれば曲を特定することは難しくないだろう。曲を特定するために最初にチェックすべき項目は以下の通りである。

① **編成の規模**…1管編成などの小編成は，バロック時代や初期古典派の作品が，大規模な編成の曲は，後期古典派からロマン派の作品が多い。

② **追加楽器の有無**…最下部にある弦楽器群の上にくる追加楽器があるかどうかをみる。声楽の場合は，歌詞がつけられている。協奏曲の場合は，楽器名が記されている。ピアノ協奏曲は大譜表で書かれている。

③ **曲のジャンルの特定**…以上をふまえ，管弦楽曲(交響曲を含む)，協奏曲，オーケストラ伴奏付き声楽曲を特定する。オーケストラ伴奏付きの声楽曲の場合，オペラ，オラトリオ，コンサートアリア，交響曲の一部(例えばマーラーの曲)などの種類があるので，歌詞に注目すること。なお，オペラの場合は配役名が記されているので特定が容易である。

④ **主旋律の特定**…曲の特定のため，主旋律の確認が重要である。

・主旋律はフルート，クラリネット，ヴァイオリンなどの高音を担当する楽器が主として担当している。

・主旋律はほかのパートと比べて比較的長い音価(2分音符，4分音符やタ

イなど)が多用される傾向がある。細かい音符で，リズムを刻んでいる
パートは主旋律でない場合が多い。

・主旋律は，さまざまな楽器において繰り返される。

## 4. 出題される可能性のある楽曲

　スコアから出題される問題は，中学校や高等学校の音楽の教科書に掲載
されている曲から選ばれているものも多い。したがって，過去の出題の傾
向を見て，対策をしておくことも効果的である。次表は，近年出題された
曲のリストである。これを参考にスコアと音源を確認しておこう。

| 曲　　名 | 作　曲　者 |
|---|---|
| 魔王 | シューベルト |
| ボレロ | ラヴェル |
| ヴァオイオリン協奏曲集　「和声と創意の試み」第1集「四季」より　春 | ヴィヴァルディ |
| 展覧会の絵 | ムソルグスキー |
| 組曲「惑星」より　木星 | ホルスト |
| 連作交響詩「我が祖国」より　ブルタバ | スメタナ |
| バレエ音楽　白鳥の湖 | チャイコフスキー |
| バレエ音楽　くるみ割り人形 | チャイコフスキー |
| アランフェス協奏曲 | ロドリーゴ |
| 牧神の午後への前奏曲 | ドビュッシー |
| オペラ　アイーダ | ヴェルディ |
| オペラ　カヴァレリア・ルスティカーナ | マスカーニ |
| ウィリアム・テル　序曲 | ロッシーニ |
| 交響曲第5番　運命 | ベートーヴェン |
| 交響曲第6番　田園 | ベートーヴェン |
| 交響曲第9番　合唱付き | ベートーヴェン |
| 交響曲第6番　悲愴 | チャイコフスキー |
| 交響曲第9番　新世界 | ドヴォルザーク |

| | |
|---|---|
| 弦楽四重奏第77番　皇帝 | ハイドン |
| ブランデンブルク協奏曲 | バッハ |
| アルルの女 | ビゼー |
| 交響組曲「シェヘラザート」 | リムスキー・コルサコフ |
| オラトリオ　メサイア | ヘンデル |
| フーガ　ト短調 | バッハ |
| カルミナ・ブラーナ | オルフ |
| カントリーロード | ジョン・デンバー |

この他に, 教科書には掲載されていないが, 出題傾向の高い楽曲を紹介する。

| 曲　名 | 作　曲　者 |
|---|---|
| 交響曲第7番 | ベートーヴェン |
| 交響曲第5番 | ショスタコーヴィチ |
| 交響曲第8番 | ドヴォルザーク |
| 幻想交響曲 | ベルリオーズ |
| 死の舞踏 | サン・サーンス　リスト　ベルリオーズ |
| レクイエム | モーツァルト |
| ピアノ協奏曲第1番 | チャイコフスキー |
| ピアノ協奏曲 | グリーグ |
| ピアノ協奏曲第21番 | モーツァルト |
| ピアノ協奏曲第2番 | ラフマニノフ |
| オペラ　椿姫 | ヴェルディ |
| オペラ　蝶々夫人 | プッチーニ |
| オペラ　カルメン | ビゼー |
| オペラ　フィガロの結婚 | モーツァルト |
| 交響詩　フィンランディア | シベリウス |

# Attention!

## オーケストラスコアによる問題

　総譜の最初に記載されている楽器名を覚えること。ドイツ語，フランス語，イタリア語で書かれている場合もあり，英語や日本語と対照させる必要がある(例：English Horn-Cor Anglais, Timpani-Pauken)。さらに，楽器の調性をチェックし，記譜上ではどうなるのかも見ておくこと。旋律をスコアから読み取り，曲名や作曲者名を特定する問題はよく出題されるので，日頃から多くの楽曲に親しみ，聴いておくことが望ましい。「クラシック名曲シリーズ」のようなまとまった曲集を持っておくとよいだろう。

　スコアから曲の成立背景や社会的な影響についてのみ問うものもあるが，そのような場合においても，曲名や作曲者名を特定したほうが解答しやすい。

## 小編成総譜，大譜表（ピアノ譜）による問題

　小編成の総譜や大譜表では，楽器編成や楽器特性よりも，より理論的な問題が多く見られる。調がどのように変化しているか，和音の種類と機能に関する問題，演奏法(装飾音，省略音など)，非和声音の種類などが出題されている。

　さらに，古典派の代表的な作曲家３人(ハイドン，モーツァルト，ベートーヴェン)に関する作風，関連する作品群などの知識，国民楽派に関する知識 (例：ロシア５人組など)も問われている。本テキストの「音楽史の章」と関連させ，楽曲とその音楽史的な知識は身につけておくこと。

# 🎼 演習問題

━━━━━━━━ ■ 問題 1 ■ ━━━━━━━━

次の楽譜は，ある交響曲の一部である。あとの各問いに答えよ。

(1) この交響曲の作曲者名を書け。

(2) この交響曲の第4楽章に用いられた詩の作者名を書け。

(3) 楽譜中の〔ア〕，〔イ〕の実音を，ドイツ音名で書け。なお，〔イ〕は下の音について答えよ。

(4) この楽譜を演奏する際に使用する金管楽器の名前を，すべて書け。

(5) 次の①〜④のうち，この作品に関する説明として，正しいものを1つ選べ。

① ピアノと合唱とオーケストラのための作品である。

② ワーグナーが「舞踏の神化」と言った作品である。

③ 第4楽章では，それ以前の楽章の音型が再現される作品である。

④ ナポレオンに捧げるために作曲された作品である。

**解答** (1) ベートーヴェン　　(2) シラー　　(3) 〔ア〕Fis　〔イ〕A
(4) ホルン(Horn, Corno)，トランペット(Trumpet, Clarino)，トロンボーン　　(5) ③

**解説** (1) ベートーヴェンの交響曲第9(合唱付き)第4楽章のスコアである。

(2) ドイツの詩人・作家のシラーによる「歓喜に寄す」である。

(3) 〔ア〕はクラリネットA管のパート譜であり，A管は実音の短3度上に記譜されている。したがって〔ア〕のA音は短3度下のFis音が実音である。〔イ〕はホルンD管のパートで，D管というのは今日の移調楽器ではほとんど無いものでめずらしい。D管は，B♭管の長2度上に記譜するのとは逆で，長2度下に記譜する。したがって〔イ〕の低音パートのG音の実音は長2度上のA音となる。注意すべきは，設問に〔イ〕は下の音について答えよ，とあって矢印などが示されていないこと。冷静にスコアを見ると，スコアの最上段のフルート・パートの上から2段目と同じ(オクターヴ下)旋律であることがわかる。

(4) ホルンD管とB♭管及びトランペットD管である。　　(5) 第4楽章は合唱主題とチェロとバスが提示する以前に，第1〜3楽章の開始主題が断片的に現れる。

**問題 2**

次のオーケストラのスコアについて，あとの各問いに答えよ。

1　楽譜Aのパートの楽器は，「Cor A」と表記される。楽器名を①〜⑤の
　　中から1つ選べ。

　　①　ホルン　　　　　②　イングリッシュ・ホルン

　　③　クラリネット　　④　オーボエ　　⑤　ファゴット

2　楽譜Bのパートの移調楽器はドイツ音名で何管か，①〜⑤の中から1
　　つ選べ。

　　①　C管　　②　F管　　③　Es管　　④　D管　　⑤　B管

3　楽譜Cのパートにある演奏標語「*con sord.*」の意味を，①〜⑤の中から
　　1つ選べ。

　　①　弱音器をつけて　　　②　陽気に　　③　軽快に

　　④　弱音器をはずして　　⑤　明確に

4　楽譜Dのリズムはどの舞曲のリズムを使用しているか，①〜⑤の中か
　　ら1つ選べ。

　　①　ポロネーズ　　②　マズルカ　　③　ボレロ　　④　アルマンド

　　⑤　ギャロップ

5　楽譜E，F，Gのパートにあてはまる楽器(英語名)の組み合わせとし
　　て正しいものを，①〜⑤の中から1つ選べ。

　　①　E　viola　　　　　　F　violoncello　　G　double bass

　　②　E　violoncello　　　F　viola　　　　　G　double bass

　　③　E　violin　　　　　 F　viola　　　　　G　double bass

　　④　E　double bass　　　F　viola　　　　　G　violoncello

　　⑤　E　violoncello　　　F　double bass　　G　viola

6　この曲の作曲家と同じ国の作曲家の作品を，①〜⑤の中から1つ選べ。

　　①　弦楽四重奏曲12番「アメリカ」　　　②　交響詩「ローマの松」

　　③　バレエ音楽「白鳥の湖」　　　　　　④　オペラ「カルメン」

　　⑤　ワルツ「美しく青きドナウ」作品314

7　この曲の調の属調の平行調と同じ調を①〜⑤の中から1つ選べ。

　　①　F dur の属調の平行調　　　②　g moll の平行調の下属調

　　③　c moll の属調の平行調　　　④　fis moll の平行調の属調

　　⑤　C dur の平行調の属調

**解答** 1 ② 　2 ⑤ 　3 ① 　4 ③ 　5 ① 　6 ④ 　7 ⑤

**解説** 総譜はラヴェル作曲「ボレロ」の後半の一部分であり，小太鼓が打つ2小節のリズムでよく知られている名曲である。 1 「Cor A」はフランス語の「Cor anglais」(コーラングレ)の略であるとわかればすぐ正答できる。だが，Corとはホルン(仏)であり，A管のホルンと誤ってしまいがちなので要注意。イングリッシュ・ホルンは，English Horn(英・独語)，corno inglese(伊語)などと書く。また，ホルンはHorn(英・独)やcor(仏)，corno(伊)などと書く。 2 楽譜BはクラリネットB(独，英ではB♭)管であり，B管は実音の長2度上に記譜する。この曲はC durであるがD durに移調した記譜になっている。 3 con sordinoの略である。 5 Eのパートはヴィオラでアルト記号を用いる。フランス語でヴィオラのことをaltoという。
6 ④のビゼーはパリ生まれ，「カルメン」初演はパリ・コミック座である。 7 この曲はC dur，属調(G dur)の平行調はe moll，⑤の答もe mollである。

━━━━━━━━━━　**問題 3**　━━━━━━━━━━

次の各問いに答えよ。

問1　次の楽譜はある歌唱教材の一部である。曲名，作詞者名，作曲者名を答えよ。

(1)

(2)

(3)

問2 次の楽譜を正しい記譜法を用いて書き換えよ。

解答 問1 (1) 曲名…花の街　作詞者…江間 章子　作曲者…團 伊玖磨

　　　(2) 曲名…荒城の月　作詞者…土井 晩翠　作曲者…滝 廉太郎

　　　(3) 曲名…椰子の実　作詩者…島崎 藤村　作曲者…大中 寅二

　　　問2

解説 問1 (1)と(2)は現行の学習指導要領で共通教材として示されている
7曲のうちの2曲である。(3)の「椰子の実」は昭和52年の第4次学習
指導要領改訂の際に歌唱共通教材曲になり，全国的に愛唱された。
これらの名曲はいつの時代にも〈弾き歌い〉を通して歌いたいもの。
問2 4分の3拍子で書いてある楽譜を，2拍子系の8分の6拍子に書
き換えよという設問。8分の6は8分の3＋8分の3の2拍子系である。
1小節の中の音価は同じだが，3拍子では大きく異なる。拍子につい
て生徒に指導するためにもおさえておきたい。

### 問題 4

次の楽譜は弦楽四重奏曲「皇帝」の第2楽章の冒頭部分である。各問いに
答えよ。

1　次の( ① )〜( ⑮ )に適する語句や数を書け。なお，同じ番号に
は同じ語句が入る。

　この曲を作曲したハイドンは( ① )派の時代を代表する作曲家で
あり，一般に「交響曲の( ② )」とも呼ばれ，生涯で100曲以上の交
響曲を作曲している。

　交響曲とは，( ③ )形式を含むいくつか(4つの場合が多い)の
( ④ )で構成され，( ⑤ )で演奏される。( ③ )形式とは提示部，
( ⑥ )，( ⑦ )の3つの部分でできており，コーダがつくこともある。

　また，( ① )派を代表するその他の作曲家としては，交響曲第3
番変ホ長調「英雄」，交響曲第6番ヘ長調「( ⑧ )」など全部で
( ⑨ )曲の交響曲や，ピアノ・ソナタ第8番ハ短調「( ⑩ )」な
どを作曲した( ⑪ )，神童と呼ばれオーストリアの( ⑫ )で生ま
れ，交響曲第35番ニ長調「ハフナー」K.385をはじめ全部で( ⑬ )

曲の交響曲，ピアノ・ソナタ第11番イ長調「トルコ行進曲付き」K.331
や歌劇「フィガロの結婚」K.492，最後の年に作曲した歌劇「（　⑭　）」
K.620などを作曲した（　⑮　）がいる。

2　A～Eの音程をそれぞれ答えよ。ただし，複音程は単音程にすること。

3　Fの記号の読み方と，Gの記号の意味をそれぞれ答えよ。

4　Jの音を増6度高くした音を導音とする旋律（的）短音階上行形を主音
　からオクターヴ上まで，全音符でアルト譜表上に臨時記号を用いて書け。

5　Kの音を短3度高くした音を主音とする長音階を主音からオクターヴ
　上まで，全音符で高音部譜表上に調号を用いて書け。

6　Lの音を下属音とする短調を属調に移調した音階を主音からオクター
　ヴ上まで，全音符でバス譜表上に調号を用いて書け。ただし，短調の場
　合は和声（的）短音階とする。

7　Mの4つの音が属する全ての調名をドイツ語で答えよ。ただし，短調
　の場合は和声（的）短音階とする。

8　この曲をサクソフォーン四重奏で演奏するために，Hの部分のヴィオ
　ラパートをテナー・サクソフォーン用に音部記号と調号を用いて書きか
　えよ。

**解答**　1　①　古典　　②　父　　③　ソナタ　　④　楽章　　⑤　管弦
楽（オーケストラ）　　⑥　展開部　　⑦　再現部　　⑧　田園
⑨　9　⑩　悲愴　　⑪　ベートーヴェン　　⑫　ザルツブルク
⑬　41　⑭　魔笛　　⑮　モーツァルト　　2　A　短3度
B　完全5度　　C　完全1度　　D　短3度　　E　長3度
3　F　ターン　　G　特に強く

4

5

6

7 D dur, A dur, d moll

8

解説 1 古典派を代表するハイドン，モーツァルト，ベートーヴェンの作品や交響曲，ソナタ形式など，西洋音楽について学んだ人ならほぼ正答できる設問である。誤りになる恐れがあるのは，⑩のピアノソナタ第8番「悲愴」を「月光」(第14番)や「熱情」(第23番)などと答えてしまう場合であろう。 2 Cの音程が完全8度，Dが短10度であるが複音程は単音程にするため，それぞれ完全1度，短3度となる。 4 Jの音とはG音で，増6度高くした音はEis音，それを導音とする短音階(旋律)をアルト譜表上に記入する。 5 Kの音とはFis音，短3度高くするとA音(A dur)である。 6 Lの音とはCis音，それを下属音とする短音階とはdis mollである。 7 Mの4つの音とはa・e・cis・d。4つの音から，durについては♯を2つ，あるいは3つもつ調，D dur，A durがあげられる。それらの平行調は導音があてはまらないので，正答に入らない。またcisを導音と考えd mollも正答である。 8 Hのヴィオラパートはアルト記号なので要注意。テナーサクソフォーンはB♭管であり，記譜は実音の長9度上(長2度＋オクターヴ)である。ヴィオラパートのG durをA durにし，オクターヴ高く記譜するのが正答である。

## 問題 5

次の楽譜について，あとの各問いに答えよ。

(1) この曲の作曲者名を書け。

(2) ①にあてはまる速度標語を次から選び，記号で書け。

　　ア Andante　　イ Allegro　　ウ Grave　　エ Presto

(3) ②の楽器名を書け。

(4) ③の「a2」の読み方と意味を説明せよ。

(5) 1～2小節目の④の旋律を，ヴィオラで演奏できるよう楽譜に書け。

(6) 6～7小節目の⑤の旋律を，オーボエとホルンで，それぞれ演奏できるよう，楽譜に書け。

(7) この楽譜では省略してあるが，この7小節間では，2つの打楽器が使用される。その2つの打楽器名を書け。

(8) この曲の半ばほどで現れる美しい旋律は，後に歌詞が付けられ親しまれた。その旋律を書け。

(9) 次の文中の( a )～( e )の中にあてはまる語句を書け。

この曲は，( a )からの独立運動の中で生まれた名曲で，当時( a )から演奏を禁じられたこともあった。半ばほどで現れる美しい旋律には，後に歌詞が付けられ，( b )として国民的な愛唱曲となった。

また，この作曲者は，この国の国民的叙事詩( c )に題材を求めた作品を発表し好評を得た。代表的な作品に「四つの伝説」の中の名曲「トゥオネラの( d )」，最後の主要作，交響詩「( e )」などがある。

**解答** (1) ジャン・シベリウス　(2) イ　(3) トランペット
(4) 読み方……ア・ドゥエ　　意味……同じ楽器の第1奏者と第2奏者が同じメロディを吹く。

(5)

ヴィオラ

(6)

オーボエ

ホルン

(7) ティンパニ，シンバル

(8)

(9) a ロシア　b フィンランディア賛歌　c カレワラ
d 白鳥　e タピオラ

**解説** (1) シベリウスは19世紀の終わりから20世紀にかけて活躍したフィ

ンランドの作曲家である。　(2)　譜例の部分は2つの序奏が終わり，3部形式(A-B-A)の最初のAに入ったところである。A部は快活な曲調の主部であるので，Allegroがふさわしい。　(3)　トランペットはイタリア語でTronbaと表記され，その複数形がTronbeである。

(4)　イタリア語である。「a」は「……で(方法・手段)」の意である。

(5)　ヴィオラは通常アルト記号で記譜されることに注意。　(6)　オーボエはC管なので実音で記譜するが，ホルンは移調楽器であることに注意。ホルンは実音よりも完全5度上に記譜しなければならない。クラリネットも移調楽器であるので，まずは実音に直して考えるのがよいだろう。　(7)　この楽曲ではティンパニが緊張感を盛り上げるなどして，効果的に使われている。　(8)　この旋律は「フィンランディア賛歌」とも呼ばれ，フィンランドの第2の国歌といわれるまでに親しまれている。　(9)　シベリウスは国民楽派の作曲家であり，自国に深い愛着を抱いていた。カレワラと呼ばれる叙事詩は，19世紀にエリアス・リョンロートがフィンランド各地を回って蒐集し編纂したものである。シベリウスもこの叙事詩に関心を寄せ，それに題材を取った作品を多く書いている。

## 問題 6

次の各問いに答えよ。

(1)　ア〜オはある楽曲の旋律の一部である。作曲者をあとの1〜10から1つずつ選び，番号で答えよ。

語群

1. ヴェルディ　　　2. シューベルト　　　3. シューマン
4. ドビュッシー　　5. ハイドン　　　　　6. ベートーヴェン
7. ベルリオーズ　　8. ブラームス　　　　9. メンデルスゾーン
10. モーツァルト

(2)　次の文は何について説明したものか答えよ。

ア　1600年頃，ルネサンス期の多声音楽の反動としてイタリアのフィレンツェで生まれた，通奏低音を伴う単旋律の歌曲。

イ　管弦楽により物語や情景を表現する標題音楽の一種で，リストにより創始された。多くの場合，単一楽章からなる。

**解答**　(1)　ア　3　　イ　1　　ウ　4　　エ　9　　オ　6　　(2)　ア　モノディ　　イ　交響詩

**解説**　(2)　アのモノディとは，16世紀終わりにフィレンツェ・ローマを中心に生まれた新しい独唱スタイルの音楽であり，独唱，または重唱の歌手と伴奏の楽器で演奏され，多くは弾き語りであった。イの交響詩とは，管弦楽によって演奏される単一の楽章からなる標題音楽のうち，作曲家によって交響詩と名付けられたものを言う。また，ロマン派を特徴づける管弦楽曲でもある。

## 問題 7

次の楽譜を見て，後の問に答えよ。

問1　$\boxed{A}$┊┄┄┄┄┊の記号の意味を答えよ。

問2　①〜③で示した2音間の音程を答えよ。

問3　$\boxed{B}$┊┄┄┄┊・$\boxed{C}$┊┄┄┄┊の部分は何調に移行しているか答えよ。また，

その調の下属和音をコードネームでそれぞれ答えよ。

問4　この曲の音楽形式を答えよ。また，その音楽形式において<u>C</u>
の部分は何と呼ばれるか答えよ。

問5　<u>D</u>の旋律を，調号を用いず長3度高く移調せよ。

問6　<u>C</u>の旋律の最初の4小節を完全4度低く移調し，クラリネッ
トinB♭で演奏させたい。楽器に適した調号を記した上で，パート譜に
書き換えよ。

解答　問1　速く，快活に速く　　問2　①　完全4度　　②　短3度
　　③　減5度　　問3　<u>B</u>　調…ト長調　　コードネーム…C
　　<u>C</u>　調…ハ短調　　コードネーム…Fm　　問4　音楽形式…ソナ
タ形式　　<u>C</u>…展開部
問5

問6

解説　問1　Allegroのイタリア語本来の意味は「陽気に，快活に」だが，
一般的に音楽用語では「速く」とされる。　問2　①　指示された
音程はCとGのため，完全4度。　②　指示された音程はDとHの
ため，短3度。　③　指示された音程はCとFisのため，減5度。

問3 B F音に♯がついているところ，またソナタ形式では属調に転調するというところからG durと判断したい。G durの下属和音はC。 C Eに♭，Hに♮がついているところ，またソナタ形式では展開部で同主調に移調することが多いことから，c mollと判断したい。c mollの下属和音はFm。 問4 提示された曲はクレメンティのソナチネ Op.36の No.1である。ソナタ形式は提示部，展開部，再現部，コーダで構成される。 問5 指示部分はC durである。長3度高くするとE durになるため，F，C，G，Dに♯をつける必要がある。 問6 指示部分を完全4度低くした状態はg moll。クラリネット in B♭で演奏するためには長2度上の a mollの音構成で記譜する必要がある。注意するべきは，原譜がC durで書かれているため，あくまでも最初の調号はC durを完全4度低くしたG durを長2度上げた，A durの♯3つを記す。

# 第 4 章

# 楽器演奏・楽器分類

# 楽器演奏・楽器分類

## Point

　楽器(西洋音楽)の演奏法に関する問題は，リコーダーとギターにほぼ限定されており，この2つの楽器は中学校，高等学校共にもっとも頻繁に授業で使用されている。問題も実践を想定したものが多く，運指，演奏法，指導法の問題がほとんどを占めている。特に，リコーダーの運指については，図で表すものが多いため,図を中心に確認するとよいだろう。また，ギターについてはダイヤグラムを完成させるといった問題が多いので，書き込みにも注意したい。

# リコーダー

## 1. リコーダーの名称の由来と歴史

　リコーダー(recorder)は，もともと鳥の声を記録(record)するという意味が由来とされている。歴史は非常に古く，有史以前から存在していたが，バロック時代にピークに達し，ヘンデルやテレマンなどの当時を代表する作曲家が優れたリコーダーのための曲を多く残した。

## 2. リコーダーの種類

　ソプラニーノ，ソプラノ，アルト，テノール，バスなどがあるが，学校教育現場で最もよく用いられているのは，ソプラノとアルトである。リコーダーの音域は次の通り。

## 3. リコーダーの構造

リコーダーの構造に関する問題は，頻度は低いが，前述の通り授業では よく使用される楽器なので，その名称はきちんと把握しておきたい。各名 称は次の通りである。

ウィンドウェイ
唄口（ベック）
窓
ラビューム
頭部管（ヘッド）
サムホール
音孔（トーンホール）
中部管
足部管

## 4. リコーダーの奏法

① **運指**…リコーダーの運指にはバロック式とジャーマン式があり，学校 教育ではファの音が出しやすいジャーマン式がよく利用されている。た だし，問題では両方出される可能性があるため，相違点も含めて把握 しておきたい(次頁参照)。

② **タンギング**…舌を使って「トゥー」といいながら演奏する。t, d, など 子音によって音色が異なり，曲にあわせて用いる。

③ **サミング**…左手の親指をたてて，穴に隙間を空けて，高音を出す。

④ **ポルタート**…一音一音を柔らかいタンギングでつなぐ。

⑤ **レガート**…最初の音をタンギングするのみで，滑らかに音をつなぐ。

リコーダーの運指表

楽器演奏・楽器分類

137

# ギター

## 1. ギターの構造

　ギターの各部の名称についても，リコーダーと同様，頻度は高くないが，ぜひ知っておこう。

## 2. ギターの奏法

① **アル・アイレ奏法**…弦にアタックした指を，弧を描くようにして弾いて音を出す奏法で，弾き終わったら弾いた指は弦から離す。

② **アポヤンド奏法**…弦にアタックした指を隣の弦まで真横に動かす(真上に動かす)ようにして音を出す奏法で，弾き終わった(弾いた)指は隣の弦の上に乗っている。

③ **アルペッジョ奏法**…和音を低音弦からまたは高音弦から一音ずつ弾いていく。

④ **グリッサンド奏法**…一音一音を区切ることなく，隙間なく滑らせるように流れるように音高を上げ下げする。

⑤ **セーハ奏法**…左手の1指(人指し指)で，複数弦をおさえる。

⑥　**トレモロ奏法**…細かい音価で同音を反復させながら保ち続けること。

## 3. ギターの楽譜(タブラチュア譜)

　各々の弦に対応した六線譜であり，一番上を1弦，一番下を6弦とし，数字で指板のポジションを示す。なお，0は開放弦となる。線の本数は弦に応じて増減する。ベースギター用では4本が一般的。音の長さを表すときは，二分音符と全音符は数字を丸で囲み，必要に応じて五線譜と同じように棒や旗，点，スタッカートなどをつける。

○　タブラチュア譜の例

# 楽器分類（西洋音楽）

## 1. 楽器の発音原理による分類（ザックス＝ホルンボステル分類）

① **気鳴楽器**…空気の振動を発音源とする楽器

例）クラリネット，フルート，オーボエ

② **弦鳴楽器**…張られた弦の振動を発音源とする楽器

例）ヴァイオリン，チェロ，ピアノ，チェンバロ

③ **膜鳴楽器**…張力をつけた膜の振動を発音源とする楽器

例）ティンパニ，小太鼓，大太鼓

④ **体鳴楽器**…楽器自体の振動を発音源とする楽器

例）ゴング，シロフォン，チェレスタ，シンバル

後に⑤**電鳴楽器**が加わり5種類になったが，本書では4分類にて解説を行う。

## 2. 西洋音楽での伝統的な分類

① **木管楽器**…クラリネット，フルート，ファゴット等

② **金管楽器**…トランペット，トロンボーン，テューバ等

③ **弦楽器**…ヴァイオリン，チェロ，ヴィオラ，コントラバス，ハープ等

④ **打楽器**…ティンパニ，小太鼓，シンバル等

⑤ **鍵盤楽器**…ピアノ，チェンバロ，オルガン等

# Attention!

## リコーダー

　曲を提示して運指を答えさせる問題は，バロック式かジャーマン式かを間違えないようにしたい。授業でリコーダーを指導する場合に苦労する点は，運指とタンギングなどの奏法を組み合わせて演奏する場合である。記述式問題などで出題されることも予想されるので，あらかじめ考えておく必要があろう。さらに，リコーダーの各部分の名称(例：サムホール)，運指と実音との対応もＩの４で掲げた表で確認することが必要である。

# 演習問題①

**問題 1**

次の問いに答えよ。

問1　次の各図は，アルトリコーダー(バロック式)の運指を示している。
　　(ア)～(エ)の順で演奏した場合の楽譜(実音)はどれか。

問2　次の図の(ア)の名称はどれか。

(ア)

142

① サミング　② マウスピース　③ レジスターキー
④ サムホール

解答　問1　③　　問2　④

解説　アルトリコーダーの運指は平常から実技を通して慣れておきたい。サムホールは指孔(穴)とも呼ぶ。

**問題 2**

次の曲をアルトリコーダーで演奏する場合について、あとの各問いに答えよ。

問1　①〜⑤の運指を図示せよ。楽器はバロック式(イギリス式)とする。ただし、①の音のみ1オクターヴ上の音の運指を図示せよ。なお次の例に示す運指は、五線譜の第3間のC音である。

例

∅　サミングについてはこのように記入すること

問2 この曲を音楽Ⅰ「器楽」の授業で取り扱う場合，指導において生徒が運指をより確実に覚え，かつ積極的に活動させるためには，どのようなことに留意して指導を行ったらよいか，ポイントを2つ書け。

**解答** 問1

問2　・友人同士で運指を確認するよう促すなど，生徒の活動内容を記述すること。　・教師が正しい運指を，生徒に1つずつ確認させながら，板書等により示すなど，運指を覚える為の指導方法を具体的に記述すること。

**解説**　問1　例で示されたハ音を左手指すべてを閉じた運指(0123)とするということは，実音式運指で示せということ。アルトリコーダーの最低実音はヘ音であるがソプラノリコーダーとの合奏楽譜などの例では，ソプラノとアルト共に実音式ではなく，オクターヴ高い記譜が使用されることがあるからである。示された楽譜はJ.S.バッハの「G線上のアリア」の一部である。

━━━━━━━━━━ **問題 3** ━━━━━━━━━━

リコーダーについて，次の各問いに答えよ。

(1)　リコーダーの指導において，サミングを用いる音域の音が出しにくい生徒に対して，あなたはどのような指示をしますか，具体的に2つ書け。

(2)　レガート奏法とポルタート奏法の違いを，「タンギング」という語句を用いて簡潔に説明せよ。

**解答**　(1)　・タンギングをduではなくtiにするなど，発音を工夫してウインド・ウェイにスピードのある息を送り込むように指示する。　・サミングで隙間を狭くするなどして，一番音の出やすい音孔のおさえ方を工夫するように指示する。など　(2)　ポルタート奏法は，一音一音を柔らかいタンギングでつなぐようにし，音と音との間に隙間を作らずに演奏する奏法であるのに対して，レガート奏法は，スラーのかかっている最初の音だけをタンギングして，なめらかに演奏する奏法である。など

# Attention!

## ギター

　タブラチュア譜から五線譜にする問題，あるいは五線譜からタブラチュア譜に変換する問題が見られるので習熟しておきたい。また，ギターで演奏するときなぜタブラチュア譜が便利なのか，五線譜より優れている点をおさえておくこと。

## 演習問題②

ギター及びリコーダーに関する次の問いに答えよ。

(1) 次のタブラチュア(タブ)譜を五線譜に書き換えよ。

(2) ギターの演奏法に関する次の①～④の説明文が正しい場合には○を，間違っている場合には×を書け。

① アポヤンド奏法は，弦を弾いた後，指を隣の弦にあてて指を止める演奏法である。

② セーハ(またはバレー)奏法は，2つ以上の音を同時に弾く演奏法である。

③ グリッサンド奏法は，コードの構成音を一度に弾かず，分散させて弾く演奏法である。

④ トレモロ奏法は，弦を弾いた後，指を隣の弦に触れないで指を止める演奏法である。

(3) 次の①～③のコードネームをギターで演奏する場合，指のおさえ方はどのようになるか。下に示したダイヤグラムからあてはまるものを選び，その記号を書け。ただし，一般的な調弦がなされているものとする。

① Dm ② G7 ③ CM7

147

**解答** (1)

(2) ① ○ ② × ③ × ④ × (3) ① オ
② ウ ③ キ

**解説** (1) タブ楽譜は第1線から第6線までがギターの第1弦から第6弦を表し，数字がフレットを表している。0は開放弦のことである。

(2) ②のセーハとは，2本以上の弦を左手の人差し指で同時におさえることである。③はグリッサンドではなくアルペッジョ奏法，④はトレモロではなくアル・アイレ奏法である。 (3) ダイヤグラムの読み方を問う設問である。○は開放弦，×は鳴らさない音，△はコードの構成音であるが基本的に鳴らさない音を示している。①のDmはレーファーラ，②のG7はソーシーレーファ，③のCM7はドーミーソーシが，それぞれ構成音である。

---

**問題 2**

次の楽譜は，ギターアンサンブル曲『「リュートのための古風な舞曲とアリア」から』の一部である。問1〜3に答えよ。

問1 ① ア～ウの弦の番号を書け。

② ア～ウの音符の上についている番号はそれぞれ何を表しているか，書け。

問2 次の絵は，ギターのネックと運指図である。(ア)～(エ)のコードネームをそれぞれ書け。

[押さえ方]
○…開放弦
●…押さえる
×…弾かない

（ア）　（イ）　（ウ）　（エ）

問3 上の楽譜の(a)～(h)の小節のコードに適した運指を，問2の(ア)～(エ)からそれぞれ1つ選び，その記号を書け。

**解答** 問1 ① ア 第3弦　イ 第1弦　ウ 第6弦　② ア 中指の番号　イ 人差し指の番号　ウ 薬指の番号

問2 (ア) Am　(イ) E7　(ウ) C　(エ) G

問3 (a) (ア)　(b) (エ)　(c) (ウ)　(d) (エ)　(e) (エ)
(f) (ア)　(g) (イ)　(h) (ア)

**解説** 問1 ① ギターの調弦は，高音の第1弦からE(ミ)－B(シ)－G(ソ)－D(レ)－A(ラ)－E(ミ)であり，記譜は本問の楽譜のように実音よりオクターヴ高く記入している。アの音は第3弦Gの第Ⅱフレットをおさえて出す。イは第1弦のⅠフレットを，ウは最も低い第6弦の第Ⅲフレットをおさえる。　② 音符の上の番号は，左手の運指番号である(次頁参照)。

〔ギター固有の番号〕

・1234……左手の運指番号，ピアノと違って1は人差し指。0は開放
　　　　　弦を示す。

・ⅠⅡⅢⅣ…Ⅹ……フレットを示す。ⅩⅪまである。

・①②③④⑤⑥……弦の名前。①が最高音の第1弦。

問2　ギターのコード・ダイヤグラムを左手指で示したもの。(ア)～
(エ)はファーストポジションのためⅠ～Ⅲフレットまでしか使ってい
ない。(ア)はE・C・A・E・A・(×)の図であり，Amのコードであ
る。　　問3　(a)～(h)の小節のコードネームは，(ア)Am,（イ)E7,
(ウ)C,（エ)Gの4種にすべてあてはまるもの。

# Attention!

## 楽器分類

　西洋音楽の伝統的な分類法と，民族音楽で用いられる発音原理の区別による分類の双方に習熟し，分類できるよう学習すること。

　前者と後者では，同じカテゴリーにあったものが他方では同じ分類がなされない場合もある（例：シンバル，ゴング，小太鼓，ピアノなど）。

　また，注意したいのは，フルート，サックスが木管楽器に分類されることである。木管楽器は，現代においては材質の区別ではなく，唇の振動ではなく，リードを振動させて鳴らす管楽器のことである。

**演習問題③**

━━━━━━━━━ **問題 1** ━━━━━━━━━

次の説明にあてはまる楽器を①〜⑫からすべて選び，番号で記せ。

| 説　明 | 楽　器 |
| --- | --- |
| 張られた弦の振動を発音源とする楽器。（弦鳴楽器） | |
| 楽器自体の振動を発音源とする楽器。（体鳴楽器） | |
| 強く張った膜の振動を発音源とする楽器。（膜鳴楽器） | |
| 空気そのものの振動を発音源とする楽器。（気鳴楽器） | |

① ピアノ　　② 締太鼓　　③ シロフォン
④ チェレスタ　　⑤ 笙　　⑥ ティンパニ
⑦ タブラー　　⑧ 箏　　⑨ ウクレレ
⑩ ファゴット　　⑪ ゴング　　⑫ パイプオルガン

**解答**　弦鳴楽器……①，⑧，⑨　　体鳴楽器……③，④，⑪
膜鳴楽器……②，⑥，⑦　　気鳴楽器……⑤，⑩，⑫

**解説**　発音原理による楽器の分類の出題である。弦鳴楽器は，①ピアノ，⑧箏，⑨ウクレレのほかヴァイオリン，リュート，チターなど。体鳴楽器は，③シロフォン，④チェレスタ，⑪ゴングなど楽器本体を叩いたり振ったりして楽器自体が響くもの，打楽器など。膜鳴楽器は，張られた膜を振動源とするもので，②締太鼓，⑥ティンパニ，⑦タブラー(インドのタブラとバヤが対になった太鼓)などほとんどが太鼓である。気鳴楽器は，⑤笙，⑩ファゴット，⑫パイプオルガンのほかフルート，トランペット，リード楽器など。

━━━━━━━━━ **問題 2** ━━━━━━━━━

次の楽器名を答えよ。(解答は選択肢より選び，番号で答えよ。)

(1)　中国の弦鳴楽器で，ギターのように弦をはじく撥弦リュート属に分類される。歴史的には4弦のものと5弦のものがあったが，どちらにも

絹糸製の弦が張られていた。

1. ツィター　　2. サントゥール　　3. 胡弓　　4. アジェン

5. ピーパー

(2)　北インドの代表的な弦鳴楽器で，撥弦リュート属に分類される。弦
は金属製で演舞に用いる弦は7本(あるいは6本)だが，棹のくぼみの内
側には多くの共鳴弦が張られている。

1. シタール　　2. テオルポ　　3. アンクルン　　4. ゴング

5. バンドゥリア

(3)　ペルー，ボリビアからアルゼンチン北西部にかけての地域に分布する
弦鳴楽器で，撥弦リュート属に分類される。かつてはアルマジロの甲
羅を胴に用いていたが，現在では木彫りの胴が主流になっている。こ
の楽器はアンデス地方のフォルクローレの演奏には欠かすことのできな
いものである。

1. グンデル　　　　2. バンドネオン　　3. チャランゴ

4. タンブーラン　　5. カンテレ

**解答**　(1)　5　　(2)　1　　(3)　3

**解説**　(1)　ピーパーは日本の琵琶の祖先でリュート属の撥弦楽器。現在の
中国のピーパーは，フレットが増えて20を越えており，バチではな
く義爪で弾いている。ツィターはドイツ南東部やオーストリアで用
いられる共鳴胴に約35本の弦をもつ撥弦楽器(映画「第3の男」で有
名)。サントゥールはイランの箱の上に張った多数の弦を細い棒で打
つ打弦楽器。3の胡弓は日本の唯一の擦弦楽器で，三曲合奏に用い
られたが尺八に代行されるようになった。三味線の小型のような形
態で大型の弓でこする。アジェン(牙箏)は朝鮮半島の7弦の擦弦楽
器で棒でこする。　　(2)　シタールは北インドの古典音楽で独奏に用
いられ，共鳴体はカボチャの殻(から)で作る。アンクルンは竹筒を
振って音を出し，ゴングはドラの仲間で共にインドネシア，バン
ドゥリアは16～17世紀に西欧音楽で栄えたギター属の撥弦楽器の
シターンの小型のもの。　　(3)　グンデルはガムラン楽器で青銅琴。

# 第 5 章

# 日本の伝統音楽

# 日本の伝統音楽

## Point

　日本の伝統音楽に関する問題はほぼすべての採用試験において出題され，ジャンルも内容も多岐にわたる。問題としては，楽譜と奏法を結び付けさせるもの，さまざまな楽器を比較させて答えさせるものなど，複雑かつ高度になっている。頻出である日本伝統音楽のジャンルは雅楽，能・狂言，文楽，歌舞伎，箏，尺八，三味線，和太鼓，郷土芸能，民謡である。本章では各項目で頻出事項に関する重要語を中心に掲載する。

　なお，日本の伝統楽器に関してはリスニング形式で出題されることも少なくない。これらの対策としては，学習指導要領や教科書に掲載されている楽器について，くまなくおさえておくことが基本になる。

## 雅楽

### Check

　雅楽は宮中や社寺などに伝承されている音楽の総称で，語源は「雅正の楽」といわれる。我が国が雅楽に力を入れたのは飛鳥時代で，701(大宝元)年に制定された大宝律令には日本雅楽の原点ともいわれる雅楽寮が規定された。752(天平勝宝4)年には，東大寺の大仏開眼祭で大規模な法要が行われ，当時の楽器などが正倉院に保存されている。雅楽の伝承は雅楽寮から楽所へと移ったが，戦国時代には楽人が四散した。しかし，豊臣秀吉により復興，明治時代以降は宮内庁に受け継がれ，現在に到る。

　雅楽に関する出題では楽器の編成，歴史的背景，龍笛譜や篳篥譜から演奏法を答えさせるなど，さまざまな形式がある。

### 1. 雅楽の種類と楽器の編成

　雅楽は日本古来の音楽に基づく，国風歌舞(くにぶりのうたまい)の他，狭義の雅楽であり，唐楽，高麗楽で構成される器楽曲，催馬楽，朗詠で構成される歌曲に大別される(上記の3つに「管絃」を入れる場合もある)。それぞれの楽器の編成は下記の通り。

| 種　類 | | 管　楽　器 | 弦　楽　器 | 打　楽　器 |
|---|---|---|---|---|
| 国風歌舞 | 神楽歌 | 神楽笛・篳篥 | 和琴 | 笏拍子 |
| | 久米歌 | 龍笛・篳篥 | 和琴 | |
| | 倭　歌 | 龍笛・篳篥 | － | |
| | 東　遊 | 高麗笛・篳篥 | 和琴 | |
| 器楽曲 | 唐　楽 | 龍笛・篳篥・笙 | 琵琶・箏(管絃曲の場合) | 太鼓・鞨鼓・鉦鼓 |
| | 高麗楽 | 高麗笛・篳篥 | － | 太鼓・鉦鼓・三の鼓 |
| 歌曲 | 催馬楽 | 龍笛・篳篥・笙 | 琵琶・箏 | 笏拍子 |
| | 朗　詠 | 龍笛・篳篥・笙 | － | － |

## 2. 重要語句

○　分類関連

| | |
|---|---|
| **舞楽**<br>(ぶがく) | 外来の楽舞を源流として，平安時代に確立した楽舞のこと。楽舞の原点は中国，朝鮮半島にとどまらず広範にわたっている。平安初期には中国などから伝わった楽舞を左舞，朝鮮半島などから伝わった楽舞を右舞と分類した。 |
| **唐楽**<br>(とうがく) | 唐(中国)から伝わった楽舞をもとにして，平安時代に我が国で整えられた音楽のこと。雅楽の中核をなしており，調子は6調子ある。楽器編成の特徴として，舞楽では特殊な場合を除き，弦楽器が入らない。 |
| **高麗楽**<br>(こまがく) | 朝鮮半島の国々(百済，新羅，高句麗)と渤海の楽舞をもとにして，平安時代に我が国で整えられた音楽のこと(高句麗楽のみを指す場合もある)。調子は3調子で，拍子は揚拍子，唐拍子などがある。 |
| **催馬楽**<br>(さいばら) | 各地の民謡を大陸伝来の音楽様式に沿って編曲した宮廷歌謡のこと。歌方の主唱者は笏拍子で歌をリードし，龍笛，琵琶，笙などで演奏される。 |
| **朗詠**<br>(ろうえい) | 漢詩などから七言二句の対句を抜き出し，旋律を付した歌謡のことで，催馬楽と同様，平安時代の貴族に愛されていた。拍子に決まりはなく，伴奏には龍笛，篳篥，笙が使われる。 |
| **管絃**<br>(かんげん) | 平安時代の貴族が嗜んだ器楽合奏のこと。現在では龍笛，篳篥，笙，琵琶，箏，鞨鼓，太鼓，鉦鼓で構成され，鞨鼓が全体のリード役になる。曲目は唐楽が一般的だが，高麗楽の譜面も存在する。 |

○　楽器関連

| 横笛<br>(おうてき) | 横笛には神楽笛，高麗笛，龍笛がある。龍笛は7孔，その他は6孔であり，音律は神楽笛が龍笛より長2度下，高麗笛は龍笛より長2度上である。 |
|---|---|
| 篳篥<br>(ひちりき) | 頭部に葦製のリードをつけた縦笛。古くは大小2種類あったが，現在では小型のみ使用されている。 |
| 笙<br>(しょう) | 竹管を円状に差し込んでつくられる吹奏楽器。呼気，吸気のどちらでも音を鳴らすことができ，和音も奏でることができる。 |
| 箏<br>(こと・そう) | 唐楽・催馬楽で使用される13弦の箏。他の箏と区別するため，楽箏と称することもある。 |
| 琵琶<br>(びわ) | 唐楽や催馬楽で使用される4弦の楽器。水平に構え，撥で演奏する。楽琵琶と称することもある。 |
| 鞨鼓<br>(かっこ) | 唐楽で用いられ，主に音楽を統率する楽長が担当する。両側の面を桴で叩くことで音を鳴らす。 |
| 三の鼓<br>(さんのつづみ) | 高麗楽で使用される打楽器で，鞨鼓と同様，音楽を統率する役割がある。右手のみに桴を持ち，片面だけで演奏する。 |
| 太鼓<br>(たいこ) | 雅楽用の太鼓には釣太鼓(楽太鼓)，荷太鼓，大太鼓(火焔太鼓)がある。大太鼓では奏者は立って演奏するが，釣太鼓の場合は座して演奏する。 |
| 鉦鼓<br>(しょうこ) | 皿形の鉦をつり下げ，桴で打ち鳴らす。皿状のへこんだほうを打つ。種類としては釣鉦鼓，荷鉦鼓，大鉦鼓がある。 |

## ○ 楽曲関連

| | |
|---|---|
| **越天楽今様**<br>（えてんらくいまよう） | 雅楽の器楽曲である越天楽に今様風の歌詞をつけたもの。越天楽謡物ともいう。福岡県民謡である「黒田節」も越天楽今様が元となっている。この曲は小学校第6学年の共通教材になっている。 |
| **残楽三返**<br>（のこりがくさんべん） | 同じ曲を3回繰り返すこと。1回目は全員で演奏，2回目は各楽器の主管（第一奏者）のみ演奏，3回目では，箏と篳篥のみの演奏といわれる。 |

## ○ リズム関連

| | |
|---|---|
| **只拍子**<br>（ただびょうし） | 長短が不均等な拍子が，交互に現れる拍子型のこと。代表曲には「抜頭」（ばとう），「還城楽」（げんじょうらく）等がある。 |
| **早只拍子**<br>（はやただびょうし） | 只拍子の一種で2拍＋4拍の複合拍子である。 |
| **延只拍子**<br>（のべただびょうし） | 只拍子の一種で4拍＋8拍の複合拍子である。 |
| **夜多羅拍子**<br>（やたらびょうし） | 八多良拍子ともいう。只拍子の一種で早拍子の長いほうが1拍縮んだ形，つまり2拍＋3拍となる。 |

## ○ 舞楽関連

| | |
|---|---|
| **太平楽**<br>（たいへいらく） | 唐楽に属する太食調（たいしきちょう）の舞楽曲。甲冑姿で鉾（ほこ），続いて太刀を手にして舞う四人舞である。太平を祝うもので，即位礼の祝賀には必ず演ずる。 |
| **納曾利**<br>（なそり） | 高麗楽の右方二人舞で曲，作舞，由来は不明。雌雄の竜が楽しそうに遊ぶ姿を舞にしたものと言われている。平安時代では，主に相撲，競馬，賭弓の節会で右方の勝者を祝って奏した。 |

# 能・狂言

## Check

　奈良時代に伝来した散楽が猿楽へと変化し，それが能と狂言の源流になったといわれる。そして，室町時代に観阿弥と世阿弥によって能の基礎が築かれた。江戸時代には能・狂言は式楽となり，芸術性がさらに高められた。明治時代には能・狂言は一時衰退するが，日本の伝統芸能として支持され，2008年には世界無形遺産に指定されている。

　能・狂言は雅楽ほどではないが，日本の伝統芸能として教科書などで取り上げられており，出題頻度も高い。問題内容はさまざまだが，概要をおさえた上で，種類や演目，奏演者などを学習すること。特に，観阿弥と世阿弥は頻出人物であり，著作等は必ず覚えておくこと。

## 1. 能の種類と演奏構成

○　能の種類

| 五番立 | 能のプログラム編成のこと。通常，初番目物から五番目物の5つ(祝言物は除く)と，合間に演じられる狂言で構成される。 |
|---|---|
| 初番目物 | 脇能，脇能物ともいわれる。神が舞を舞い，国土安穏，五穀豊穣を祝福するといった内容である。「老松」「白楽天」「高砂」「弓八幡」など。 |
| 二番目物 | 修羅能，修羅物ともいわれる。主に執心に苦しむ武将の霊が主人公となる演目で「平家物語」などの軍記物を典拠としている。「清経」「敦盛」など。 |
| 三番目物 | 鬘能，鬘物ともいわれる。優美な女性や貴公子の霊などが優雅な舞を舞う作品が多数を占める。「井筒」「松風」「芭蕉」「羽衣」など。 |
| 四番目物 | 雑能物，雑物ともいわれる。他に収まらないものを演じるため，内容も多岐にわたる。「隅田川」「通小町」「安宅」「景清」など。 |
| 五番目物 | 切(尾)能，切(尾)能物といわれる。速いテンポの曲が多く，すべてに太鼓が加わる。きびきびとした華麗な舞が特徴。「鞍馬天狗」「紅葉狩」など。 |

| 祝言物 | 五番目物のあとに演じる祝福の能で，脇能の後半部分を演じる。五番目物がめでたい能の場合は行われない。 |
|---|---|
| 付祝言 | 催しをめでたい雰囲気で終わらせるため，最後に初番目物の一部を謡うこと。「高砂」では「千秋楽は民を撫で…」と謡われる。 |
| 現在能 | 現実に生きる人を描く作品で時系列に進行し，その状況におかれた心情描写が主体となる。展開は対話が中心となる。 |
| 夢幻能 | 世阿弥が確立した現在能に対する能のこと。神，鬼，亡霊など現実世界を超えた存在が主人公となる。 |

○　能・狂言の流派と構成

| シテ方 | シテ | シテ方が行う主役のことで，原則は1人で演じる。 |
| | シテツレ | シテより軽い役のことで，シテ方が担当する。 |
| | 地謡 | 謡本に地，地謡とある場合は，地謡が斉唱する。 |
| ワキ方 | ワキ | 能における脇役・相手役のことでワキ方が担当。面はつけない。 |
| | ワキツレ | ワキより軽い役のことで，ワキ方が担当。面はつけない。 |
| 狂言方 | アイ | 能の演目の中で行う間狂言は，シテが中入りした際に前場と後場をつなぐなど，物語の進行をする。 |
| 囃子方 | 笛 | 能管ともいう。歌口と7つの指孔があり，演奏者は1人である。 |
| | 小鼓 | 調緒を操作しながら強弱に叩くことで5種類ほどの音を出す。 |
| | 大鼓 | 強弱に叩くことで3種類の音を出す。演奏者は必ず1人である。 |
| | 太鼓 | 撥で打って音を出す。神仏などが演技する場合に用いられる。 |

○　能・狂言の歌唱法

| 強吟 | 強い息扱いで，ヴィブラートを激しくつけることで，勇壮・祝意を表すもの。 |
| 弱吟 | 柔らかい息扱いを用い，優美，哀傷などの気分を表すもの。 |
| 大ノリ | 四四調の8字を8拍に収める。1拍に1字を入れるのが原則。 |
| 中ノリ | 八八調の16字を8拍に収める。1拍に2字を入れるのが原則。 |
| 平ノリ | 七五調の12字を8拍に収める。2拍に3字を入れるのが原則。 |

○ 能の舞台

○ 能に関するキーワード

| 観阿弥<br>(1333〜84年) | 田楽や曲舞などを取り入れて猿楽能を完成させた人物。観世座の祖である。 |
|---|---|
| 世阿弥<br>(1363?〜1443?年) | 父親である観阿弥とともに猿楽能を大成させ，能に関する芸術論書である「風姿花伝」を執筆する。「風姿花伝」では幽玄(優雅で柔和な美しさ)，離見の見(自分を客観視することで，自分の姿や立ち振る舞いを反省する)，秘すれば花(芸事は秘事にすることで大きな効用をうむものが存在する)などを説いている。 |

# 文楽

## Check

　文楽は太夫，三味線，人形の三業が一体となった古典芸能を指す。もともとは平家物語を琵琶の伴奏で謡う平曲(平家，平家琵琶)に三味線が加わったものを当時の人気演目のヒロインの名にちなんで浄瑠璃と呼ぶようになり，それに人形が加わって，人形浄瑠璃と呼ぶようになった。人形浄瑠璃は1684(貞享元)年に竹本義太夫が大坂で竹本座を設立，近松門左衛門の作品を中心に上演され，さらに1703(元禄16)年に豊竹若太夫が豊竹座を設立したことで隆盛を迎えた。その後衰退したが，1872(明治5)年に三代目植村文楽軒が人形浄瑠璃文楽座を開設，人形浄瑠璃を復興させた。「人形浄瑠璃＝文楽」は文楽座から来ており，竹本義太夫による「義太夫節」の後継代表として知られる。文楽は2009年にユネスコ無形文化遺産に登録されているが，地方の伝統芸能である人形劇に「文楽」の名をつけているものもある。

## 1. 文楽の種類と構成

### ○　文楽の種類

　文楽は「時代物」「世話物」「景事(けいごと)物」の3つに大別される。

| | |
|---|---|
| 時代物 | 鎌倉・室町時代の事件・人物を扱った人形浄瑠璃のこと。江戸時代当時の事件を扱ったものもあるが，江戸時代では武士階級の事件を扱うと上演中止になることから鎌倉・室町時代の人物に置き換えて，上演されていた。通常は5段構成だが，これは能の五番立から由来しているといわれている。代表作として「国性爺合戦」(近松門左衛門)，「菅原伝授手習鑑」(竹田出雲など)等。 |
| 世話物 | 江戸時代以降の町民の生活，恋愛模様，殺傷事件などを上演したもの。時代物よりも写実的であり，役柄等の名前も実名を使用することもあった。代表作として，「曽根崎心中」(近松門左衛門)，「冥途の飛脚」(近松門左衛門)などがある。 |
| 景事物 | 単に「景事」と呼ぶこともある。さらに，道行物とあわせて「道行・景事物」として扱われることもある。音楽性が豊かで，時代物，世話物等と異なり，人形も優美に踊る仕草を見せる。 |

○　文楽の構成

| 三業 | 人形遣い | 人形を操る演者のこと。もともとは1人であったが，18世紀には3人演者が主流となった。なお，3人遣いでは主遣い，左遣い，足遣いで構成される。 |
|---|---|---|
| | 太夫 | 主に，男性の語り手のことを指す。役割としては戯曲に書かれた登場人物のせりふや心情などを観客に伝える役割がある。 |
| | 三味線 | 演奏によってその場面の情景や登場人物の心情などを表し，観客に伝える役割がある。 |
| 黒衣 | | 浄瑠璃においても観客に目立たないように諸処の役割を担っている。 |

○　文楽の舞台

　通常正面で上演されるが，右手に床と文楽廻しがあることに注意したい。なお，文楽では人形を高く掲げて行うので，ステージ全体を低くすることで，観客に見やすくするといった工夫がされている。

○ 文楽に関する主要人物

| 竹本義太夫<br>(1651〜1714年) | 謡いや舞などを改良して，新たに義太夫節を完成させた人物。1684年には大坂の道頓堀に竹本座を創設。近松門左衛門と組んで，「出世景清」「曽根崎心中」などを発表した。 |
|---|---|
| 近松門左衛門<br>(1653〜1724年) | 京都住在の脚本家。坂田藤十郎のために，歌舞伎脚本を書くこともあった。文楽では竹本義太夫のために，時代物・世話物を執筆していた。代表作に「国性爺合戦」「心中天網島」などがある。 |
| 二代目竹田出雲<br>(1691〜1756年) | 文楽作家で，もともと近松門左衛門に師事していた。代表作に「義経千本桜」「仮名手本忠臣蔵」などがある。 |

# 歌舞伎

## Check

　歌舞伎の歴史をさかのぼると，1603(慶長8)年ごろ，出雲の阿国が京都で変わった男装で踊りを踊ったことにさかのぼる。他に現存する資料がないことから，歌舞伎踊りはここから始まるといわれている。なお，「歌舞伎」の語源は「傾く」から派生した言葉であるという説が一般的である。その後，歌舞伎は若衆歌舞伎，野郎歌舞伎と発展し，初代市川團十郎が「荒事」を，初代坂田藤十郎が「和事」を完成させ，さらに歌舞伎の十八番が制定された。近代においては新歌舞伎が隆盛し，現在に到る。

　音楽的に見ると阿国時代では踊歌と能の四拍子が用いられたとされており，その後，唄や三味線などが取り入れられ，いわゆる歌舞伎音楽が完成した。歌舞伎音楽は歌舞伎囃子と歌舞伎浄瑠璃で構成され，囃子，浄瑠璃にはそれぞれ節が存在する。演目によっては多様な楽器が用いられることもあり，文楽や能と比較して，表現の幅は広いと言えるだろう。

## 1. 歌舞伎の種類と構成

○ 歌舞伎の分類

　現在行われている歌舞伎の作品は約400といわれており，分類では文楽

と同様，「時代物」「世話物」の他に，歌舞伎独自の分類もある。その代表例を紹介する。

| 義太夫狂言 | 丸本物，院本物ともいわれる。義太夫節による人形浄瑠璃の作品を歌舞伎に移入したもの。基本は原作に忠実だが，歌舞伎独自の演出を加えることもある。主な作品は「義経千本桜」「仮名手本忠臣蔵」など。 |
|---|---|
| 松羽目物 | 能や狂言の題材を取り入れてつくられた作品のこと。能の鏡板を真似て松を描いた羽目板を使用することから，この名が付いた。主な作品は「勧進帳」「身替座禅」など。 |

## ○　歌舞伎の音楽構成

| 出囃子 | 観客に姿を見せて演奏すること。主に舞踊音楽を担当する。基本的には能でいう四拍子が演奏すること。四拍子以外の楽器は舞踊音楽であっても，出囃子ではなく，陰囃子として演奏する。 |
|---|---|
| 陰囃子 | 下座音楽，黒御簾音楽ともいう。舞台下手にある黒御簾の陰に隠れて演奏していたことが由来とされている。幕明，幕切，登場人物の仕草などを受け持っている。 |
| 合方 | 陰囃子での唄を伴わない三味線曲，または唄を伴う曲であっても三味線による曲を指す場合もある。演者のセリフに合方を入れる場合があるが，これは演者の声の高さを均一にする役目がある。 |
| 竹本 | 歌舞伎における義太夫節，または歌舞伎専門の義太夫節演奏者のことを指す。義太夫狂言では地合を中心に演奏し，劇音楽を担当する。 |
| 長唄 | 「江戸長唄」ともいう。唄と細棹の三味線が使用され，賑やかなものになると囃子も入れて演奏される。曲の長さはまちまちで1～50分と幅広い。 |
| 常磐津(節) | 豊後節系浄瑠璃(語り物)の1つ。歌舞伎の伴奏としての重厚さと，舞踊の伴奏としての軽妙さをあわせ持つ特徴がある。 |
| 清元(節) | 豊後節系浄瑠璃(語り物)の1つ。文化年間(1804～18年)に創始，その後，歌舞伎音楽として確立した。歌舞伎音楽以外にも，観賞用音楽の作品を持つ。上記の常磐津(節)，清元(節)，そして富本(節)の3つを豊後三流と呼ぶ。 |

○ 楽器

| 鳴物 | 三味線以外の楽器を指す。出囃子では笛，太鼓，大鼓，小鼓であり，陰囃子では楽太鼓，鐘，木魚，チャッパ，拍子木などが使われる。 |
|---|---|
| 拍子木 | 2本1組で両手に1本ずつ持ち，打ち合わせることで音を出す。通常は「析」と呼ばれる。幕明，幕切の際も使われ，特に「キザミ」は観客の気分を高揚させる効果がある。 |

○ 歌舞伎の舞台

| 廻り舞台 | 舞台中央の床を大きく切り取り，その部分を回転させる舞台機構のこと。 |
|---|---|
| セリ | 上下に動かせる床部分のこと。 |
| 花道 | 本舞台から直角にのび，客席を通って，揚幕まで続く道のこと。 |
| スッポン | 花道にある小さなセリのこと。 |

| 揚幕 | 舞台から見て花道の突き当たりにある幕のこと。 |
|---|---|
| 黒御簾 | 舞台下手の黒い板で囲まれた小さな部屋のこと。 |
| 奈落 | 本舞台や花道などの床下部分のこと。 |
| 定式幕 | 歌舞伎を上演する劇場に常設されている引幕のこと。 |

○　隈取り

　もともとは，市川團十郎が紅と墨を用いて始めたといわれる歌舞伎独特の化粧法。役柄を強調する目的があり，化粧法には，むきみ隈，一本隈，二本隈，筋隈など，大きく分けても50種類ほどある。

○　歌舞伎十八番

　1832(天保3)年に7代目市川團十郎が，初代から4代目までの團十郎が初めて演じ，しかも得意にしていた18作品を定めたもの。代々の團十郎は荒事を得意としたため，歌舞伎十八番は荒事が主体である。明治時代以降，さまざまな俳優が家の芸を決めたが，市川團十郎家の歌舞伎十八番は，その最初である。

「助六」，「矢の根」，「関羽」，「不動」，「象引」，「毛抜」，「外郎売(ういろうり)」，「暫」，「七つ面」，「解脱」，「嫐(うわなり)」，「蛇柳」，「鳴神」，「鎌髭」，「景清」，「不破」，「押戻」，「勧進帳」

○　人物

| 市川團十郎 | 歌舞伎役者の中でも最も権威のある名称といわれている。代々荒事を得意としており，7代目は歌舞伎十八番を定めた。 |
|---|---|
| 鶴屋南北(4世)<br>(1755～1829年) | 歌舞伎作者で，江戸の劇壇の重鎮であった。怪談物を得意としており，代表作に「東海道四谷怪談」がある。 |
| 河竹黙阿弥<br>(1816～93年) | 歌舞伎作者。生世話物，白浪物などに優れ，代表作に「白波五人男」，「三人吉三廓初買」などがある。 |

# 箏

## Check

「箏」と「琴」の違いについて，双方とも「こと」と読むこと，「箏」が常用漢字ではなく，一般的に「琴」があてられるケースも見受けられることが混乱を生じている原因の1つである。使い分けについては諸説あるが，音楽事典等では，「琴」は細長い胴に弦を張り，音を鳴らす楽器の総称と説明している。

箏が我が国に伝来したのは奈良時代であり，以降，雅楽などにおいて主要楽器の1つとして扱われてきた。弦は13本あり，右手の親指，人差し指，中指に爪をはめて弦をはじいて弾く。箏に関しては，各部分の名称や基本的な奏法などが頻出なので，その点を中心に学習するとよい。

## 1. 箏の道具と名称

○ 箏本体

箏の各部の名称は竜に見立てて名付けられているのが特徴の1つである。弦は奏者から見て遠い弦から一，二，……，九，十，斗，為，巾と数える。

○ 爪

基本的には角爪と丸爪があり，角爪が生田流，丸爪が山田流である。

## 2. 調弦

　俗箏の調弦は平調子を主体として，いくつか考案されている。流派によっ
て名称が異なるものもあるが，代表的な調弦はおさえておきたい。

| 平調子 | 八橋検校が考案した基本的な調弦である。6弦で1オクターヴを構成，その中に2つの半音を含む。 |
|---|---|
| 本雲井調子 | 八橋検校が考案。平調子から三，八，巾を半音低め，四，九を1音高める。 |
| 古今調子 | 平調子から四，九を1音高め，二を七と同音とする。 |
| 乃木調子 | 平調子から四，六，九，斗を半音高めたもの。 |

## 3. 演奏法

　演奏の手法としては重音的手法，噪音的手法，旋律的手法などがあげられる。演奏法については具体的な説明から奏法名を解答する形式の問題が多い。

### ○　右手を使う奏法

| 合わせ爪 | 親指と中指で2弦を同時に鳴らすことで重音を生じること。 |
|---|---|
| 掻き爪 | 隣り合う2弦を中指で同時に弾くこと。 |
| 割り爪 | 隣り合う2弦を人差し指と中指で順に弾くこと。 |
| すくい爪 | 親指の爪の裏で弦をすくうこと。 |
| すり爪 | 中指と人差し指で五，六弦を挟み，左右へ大きく擦ること。 |
| 輪連 | 人差し指と中指を揃えて伸ばし，爪の横で一，二または五，六あたりを半円を描くように擦ること。 |
| 散し爪 | 輪連を中音域で行うこと。または，人差し指と中指の爪裏で高音域の弦を擦ること。 |
| 裏連 | 巾の弦について中指の爪表を下に打ちつけた後，人差し指と中指の爪の裏で決められた弦の数本前まで弾き，親指で最後の数本を弾くこと。 |
| 引き連 | 中指で一，二を弾き，音を立てずに滑らせ，為，巾を弾くこと。 |
| 流し爪 | 親指で巾，為を弾き，音を立てずに滑らせ，二，一を弾くこと。 |

### ○　左手を使う奏法

| 押し手 | 左手で柱の左の弦を押し，右手で弾くこと。 |
|---|---|
| 押合せ | 特定の弦を左手で押すことで隣の弦と同じ音高まで高め，右手親指で2弦を同時に弾くこと。 |
| 揺り色 | 右手で弾いた後，すぐ左手で柱の左の弦を押したり離したりすること。 |
| 突き色 | 右手で弾いた後，すぐ左手で柱の左を強く押し，直ちに離すこと。 |
| 引き色 | 右手で弾いた後，左手で柱の左の弦をつまみ，右に引っ張ること。 |
| 消し爪 | 弦を弾いた後，弦をおさえること，または左手を柱の右の弦に下にあてた上で，右手で弾くこと。 |

## 4. 楽譜

○ タブラチュア譜

　箏譜でもっともよく使われている形式は，タブラチュア譜である。五線ではなく，箏の弦名を文字数字などで書き表している。

※タブラチュア譜の例

○ 唱歌

　唱歌とは楽器の旋律を口ずさむ一種のソルミゼーションである。楽器の練習・暗唱・伝承のために用いられる。口唱歌ともいう。

## 5. 著名な楽曲・作曲者と演奏者

○　楽曲

| 組歌 | 筝組歌ともいう。筝曲における最古の曲種である。現在では40曲ほどあるといわれる。代表曲は,「梅が枝」(作曲：八橋検校)など。 |
|---|---|
| 段物 | 調べ物ともいう。段構成を持つ器楽曲である。代表曲は,「六段の調」(作曲：八橋検校)など。 |
| その他 | 幕末新筝曲や明治新曲,地歌系筝曲などがあげられる。特に「千鳥の曲」(作曲：吉沢検校),「春の海」(作曲：宮城道雄)が有名である。 |

○　演奏者

| 宮城道雄<br>(1894〜1956年) | 代表的な筝曲者であり,特に1929年に発表した「春の海」は,ヴァイオリニストであるルネ・シュメーと競演し,世界的な評価を得た。代表作に「水の変態」などがある。 |
|---|---|
| 沢井忠夫<br>(1937〜97年) | 筝に新しい世界を広げ,現代邦楽の第一人者の地位を築いた人物。またジャズ,クラシックなどを筝で表現する試みを通じて,筝音楽の領域拡大に多大な貢献を果たした。代表作に「情景三章」「讃歌」などがある。 |
| 中能島欣一<br>(1904〜84年) | 山田流筝曲中能島家の4代目であり,古典筝曲の変革に努めた。代表作に「三つの断章」「さらし幻想曲」がある。 |

# 尺八

## Check

　尺八は中国から日本に伝来した楽器の1つであるが,その始まりは6〜7世紀,奈良時代など諸説ある。いずれにしても最初に伝来した尺八は雅楽尺八(古代尺八,正倉院尺八)といわれるもので,正倉院に保存されている。その後,一節切(ひとよぎり),普化尺八,多孔尺八などが出て,今日に到る。尺八で特筆すべきことは,仏教の一派である禅宗普化宗派では座禅の代わりに尺八を吹き,経をあげたことにある。そのため,尺八は宗教的な道具(法器)とみなされていた。虚無僧が,尺八を弾いているのも以上の理由からである。普化宗廃止(明治4年)以降は,尺八が楽器として用いられるようになり,現在では日本音楽の中で重要な位置にあるといっても過言ではないだろう。

# 1. 尺八の種類と奏法

○ 尺八の種類

| | |
|---|---|
| 雅楽尺八 | 中国唐代に呂才が開発。その後，日本に伝来した。9世紀頃までは雅楽に編成されていたが，その後外れて，12世紀には姿を消した。現存しているものは正倉院に8管，法隆寺(東京国立博物館所蔵)に1管といわれる。長さは1尺8寸。指孔は表5孔，裏1孔。 |
| 一節切<br>(ひとよぎり) | 16～17世紀にかけて使われた尺八。始まりは中国の蘆安による伝来，または雅楽尺八の発展形という説がある。長さは1尺1寸1分。指孔は表4孔，裏1孔。 |
| 普化尺八<br>(ふけしゃくはち) | 江戸時代に普化宗の虚無僧が使用した尺八。始まりは鎌倉時代に禅宗の留学僧であった覚心が古伝三曲(虚鈴，虚空，霧海篪)の習得とともに持ち帰った等，諸説ある。通常，長さは1尺8寸。指孔は表4孔，裏1孔。普化尺八では漆や砥粉を原料とする地を塗ったものを地塗り尺八，塗らないものを地無し尺八と呼んだ。現代では地塗り尺八が主流であるが，虚無僧は地無し尺八を利用していた。 |
| 多孔尺八 | 普化尺八をベースに指孔の数を増やすことで，半音階などを吹きやすくした尺八のこと。七孔尺八，九孔尺八などがあった。 |

○ 尺八の構造

176

○　尺八の奏法

| メリ | 歌口にあてた顎を頭ごと手前に引いて，音を低めること。楽譜には譜字の横に「メ」と書く。 |
|---|---|
| カリ | メリと反対。歌口にあてた顎を突き出して，音を高めること。楽譜には譜字の横に「カ」と書く。 |
| ユリ | 首を動かすことで，音に変化をつける。縦，横，斜め，廻し，顎などの種類がある。 |
| ムラ息 | 息を強く吹き込んで，擦過音を強調した奏法。 |
| コロコロ | コロ音，ホロホロとも呼ばれる。1，2孔を交互に押すことで，震音（トレモロ）を出す奏法。 |
| 押し | 同じ音を連続させる時，閉じた特定の孔を瞬時開け，閉じる奏法。音に刻みをつける効果がある。 |

○　流派

| 琴古流 | 初世黒沢琴古が収集・編曲したものをベースとして，3世黒沢琴古が制定した36曲を本曲とする尺八の2大流派の1つである。 |
|---|---|
| 都山流 | 明治29年に初世中尾都山が創設した尺八2大流派の1つ。初世が作曲した28曲をはじめ，本曲は80曲程度が存在する。 |
| 明暗流 | 京都明暗寺を拠点とし，普化尺八の伝統を守り続けている。本曲は古伝三曲を中心としている。 |

## 2. 楽曲・楽譜など

○　楽曲

| 本曲 | その楽器のみによる楽器本来の楽曲のこと。各流派には本曲が存在し，例として都山流の「石清水」，琴古流の「鹿の遠音」などがある。 |
|---|---|
| 外曲 | 地歌，箏曲や長唄など他楽器との合奏のため，尺八用に編曲されたもの。代表作として「六段の調」（八橋検校），「残月」（峰崎勾当）などがある。 |

○　楽譜

　琴古流，都山流ともに，幹音にロツレチ…をあてたロツレ譜を採用している。ただし，続く譜字について，琴古流では「リヒ」，都山流では「ハヒ」となる。

○　代表的な演奏者

| | |
|---|---|
| 山本邦山<br>(1937～2014年) | 1958年にパリ・ユネスコ本部主催世界民族音楽祭に日本代表として参加。二本の尺八による「双宴」などの作曲も手がける。2002年に都山流尺八の重要無形文化財保持者(人間国宝)に指定された。 |
| 山口五郎<br>(1933～1999年) | 琴古流の尺八奏者で，邦楽使節として，西ドイツ・フランス・イギリス・オーストリア・スイス等各国に派遣される等尺八の普及につとめる。1992年には人間国宝に指定された。 |
| ジョン・海山・<br>ネプチューン<br>(1951年～) | アメリカ・カリフォルニア州出身。1972年に来日。都山流師範となり，79年にプロデビューした。西洋と日本の音楽の影響を基調に，世界の多様な音楽文化に着想を得た作品を発表し続けている。 |

## 三味線

**Check**

　三味線は，中国の三弦(サンシェン)が琉球に渡り，それが琉球音楽に欠かせない三線(サンシン)となり，三線が室町時代に大坂堺港に伝来，琵琶法師が手にしたのが始まりといわれている。その後，三線は棹の太さや長さ，胴の形などに改良が加えられ，琵琶の奏法と同様の撥弾きで行われるようになった。江戸時代には庶民に普及し，箏，尺八とともに三曲に使用されている。

## 1. 三味線の構造と調弦法

○ 三味線の構造と名称

種類としては太棹，中棹，細棹があり，棹が太いほど音に重量感が増す。

### ※使用例

| 太棹 | 義太夫節，説教節，浪曲など |
|---|---|
| 中棹 | 一中節，常磐津節，清元節など |
| 細棹 | 荻江節，河東節，長唄など |

○ 調弦

| 本調子 | 最も基本的な調法。一の糸と二の糸を完全4度，二の糸と三の糸を完全5度，三の糸は一の糸のオクターヴ上とする。 |
|---|---|
| 二上り | 一の糸と二の糸を完全5度，二の糸と三の糸を完全4度とする。二の糸を本調子より長2度上げているのが語源である。 |
| 三下り | 一の糸と二の糸を完全4度，二の糸と三の糸を完全4度とする。三の糸を本調子より長2度下げているのが語源である。 |

179

## 2. 楽譜と奏法

### ○ 楽譜

主な楽譜としては文化譜と小十郎譜(研精会譜)があり，それぞれの特徴をまとめると以下の通りとなる。

| | |
|---|---|
| 小十郎譜 | 音の高低を記した譜面でドレミファソラシドを1〜7で対応させている。調子を変えてもそのままの譜面で演奏できるといった長所があるが，数字と勘所を覚えるのに時間がかかるといった短所も存在する。 |
| 文化譜 | いわゆるポジション譜と呼ばれるもので，勘所の位置を定義している。小十郎譜よりも慣れるのに時間がかからないといった長所がある一方，調子を変えて演奏する場合には譜面を書きかえる必要があるといった短所も存在する。 |

### ○ 奏法

| | |
|---|---|
| スクイ | 撥を下から糸に当ててすくい上げる奏法。同じ音が2回続く場合によく使われる。 |
| ハジキ | 左手の人差し指，または薬指で糸を弾く奏法。 |
| 勘所 | 三味線の指板上のポジションのこと。 |
| 打ち | 左手指で勘所を打って音を出す奏法。通常は薬指を使うことが多い。 |
| スリ | 発音後，勘所を押さえた指をずらすことで，余韻の音を変化させる奏法。 |

## 和太鼓

## Check

和太鼓は主に木でできた胴に皮を張り，それを振動させて音を出すもので，撥(ばち)で叩くものを太鼓，手で叩くものを鼓と呼ぶ。

和太鼓の歴史は古く，日本最古の太鼓は縄文時代の遺跡から発掘されており，情報伝達手段として利用されていたといわれる。その後も太鼓は楽

器として使用され続け，中世では，隆盛，豊穣を祈り，厄災を取り除くために太鼓を叩く習慣があった。さらに戦国時代には，大名達が統率をとるため，太鼓を利用した陣太鼓が興っている。その後，夏祭りやお盆などでは，それぞれの地域が独自の節を守り，伝来してきた。現在，国際的に知られた太鼓の曲が存在するが，楽曲として成立したのは，第二次世界大戦後という説もある。

## 1. 太鼓の種類と打ち方

### ○ 太鼓の種類

| 締太鼓 | 皮を胴に留める際，紐を用いる太鼓の総称。 |
|---|---|
| 鋲打太鼓 | 皮を胴に留める際，鋲を用いる太鼓の総称。 |
| 長胴太鼓 | 日本における最もポピュラーな太鼓で，歌舞伎太鼓，祭囃子，盆踊り等で使用されている。大きさもさまざまで，胴はケヤキなどの堅い木をくりぬいてつくられる。 |
| 桶胴太鼓 | 板をあつめて桶状にしたものを胴にして作成した太鼓のこと。長胴太鼓と比較して，本体の重さや音の重さが軽いという特徴がある。 |

締太鼓　　　　　　　長胴太鼓　　　　　　桶胴太鼓

### ○ 打ち方

| 地打ち | 基礎となる一定のリズム(伴奏)を打ち続けることで，他の演奏者は地打ちに合わせて演奏する。 |
|---|---|

| 民謡 |
|---|

## Check

　民謡は民衆の伝承歌謡のことで，一般的には作者不詳，もともとは文字や楽譜もなく口伝えなどで伝承されている。具体的にはわらべ歌やお座敷歌，労働歌，子守歌などがあげられる。一方，郷土芸能とはその地域の祭や年中行事の中で，豊作祈願や悪霊退散などを祈って行われる舞や演奏などを指す。具体例としては神楽や田楽などがあげられる。

　問題としては題名と都道府県名を関連付ける問題が多いが，日本地図で解答する場合もあるので，該当する地域は必ず地図で確認しておこう。

○　代表的な民謡

| ソーラン節<br>(北海道) | ニシン漁の際，沖で唄われた労作唄。激しい労働中に唄われたので，力強く，かつ威勢よく唄われるのが特徴である。 |
|---|---|
| 江差追分<br>(北海道) | 信濃地方の馬子唄(馬方節・信濃追分)が，越後を経由して蝦夷に伝わり，江差追分が生まれたといわれる。 |
| 津軽じょんから節<br>(青森県) | 落城した城主の霊を慰めるため，家臣達が唄ったものが起源といわれる。じょんからとは「上河原」という地名を指す。 |
| 秋田おばこ<br>(秋田県) | もともとは山形県の「おばこ節」であり，岩手県に往復する人によって伝承され，秋田県でも唄われるようになったといわれる。 |
| 南部牛追唄<br>(岩手県) | 牛追いが7〜8頭の牛を追い，米俵等を運んだ時に唄っていた。岩手は馬と同様，牧牛も盛んな土地であった。 |
| 花笠音頭<br>(山形県) | もともとは「櫓胴搗き唄」で，その後，酒盛唄として発展した。8月には山形市を中心に各地で踊られる。 |
| 会津磐梯山<br>(福島県) | 明治時代に新潟県から来た油を絞る時に唄った唄に，盆踊りの手を入れた。盆踊りの手が入ったのは昭和時代であり，比較的新しい。 |

| | |
|---|---|
| 佐渡おけさ<br>(新潟県) | 九州の「ハイヤ節」が北上したもので，1924年ごろから「佐渡おけさ」という名前が定着した。相川町の「相川おけさ」が佐渡おけさの正調。 |
| 木曽節<br>(長野県) | 御嶽山登山口で登山客のために開催された盆踊り大会で，全国的に有名になった。もともとは御嶽山信仰から始まったものである。 |
| こきりこ節<br>(富山県) | 富山県五箇山地方に伝わる，日本で最も古い民謡といわれている。こきりことは，7寸5分の竹を打つことで音を発する楽器のことである。 |
| ちゃっきり節<br>(静岡県) | 昭和時代に静岡鉄道が宣伝用に作った唄。「ちゃっきり」とは鉄バサミの擬音である。 |
| 八木節<br>(群馬県) | 起源には諸説あるが栃木，群馬，埼玉の県境地方で唄われたものが有力。「八木」は八木宿が由来といわれる。 |
| 銚子大漁節<br>(千葉県) | 江戸時代に鰯の大漁を祝して，歌詞をつけて唄ったのがその起源。大漁の祭は川口明神で行われた。 |
| 伊勢音頭<br>(三重県) | 江戸時代に流行したお伊勢参りによって「荷物にならない伊勢土産」として広がった。慶事の唄として用いられる。 |
| デカンショ節<br>(兵庫県) | 篠山節ともいわれる。「デカンショ」とは篠山地方の言葉で「でござんしょ」，「出稼ぎしよ」をもじったもの等，諸説ある。 |
| 吉野木挽歌<br>(奈良県) | 吉野川上流は吉野杉の産地として知られ，その杉の木を挽く時に唄われた。日本における最古の木挽き歌といわれる。 |
| 串本節<br>(和歌山県) | 各地を回る人々が串本港に寄った際に，伝承した唄が合わさって独自の節が完成したといわれる。大正時代にレコードで全国普及した。 |
| 貝殻節<br>(鳥取県) | ホタテ貝を採取する際に唄われた作業唄。ホタテ漁は作業が非常に大変であったことから，哀愁が感じられる。 |
| 安来節<br>(島根県) | 出雲節が源流であり，出雲節はさんこ節から派生したものといわれる。民俗舞踊であるどじょうすくいとともに行われる。 |

| 金毘羅船船<br>(香川県) | 幕末から明治にかけて流行した，金刀比羅宮へのお参りの際に唄われたもの。金刀比羅宮は海上の守護神として祀られている。 |
|---|---|
| よさこい節<br>(高知県) | 起源は諸説あるが，江戸時代，高知城を築いた際，その工事場で唄われた"木遣り節"が変化したというのが有力。 |
| 黒田節<br>(福岡県) | 雅楽の越天楽(平調)を基に，黒田藩士が歌詞をつけて唄ったもの。無伴奏の手拍子で斉唱する。 |
| 長崎ぶらぶら節<br>(長崎県) | 主に宴席などで唄われるため，正確な歌詞は存在せず，時，土地などで変化するという特徴を持った民謡である。 |
| 五木の子守歌<br>(熊本県) | 子守をする少女が，不幸な境遇などを歌詞に織り込んで子供に唄って聴かせ，自らを慰めるために唄ったといわれる。 |
| 谷茶前<br>(沖縄県) | 沖縄県恩納村の海岸での漁を題材とした沖縄民謡。250年ほど前に万座毛に立ち寄った琉球王を歓待するための曲と伝えられている。 |

○ 民謡の様式

| 八木節様式 | 明確な拍節を有し，音域が狭く，単純な旋律で単純な動機を繰り返すこと等が特徴。地搗歌・網引き歌等の労作歌や盆踊歌など，集団で歌われることも多い。 |
|---|---|
| 追分様式 | 拍子が存在しない自由リズム，装飾的歌唱法であるメリスマ的な歌い方が用いられ，広い音域を有すること等に特徴がある。歌手に高度な技巧が必要とされる。 |

# Attention !

## 雅楽

　雅楽の楽器の編成，「唐楽」「高麗楽」などの雅楽の基本的知識や歴史的背景等を問う問題が見られる一方，龍笛譜や篳篥譜などの楽譜から演奏法を答えさせる問題もある。雅楽の楽譜について，楽器ごとに一通り目を通し，どのように演奏するかについて，最低限の知識を持っておく必要がある。

## 能・狂言

　基礎的な能楽の知識は，必ずおさえておかなければならない。能楽を完成させた観阿弥，世阿弥の業績や思想，流派，使用される楽器4種類とそれぞれの特徴，初番目物から五番目物の意味および代表的な演目，能舞台の構造等はすぐに答えられるようにすること。

# 演習問題①

## 問題 1

　次は，雅楽について書かれたものである。( ア )～( オ )にあてはまる語句を，下の1～5の中からそれぞれ1つずつ選べ。

　雅楽といえば，本来5世紀から9世紀にかけて中国や朝鮮半島など，アジア各地から伝わった舞とその伴奏音楽を指しますが，日本古来から伝わっている儀式用の歌と舞や，平安時代に新しくつくられた歌も，雅楽の中に含めることがあります。いずれも10世紀ごろ，現在のような様式に整えられ，寺院や宮中で演奏されてきました。

　雅楽の中で，大陸から伝来した舞とその伴奏音楽を舞楽といいます。舞楽は伴奏音楽などの違いによって( ア )に分けられます。舞楽の曲が舞を伴わずに合奏だけで演奏される場合，( イ )といいます。現在，( イ )で演奏されるのは( ウ )の曲だけです。

　( イ )の楽器編成として和音を主な役割とする吹物は( エ )です。

　雅楽の演目の一つである「越天楽」は黄鐘調と盤渉調の他に，一般的によく知られる( オ )のものがあります。

ア　1　上舞と下舞　　　2　左楽と右楽　　　3　上楽と下楽
　　4　左舞と右舞　　　5　一人舞と三人舞

イ　1　管楽　　　　　　2　踊楽　　　　　　3　奏楽
　　4　打絃　　　　　　5　管絃

ウ　1　東遊　　　　　　2　唐楽　　　　　　3　高麗楽
　　4　催馬楽　　　　　5　朗詠

エ　1　篳篥　　　　　　2　龍笛　　　　　　3　笙
　　4　琵琶　　　　　　5　鞨鼓

オ　1　双調　　　　　　2　雲井調　　　　　3　壱越調
　　4　太食調　　　　　5　平調

解答　ア　4　　イ　5　　ウ　2　　エ　3　　オ　5

解説　雅楽に使われる楽器として笙(しょう)，篳篥(ひちりき)や代表的な演

目として「越天楽」についての出題が多い。越天楽については実際の映像で雰囲気だけでも確認しておきたい。

## 問題2

雅楽について次の文を読み，(1)～(3)に答えよ。

雅楽は，日本古来の音楽と朝鮮半島や中国から伝来した音楽とが融合，10世紀頃平安時代中期に完成し，今日もなお当時の形をほぼ保ったまま日本の宮中および神社，寺院等で演奏されている。雅楽の演奏形態は，管絃，（ ① ），歌謡の3つの演奏形態がある。

管絃は（ ② ），笙，（ ③ ）からなる管楽器と，箏，（ ④ ）の2種類の弦楽器，鉦鼓，（ ⑤ ），太鼓の3種類の打楽器の編成で演奏される。（ ① ）は日本古来の舞である「国風の歌舞」，<u>中国から伝来した左方の舞(左舞)，朝鮮半島から伝来した右方の舞(右舞)</u>がある。歌謡は雅楽器伴奏を付けた声楽曲で，馬を引く時の民謡である（ ⑥ ）と，漢詩に曲を付けて歌われた（ ⑦ ）に分類される。

(1) （ ① ）～（ ⑦ ）にあてはまる語句を次のア～セから選び，その記号を書け。

語群

ア 長唄　イ 鞨鼓　ウ 神楽　エ 催馬楽　オ 三味線
カ 乱声　キ 竜笛　ク 囃子　ケ 篳篥　コ 琵琶
サ 舞楽　シ 平曲　ス 締太鼓　セ 朗詠

(2) 下線部について「左方の舞」，「右方の舞」の伴奏音楽を，それぞれ漢字で書け。

(3) 民謡「黒田節」の元になった雅楽曲を何というか，漢字で書け。

**解答** (1) ① サ　② キ　③ ケ　④ コ　⑤ イ　⑥ エ
⑦ セ　(2) 左方の舞……唐楽　右方の舞……高麗楽
(3) 越天楽

**解説** (2) 中国つまり唐を経由して伝来した伴奏音楽なので唐楽と呼び，朝鮮半島つまり高麗を経由して伝来した伴奏音楽なので高麗楽と呼ぶ。
(3) 「越天楽」は，「えてんらく」と読む。雅楽の曲のなかで最も有名

な曲であり，歌詞をつけたものが「越天楽今様」で，後に「黒田節」になった。「黒田節」は結婚式などで用いられることが多い曲であり，一度は耳にしたことがあるはずである。

**問題3**

次の楽譜を用いる楽器の奏法として適切なものは，あとの1〜4のうちのどれか。

頭

（楽譜）

1　指板の上の勘所で弦を押さえつつ，右手に握った撥を上から打ちおろすように弦を弾くのが基本奏法で，下から上へすくい上げるように弾く

のを「スクイ撥」という。
2　カリ音を正律とするが，メリカリの吹き分けだけではなく，あいだの音を生かした塩梅という技法を用いることで，音域は狭いが多様な表現ができる。
3　管の上端の一部を外側に斜めに削り，その鋭い角に息を吹きつけて音を出し，唇のゆるみ，しまり，あごの突き出し，引き具合などが微妙に音律と音色に作用する。
4　左手で柱を押さえて調音するが，種目によって柱の押さえ方が，柱の上を押さえるものと，柱と柱とのあいだの弦を押し込むものとの二通りがある。

**解答**　2

**解説**　出題の縦書き楽譜は篳篥(ひちりき)用のもので，曲は平調(ひょうじょう)「越天楽(えてんらく)」である。篳篥の装飾的奏法の特色として，「塩梅(えんばい)」という指使いを変えずに長(短)2度の幅の音を吹き方の加減で出せる表現がある。雅楽の主要旋律楽器でダブルリードの縦笛(表7孔，裏2孔)で，哀調を帯びた強い音色が出せる。

━━━━━━━━━━ **問題 4** ━━━━━━━━━━

能について，次の1・2に答えよ。
1　次の(1)～(5)を何というか，下の(ア)～(ク)の中からそれぞれ選び，その記号を書け。
　(1)　各曲の主役
　(2)　各曲の主役の相手役
　(3)　舞台上に座り，謡を斉唱する合唱隊
　(4)　旋律が規定されていない謡
　(5)　七五調の12文字を8拍に収めるリズム法
　語群
　(ア)　強吟　　　(イ)　シテ　　　(ウ)　地謡　　　(エ)　フシ
　(オ)　平ノリ　　(カ)　ワキ　　　(キ)　コトバ　　(ク)　大ノリ

2　次の文は，囃子について述べたものである。文中の（　1　）～（　3　）にあてはまる語を書け。

　囃子とは，能の器楽を指し，（　1　），（　2　），（　3　），太鼓の4種類の楽器による合奏のことである。なお，太鼓は用いない場合もある。

**解答**　1　(1)（イ）　(2)（カ）　(3)（ウ）　(4)（キ）　(5)（オ）
　　　　　2　(1)　笛(能管)　(2)　小鼓(こつづみ)　3　大鼓(おおつづみ)

**解説**　1　能は①シテ方，②ワキ方，③狂言方，④囃子方で構成され，①～③は舞台での演技・舞・謡を受け持つ「立方」，④は謡のみ担当する「地謡(じうたい)，囃子」である。能の音楽は，声楽の「謡(うたい)」と楽器演奏の「囃子(はやし)」から成り立つ。　(1)　主役は「シテ」，従者は「ツレ，子方」と呼ぶ。　(2)　シテの相手役は「ワキ」，その従者の「ワキヅレ」であり，共に面を付けない。　(3)　地頭(じがしら)の統率でふつう8人程度で斉唱するのが「地謡(じうたい)」である。(4)　謡はせりふの部分を「コトバ」といい，旋律的な部分を「フシ」という。フシにはヨワ吟とツヨ吟の音階・発声がある。　(5)　フシのリズムには，有拍の「拍子合(ひょうしあい)」と無拍の「拍子不合(ひょうしあわず)」があり，前者(拍子合)は「平ノリ・中(ちゅう)ノリ・大ノリ」の3種に分かれ，基本型の「平ノリ」が最も多用される。2　能に使用する4つの楽器で「四拍子(しびょうし)」と総称する。

<hr>
**問題 5**
<hr>

　能の面は，少しあお向けると喜びの表情が，少し下を向けると悲しみの表情が現れるように作られている。「少しあお向ける」ことをカタカナ3文字で何というか，答えよ。

**解答**　テラス

**解説**　能面の表情に関する設問で，テラスは照らす(光を当てる)につながり，クモラスは表情を暗くすることにつながる。能の所作(動作，ふるまい)の出題であり，相当難問といえよう。

▰▰▰ **問題 6** ▰▰▰

能に関する次の各問いに答えよ。

1　次の図アは，能舞台を上から見た様子を表したものである。能では
　「地謡」と「囃子」が演奏する場所が決められている。「地謡」と「囃
　子」の正しい演奏場所を，図アのA〜Dからそれぞれ1つ選び，記号
　で答えよ。

図ア

2　図アの( ① )〜( ③ )に当てはまる語句をそれぞれ書け。

3　次の文は能の特徴や，鑑賞の学習における工夫点等について説明した
　ものである。次の( ① )〜( ⑥ )に当てはまる語句や数字をそれ
　ぞれ書け。なお，同じ番号には同じ語句や数字が入るものとする。

　　能は，音楽，舞踊，演劇などで構成される日本の伝統的な芸術の一
　つである。能の音楽は，( ① )と呼ばれる声楽と囃子と呼ばれる器
　楽の部分からできている。
　　地謡は通常8人で編成され，斉唱で( ① )を担当する。( ① )
　には，登場人物のセリフのように一定の抑揚を付けて表現する( ② )
　の部分と，旋律を付けて表現する( ③ )の部分がある。
　　「羽衣」では，( ① )のリズムのうち，拍節的なリズムの部分は
　( ④ )拍を単位としている。( ① )の部分の模範演奏を聴いて真似
　をすることで，声の音色や( ③ )回しの特徴を感じ取らせたい。

　囃子は，笛(能管)，小鼓，大鼓，太鼓の四種の楽器で演奏され，こ
れらを(　⑤　)と呼ぶ。(　①　)も囃子も音と音のあいだの(　⑥　)が
大切にされている。

　(　⑥　)は，平成29年告示の中学校学習指導要領の〔共通事項〕に
示された我が国の伝統音楽の演奏に際して用いられるリズムに関する
用語である。

**解答**　1　地謡…D　　囃子…B　　2　①　鏡　　②　橋　　③　目付
3　①　謡　　②　コトバ　　③　フシ　　④　8　　⑤　四拍子
⑥　間

**解説**　1　地謡座は能舞台，向かって右側の間口3尺の板敷の部分である。
囃子座は本舞台の奥である。　2　①　揚幕の内側に大きな三面鏡の
ある部屋。ここでシテ方は面をつける。　②　揚幕から本舞台へと
つながる長い廊下部分。欄干のある橋のように掛け渡されている。
この世とあの世をつなぐ橋という意味合いもある。　③　「めつけば
しら」と読む。面を付けた能楽師は視野が狭くなるので，この柱を目
印に自分の位置を確認する。　3　①　謡にはシテやワキなど立ち方
による一人称の謡と，風景描写や心情描写を歌う地謡の部分がある。
②③　謡は「コトバ」と「フシ」に分類され，「コトバ」はセリフに
あたるもので，はっきりとした旋律はないが独特な節回しがある。
「フシ」ははっきりとした旋律がある謡で，「弱吟」「強吟」に分類さ
れる。　④　謡のリズムは七五調の12文字を一文として，8拍子に
当てはめて謡う。「平ノリ」は，標準的なリズムで，「平ノリ」より早
いリズムを「中ノリ」，遅いリズムを「大ノリ」という。　⑤　これ
ら4種の楽器，またはその演奏者を呼ぶ。　⑥　中学校学習指導要
領　第5章　第3　指導計画の作成と内容の取扱い　2　(10)では，
「各学年の〔共通事項〕の(1)のイに示す「用語や記号など」について
は，小学校学習指導要領　第2章　第6節　音楽の第3の2の(9)に
示すものに加え，生徒の学習状況を考慮して，次に示すものを音楽
における働きと関わらせて理解し，活用できるよう取り扱うこと。」
として，間，序破急など，27の用語があげられている。

# Attention!

## 文楽

　文楽に関する問題は今後増えていくことが予想される。以下の基本事項をおさえておくこと。「三業」(太夫，人形遣い，三味線)，太棹，舞台の構造，人形の操作，時代物・世話物の演目，近松門左衛門，竹本義太夫など。

## 歌舞伎

　歌舞伎の歴史，江戸時代の展開，歌舞伎の特徴(舞台，役者，音楽，小道具，大道具など)，歌舞伎舞台(花道，セリ，廻り舞台，スッポンなど)，役者の衣装と化粧(隈取り，女形など)，代表的な演目名とあらすじなどについてひと通りの知識が必要である。特に「勧進帳」は中学校の教科書にも取り上げられており，詳細に知っておく必要がある。あらすじに加えて，主人公の弁慶のせりふやふりつけ，特に最後の「飛び六方」もおさえておきたい。

　なお，「長唄」に関する出題も見られる。長唄はもともと歌舞伎の伴奏として使用された音楽のジャンルであるが，のちに独立して現在に至っている。唄，踊り，囃子からなり，さまざまな要素を吸収してひとつの音楽ジャンルとなっている。三味線は細棹を用いる。

# 🎼 演習問題②

### 問題 1

　我が国の伝統芸能のうち文楽について，次の写真を見て，(1)〜(6)の各問いに答えよ。

A　　　　　　　　　　B

(1)　語りを担当するAの人物の役割を何と呼ぶか，答えよ。

(2)　Bの人物が演奏している楽器は何か，答えよ。

(3)　Bの人物が演奏のために右手に持っている用具は何か，答えよ。

(4)　Bの楽器の奏法である次のア，イについて簡潔に説明せよ。

　　ア　すくい　　イ　はじき

(5)　次の文の（　ア　）〜（　ウ　）に入る適切な語句を答えよ。

　　　文楽は，日本の伝統的な（　ア　）劇である。この文楽において，AとBによって演奏される音楽は，創始者の名前に由来した（　イ　）節と呼ばれ，大坂の道頓堀で始まった。「曽根崎心中」を著した（　ウ　）の脚本と（　イ　）節は，当時の人々に大変人気が高かった。

(6)　この文楽が発展したのはどの時代か，次のア〜オから選び，記号で答えよ。

　　ア　奈良時代　　イ　平安時代　　ウ　鎌倉時代　　エ　室町時代
　　オ　江戸時代

解答　(1)　太夫　　(2)　三味線　　(3)　撥　　(4)　ア　撥先で糸を下から上にすくい上げて音を出す　　イ　左手の指で糸をはじく奏法

(5)　ア　人形　　イ　義太夫　　ウ　近松門左衛門　　(6)　オ

**解説**　義太夫節の写真であり，(1)太夫(たゆう)で語り手，(2)は太棹三味線
を，(3)右手の撥ではじく。　(4)　アのすくい，イのはじきの奏法名
は三味線だけでなく，箏でも使われるので実技とあわせて学習してお
きたい。　(5)　アは(人形)浄瑠璃(劇)も正答であろう。始祖の竹本
義太夫(1684年に竹本座創立)と近松門左衛門の結び付きなど，義太
夫節の発展について知っておきたい。

---
## 問題 2

次の文の(　　　)内にあてはまる言葉を選べ。

　文楽は，(　ア　)と三味線と人形の三者が一体になって，人間の喜怒
哀楽を描き出し物語を進行させる。これを(　イ　)と言う。(　ウ　)の三
味線を用いる(　エ　)節は，大坂の道頓堀で竹本(　エ　)が始めた音楽
で，人気作家の(　オ　)が脚本を書いた「曽根崎心中」が大当たりした。

アの選択肢

　1.　検校　　　　　2.　太夫　　　　　3.　立方　　　　　4.　立役

イの選択肢

　1.　三業一体　　　2.　三位一体　　　3.　三合一体　　　4.　三者一体

ウの選択肢

　1.　細棹　　　　　2.　中棹　　　　　3.　太棹

エの選択肢

　1.　常磐津　　　　2.　清元　　　　　3.　新内　　　　　4.　河東

　5.　義太夫

オの選択肢

　1.　滝沢馬琴　　　2.　近松門左衛門

　3.　十返舎一九　　4.　井原西鶴

**解答**　ア　2　　イ　1　　ウ　3　　エ　5　　オ　2

**解説**　文楽は男性によって演じられる。太夫，三味線，人形遣いの「三業
(さんぎょう)」で成り立つ演芸である。アの太夫とは浄瑠璃語りのこ
とで，1人で物語を語るのが基本で，情景描写から始まり多くの登場

人物を語り分ける。浄瑠璃には多くの種別があるが，文楽では義太夫節が用いられる。

━━━━━━━━━━ **問題 3** ━━━━━━━━━━

文楽「新版歌祭文」"野崎村の段"についての問いに答えなさい。

(1) 「歌祭文」について，その読みをひらがなで答えなさい。

(2) 野崎村は現在どこの都道府県にあるか。答えなさい。

(3) 文楽「新版歌祭文」"野崎村の段"の登場人物についての関係図中（ ア ）～（ ウ ）の人名を答えなさい。（ ア ）は〈久作の養子〉の恋人である。また，（ ウ ）は久作が（ イ ）の結婚相手と考えている。

[主な登場人物の関係]

(4) 次の(A)，(B)の「せりふ」はどの登場人物のものか。人物名で答えなさい。

〈「せりふ」は演奏者によって少しずつ違いがあり，これはその一例である〉

> (A) 「サアサアサアマアマアマア嫁の座へ直ったり，トウ直ったり。時に一家一門着のままの祝言に，改まった綿帽子うっとしかろう取ってやろ」
>
> (B) 「アアコレ申し，とと様もお二人さんも，何にも言うて下さんすな最前から何事も，残らず聞いて居りました，思い切ったと言わしゃんすは，義理にせまった表向，底の心はお二人ながら，死ぬる覚悟サア死ぬる覚悟で居やしゃんす。かか様の大病，どうぞ命が取止めたさ，〜 見て下さんせ」

(5) (4)の(B)の人物は，誰のためにどんなことをしたか。(B)のせりふ中〜の部分を明らかにして答えなさい。

(6) 文楽という呼称は，上演していた劇場にちなんで一般的に呼ばれているものである。正式には何というか答えなさい。

(7) 義太夫節を始めた人物の人物名を答えなさい。またどのような音楽か，説明しなさい。

(8) 義太夫節は何〈人を指す呼び方〉と何〈楽器名〉で，舞台上，上手のどの場所で演奏するか答えなさい。

(9) (8)で答えた〈人〉は，おなかから力強く息を出して発声するために，下腹と懐にある小道具を身に付ける。小道具の名称をそれぞれ答えなさい。

(10) 文楽の舞台で，人形と観客の視線がほぼ水平になるように，人形遣いが人形を遣う場として少し低くなっている場所のことを何というか答えなさい。

(11) 文楽の有名な台本作家で「曽根崎心中」などで有名な作家名を答えなさい。

(12) 文楽で使われる「三人遣い」とは何のことか。説明しなさい。

(13) 文楽は三業一体の総合芸術といわれるが，「三業」とは何を指すか答えなさい。

(14) 文楽で使われる「通し」と「見取り」の違いについて説明しなさい。

**解答** (1) うたざいもん　(2) 大阪府　(3) ア　お染　イ　久松　ウ　お光　(4) (A) 久作　(B) お光　(5) お染，久松の気持ちを知ったお光は，二人のために(お染，久松のために)髪を切って尼になる。(結婚をあきらめる。)　(6) 人形浄瑠璃　(7) 誰…竹本義太夫　どんな音楽か…物語を語って聞かせることを主体とした「語り物」という音楽　(8) 人…太夫　楽器…三味線　場所…床　(9) 下腹…腹帯　懐…オトシ　(10) 船底　(11) 近松門左衛門　(12) 文楽では，通常，一体の人形を「主遣い」「左遣い」「足遣い」の三人で動かすので，「三人遣い」ということ。　(13) 太夫，三味線，人形遣い　(14) 通しはその作品の最初から最後までを上演すること。見取りはいくつかの作品の名場面を抜き出して上演すること。

**解説** 文楽「新版歌祭文」は「お染久松」とも称される，文楽と歌舞伎で有名な物語である。初演は安永9(1780)年竹本座，作者は近松半二(1725〜1783)，世話物・上下2巻で，構成は，上の巻「座摩社の段」「野崎村の段」，下の巻「長町の段」「油屋の段」「蔵場の段」となっている。久松と許嫁のお光のもとへ，久松に会うためにお染が現れた。お染が久松との子を身ごもっていることが判明し，思いあまった二人は心中を決意するが，それを知ったお光は久松への思いをあきらめて尼となり，二人が心中せずに済むように身を引く。文楽は人形浄瑠璃のことであり，近松門左衛門の「曽根崎心中」などが有名。浄瑠璃は義太夫節による太夫の語り，太棹三味線での演奏，船底の人形遣いが三人で操って動かす人形からなり，太夫については，舞台で床本と呼ばれる本を用い腹帯やオトシといった小道具を活用しつつ腹式呼吸によって独特の発声で語る。なお上演方法については，文楽を含め特に歌舞伎の演目においても，通しではなく見取りによることが多い。

■■■■■■ **問題 4** ■■■■■■

三味線音楽について，次の(1)〜(4)の問いに答えなさい。

(1) 人形浄瑠璃に関する記述として適当でないものを，次の①〜⑦のうちから三つ選べ。

① 浄瑠璃は15世紀半ばに起こった音楽である。17世紀には，寺社祭礼などで演じられていた人形芝居と浄瑠璃が結び付いて人形浄瑠璃が成立した。

② 竹本義太夫によって始められた浄瑠璃は義太夫節と呼ばれている。竹本義太夫は，1684年に大坂(現・大阪)の道頓堀に竹本座を開き，「曽根崎心中」などを上演し人気を得た。

③ 義太夫節は，詞，地合，色などの音楽的構造をもつほか，情と呼ばれる人物の心理や感情表現，細棹三味線の使用などが大きな特徴である。

④ 19世紀初めに，興行師の初代植村文楽軒が芝居小屋を開いた。その名前である文楽座から，人形浄瑠璃は文楽と呼ばれるようになっ

た。

⑤　舞台には，手摺りと呼ばれる人形にとって地面の位置に当たる仕切り板と，船底と呼ばれる舞台平面より一段低くなっている場所がある。人形遣いは船底で観客に姿を見せずに人形を操作する。

⑥　太夫と三味線弾きは，舞台上手に大きく張り出した床と呼ばれる舞台で演奏する。文楽廻しという回転式の装置に乗って登場し，語り終えると裏側から次の太夫，三味線弾きが現れる。

⑦　笛，太鼓，小鼓や鳴物は，地謡座と呼ばれる囃子用の小部屋で演奏する。

(2)　義太夫節「曽根崎心中」の作者として最も適当なものを，次の①〜⑤のうちから1つ選べ。

①　黒沢琴古　　②　竹田出雲　　③　近松門左衛門
④　三好松洛　　⑤　観世信光

(3)　義太夫節「曽根崎心中」の作者による他の作品として最も適当なものを，次の①〜⑤のうちから1つ選べ。

①　義経千本桜　　②　新版歌祭文　　③　本朝廿四孝
④　国性爺合戦　　⑤　三十三間堂棟由来

(4)　三味線音楽の種類として適当なものを，次の①〜⑤のうちから2つ選べ。

①　語（かた）り物（もの）　②　本（ほん）行（ぎょう）物（もの）　③　歌（うた）い物（もの）　④　手（て）事（ごと）物（もの）
⑤　変（へん）化（げ）物（もの）

**解答**　(1)　③，⑤，⑦　　(2)　③　　(3)　④　　(4)　①，③

**解説**　(1)　人形浄瑠璃についての問題である。中学校では2社の教科書が使われているが，どちらの教科書にも文楽(人形浄瑠璃)に関するページがあり，口絵も含めて内容が充実しているので学習の参考にするとよい。③は「細棹三味線」が間違いで，義太夫節では「太棹三味線」が使われる。⑤は「人形遣いは船底で観客に姿を見せずに人形を操作する。」という部分が間違い，「人形遣いは観客に姿を見せながら人形を操作する。」が正しい。⑦は義太夫では鳴物は使用しない。また，義太夫節を語る太夫と三味線奏者は「床」という場所

で演奏する。　(2)　①は尺八奏者，②は浄瑠璃作者及び座元，④は浄瑠璃作者，⑤は能楽師である。　(3)　①の「義経千本桜」は二世竹田出雲・三好松洛・並木千柳の合作，②の「新版歌祭文」，③の「本朝廿四孝」は近松半二，⑤の「三十三間堂棟由来」は若竹笛躬・中邑阿契の合作である。　(4)　②は歌舞伎において能や狂言から原作を移入したもの。④は地歌などで器楽の部分である手事を備えた楽曲形式をいう。⑤は歌舞伎舞踊で一人の踊り手が早替りで続けて踊るもの。

## 問題 5

次の文章は，歌舞伎について説明したものである。各問いに答えよ。

「歌舞伎」は17世紀初頭，（　1　）が京都で興行した踊りが起源とされている。当初は女性のみや少年のみで演じていたが風紀上禁止され，やがて男性のみで演じるようになった。これを転機に，踊り中心から演劇中心の筋書き，女方(女形)の誕生，伴奏音楽の重視など，総合芸術としての歌舞伎の原形が整っていく。演目によって（　②　）という化粧が施されたり，（　③　）などの演技で独特の表情が作られたりする。

また，歌舞伎は三味線音楽とともに大きく発展した。（　④　）の「長唄」の他，（　⑤　）の「義太夫節」，「常磐津節」，「清元節」など，多様な三味線音楽が用いられる。効果音や背景音楽などは黒御簾と呼ばれる小部屋の中で演奏される。

「長唄」で用いられる三味線は（　⑥　）で，囃子は，（　⑦　），（　⑧　）などの管楽器と，（　⑨　），（　⑩　），（　⑪　）の打楽器を使用することが多い。「長唄」では，三味線を中心とした器楽のみで演奏されるまとまった間奏部分があり，ここでは三味線のさまざまな手を楽しむことができる。このような部分を（　⑫　）という。

1　文章中の（　①　）～（　⑫　）に当てはまる語句を次の(ア)～(ト)からそれぞれ1つ選び，記号で答えよ。

(ア)　鞨鼓　　(イ)　すっぽん　　(ウ)　合方
(エ)　語り物　　(オ)　鉦鼓　　(カ)　見得

(キ)　生田検校　　（ク）　せり　　　　　（ケ）　出雲の阿国

(コ)　歌い物　　　（サ）　細棹　　　　　（シ）　笙

(ス)　太棹　　　　（セ）　篠笛　　　　　（ソ）　能管

(タ)　小鼓　　　　（チ）　隈取　　　　　（ツ）　筆篥

(テ)　太鼓　　　　（ト）　大鼓

2　下線部の「黒御簾」,「囃子」の読み方をひらがなで答えよ。

**解答**　1　①　(ケ)　　②　(チ)　　③　(カ)　　④　(コ)　　⑤　(エ)
　　　⑥　(サ)　　⑦　(セ)　　⑧　(ソ)　　⑨　(タ)　　⑩　(ト)
　　　⑪　(テ)　　⑫　(ウ)　　2　黒御簾…くろみす　　囃子…はやし

**解説**　1　①　室町時代の末期から庶民の間で流行した，きらびやかな衣装をつけて踊る享楽的な舞踊を，出雲の阿国率いる若い女優による一団が興行し，爆発的な人気を得たことから始まった。　②　歌舞伎独特の化粧法で，芝居小屋などにおいて遠くの観客が役者の表情を見やすくするために使われる。「隈」は道や川の曲がり角のところ，またそうした片隅，物陰になる部分を指す。そこから色や影の濃い部分，光と陰の境界の部分も意味するようになり，さらに彩色で陰影や濃淡をつけることも意味するようになった。　③　演技者の感情が高揚した時，動きを一瞬止めて，目立った姿勢や表情をすること。「見得」は本来「見え」，つまり見える様，外観の意味を表す。　④⑤　歌舞伎舞踊の主な三味線音楽は，歌い物の「長唄」と語り物の「義太夫節」「常磐津節」「清元」に分けられる。　⑥　三味線の種類には「太棹」「中棹」「細棹」がある。「細棹」は全体的に小ぶりで棹が最も細く，高音がきれいで透明な音色である。「中棹」は，民謡，地歌，常磐津，清元節など，「太棹」は浪曲，義太夫などで使用される。　⑦〜⑪　鳴り物と呼ばれる。管楽器は，能管・篠笛，打楽器は小鼓・大鼓・太鼓が用いられることが多い。　⑫　三味線だけの部分のうち，曲の最初に演奏されるのを「前弾」，曲の途中に短く演奏されるのを「合いの手」，曲の途中に長く演奏されるものを「合方」と呼ぶ。　2　「黒御簾」は舞台下手にある簾のかかっている黒い部屋のこと。黒御簾で奏される音楽は，「黒御簾音

楽」「下座音楽」とも言われる。「囃子」の語源は「映やす，栄やす」からきていて，「映えるようにする」とか「引き立てる」といった意味合いの言葉。

<hr>

**問題 6**

歌舞伎について，次の(1)〜(6)に答えなさい。

(1) 空欄1，2に当てはまる語句の正しい組合せを選べ。

> 歌舞伎は，歌(音楽)・舞(舞踊)・伎(演技)からなる，[ 1 ]時代に生まれた演劇です。時々の流行や他の芸能の要素などを巧みに取り入れながら，[ 2 ]として発展しました。

ア 1－奈良　　2－総合芸術
イ 1－奈良　　2－民俗芸能
ウ 1－江戸　　2－民俗芸能
エ 1－江戸　　2－総合芸術

(2) 空欄に当てはまる語句を選べ。

> 歌舞伎では，さまざまな音楽が用いられます。「勧進帳」では，[ ]が用いられ，唄，三味線，囃子(小鼓，大鼓，笛)などによって演奏されます。

ア 端唄　イ 長唄　ウ 地謡　エ 俗謡

(3) 空欄1，2に当てはまる語句の正しい組合せを選べ。

| | |
|---|---|
| 1 | 語り(太夫)が一人でさまざまな登場人物を語り分け，三味線奏者(一人)が力強い響きの太棹三味線で語りを支えます。 |
| 2 | 太夫三人と中棹三味線二人で演奏するものが基本的な形です。自然な発声を重んじ，語りも三味線も重厚さと軽妙さを兼ね備えています。 |

ア 1－義太夫節　　2－清元節
イ 1－義太夫節　　2－常磐津節
ウ 1－河東節　　　2－清元節

エ 1-河東節　　2-常磐津節

(4) 「勧進帳」の説明について，空欄1，2に当てはまる語句の正しい組合わせを選べ。

> 兄と不仲になった[ 1 ]は，[ 2 ]と四天王の五人の家来とともに，東大寺勧進の一行に変装します。そして，京都から平泉の藤原氏を頼り，北陸街道を落ちて行きます。歌舞伎「勧進帳」は，一行が加賀の国，安宅の関所にさしかかった時の[ 2 ]と，関守との緊張感に満ちた場面を描いたものです。

　ア　1-頼朝　　2-弁慶
　イ　1-頼朝　　2-富樫
　ウ　1-義経　　2-弁慶
　エ　1-義経　　2-富樫

(5) 「せり」の意味として，正しいものを選べ。

　ア　役者が一瞬制止して，絵姿のようになって，観客に強い印象を与えること。
　イ　舞台下手の黒く囲われた中で必要な音楽や自然を描写する音を演奏すること。
　ウ　舞台に切り穴を設けて，舞台下から人物を登場させる仕掛けのこと。
　エ　役者の登場や退場の場面などで使われる舞台から客席を貫く通路のこと。

(6) 紅や墨などで一定の型に顔面を彩る特殊な化粧法として，正しいものを選べ。

　ア　瞼譜（れんぷ）　イ　隈取（くまどり）　ウ　笹色（ささいろ）　エ　引眉（ひきまゆ）

**解答** (1) エ (2) イ (3) イ (4) ウ (5) ウ (6) イ

**解説** (1) 歌舞伎は阿国のかぶき踊りを起源とする，江戸時代に誕生した総合芸術である。 (2) 歌舞伎の演目の一つ「勧進帳」では，細棹三味線を用いる長唄が登場する。 (3) 清元節は技巧的で高い音が特徴な浄瑠璃である。河東節は独特の掛け声が特徴である。 (4) 「勧進帳」は，兄の頼朝から逃げる義経が弁慶らとともに山伏に変装して，富樫が守る安宅の関所を通過しようとする場面が描かれている。 (5) アは見得である。イは，このような音楽を黒御簾(下座)音楽，あるいは陰囃子とよぶ。エは花道である。 (6) 隈取は歌舞伎における特徴的な化粧法であり，役によって用いる色が異なる。

—— **問題 7** ——

歌舞伎「勧進帳」について，次の(1)〜(5)に答えなさい。

(1) 次の記述は，歌舞伎「勧進帳」の歌詞の一部分である。歌詞中の下線部の意味を書け。

> 旅の衣は篠懸（すずかけ）の露けき袖やしおるらん

(2) 歌舞伎「勧進帳」の内容について説明した次の文について，( ① )〜( ⑤ )に最も適する語句を書け。

> 兄の源頼朝と不仲になった義経は，五人の家来とともに東大寺勧進の一行に変装し，京から奥州平泉の藤原秀衡のもとへ向かう。( ① )の関所にさしかかったときの，義経の家来( ② )と関守の( ③ )との緊張感に満ちた場面を描いたものである。( ① )の関所は現在の( ④ )県( ⑤ )市にあたる。

(3) 次の楽譜は，歌舞伎「勧進帳」の一場面である。あとの①，②に答えなさい。

① この楽曲を演奏するための三味線の調弦について，一の糸を口音にした場合の二の糸，三の糸の音を，五線譜に書け。また，この調弦の調子を何というか，書け。

② 楽譜中の「ス」の記号は三味線の奏法を表している。その奏法名を書け。また，どのような奏法か，書け。

(4) 次の文は，歌舞伎の音楽について説明したものである。（ ① ）〜（ ⑥ ）にあてはまる語句を下のア〜ツから1つずつ選び，その記号を書け。

> 歌舞伎の三味線音楽は勧進帳で用いられる長唄の他に義太夫節，常磐津節，清元節などの（ ① ）がある。義太夫節では（ ② ）三味線が語りを支える。常磐津節，清元節では（ ③ ）三味線を用い，主として舞踏の場面に用いられる。長唄で使用する（ ④ ）三味線は明るい音色を持つ。
>
> 歌舞伎における長唄の演奏では，舞台に出て観客に姿を見せて演奏する（ ⑤ ）と，舞台下手で効果音なども演奏する（ ⑥ ）がある。

| | | | |
|---|---|---|---|
| ア 太棹 | イ ワキ方 | ウ 催馬楽 | エ 浄瑠璃 |
| オ 見得 | カ 黒御簾音楽 | キ シテ方 | ク 管弦 |
| ケ 舞楽 | コ 中棹 | サ 細棹 | シ 朗詠 |
| ス 大薩摩 | セ 文楽 | ソ 地謡 | タ 津軽 |
| チ 出囃子 | ツ 所作事 | | |

(5) 授業で歌舞伎「勧進帳」の音楽的特徴やよさを感じ取るために，オペラ「アイーダ」と比較，鑑賞することにした。生徒に感じ取ってほしいオペラと歌舞伎の共通点，相違点と，比較することによって感じ取ることができる歌舞伎の音楽的特徴やよさを書け。

**解答** (1) 山伏が着る衣 (2) ① 安宅 ② 弁慶 ③ 富樫
④ 石川 ⑤ 小松

(3) ① 調弦…

一の糸　二の糸　三の糸

調子…本調子　②　奏法名…スクイ(すくいばち)　奏法…ばち
先で糸を下から上にすくい上げる奏法　(4)　①　エ　②　ア
　　③　コ　④　サ　⑤　チ　⑥　カ　(5)　共通点…どち
らも器楽が伴奏する歌による音楽劇である。　相違点…「アイーダ」
ではオーケストラの伴奏で，アリアを登場人物の歌手が歌う。「勧進
帳」ではセリフの掛け合いもあるが，唄う場面では「唄方」が担当す
る。　歌舞伎の音楽的特徴やよさ…歌舞伎(長唄)の歌声は唄い尻や
産字などの節回しが特徴的であり，三味線，囃子と息を合わせて演
奏する。

解説 (1)　冒頭で山伏の姿に扮装し，兄に追われる悲しさをうたう場面で
ある。　(2)　勧進帳は，弁慶は義経を救いたい一心で，白紙の紙を
勧進帳として読み上げたり，主君である義経を打ち付けたりする。
その忠誠心に心動かされ富樫は，義経であると知りつつ関所を通す
という話である。　(3)　①　本調子は一の糸と二の糸が完全4度，
二の糸と三の糸が完全5度の音程関係になる。　②　解答参照。
(4)　太棹は棹が最も太く，力強く弾くことができる。細棹は最も細
く，軽いものであり，太棹のように力強く弾くことはできない。軽
やかな曲調の曲を演奏するのに適している。中棹は太さ，重さ，厚
さなど，太棹と細棹の中間にあたる。　(5)　共通点としては，他に
初演された時期があげられる。「勧進帳」は1840年，「アイーダ」は
1871年と比較的近い時期に初演されている。相違点としては，他に
表現の特徴があげられる。「アイーダ」はオペラの中でも絢爛豪華な
舞台装置が使われることが多い一方，「勧進帳」はあくまで日本のわ
び，さびのような感覚の範疇のなかで表現される。

# Attention!

## 楽器（箏，三味線，尺八，和太鼓）

　箏については，楽器の構造はもとより，さまざまな演奏技術の名称が問われており，これらを覚えておかなければならない。箏は，その構造上初心者から上級者までそれぞれのレベルに応じて楽しむことができる点において，他の日本伝統音楽より抜き出ていると言えるだろう。よって，中学校においても最も頻繁にとりあげられていると言える。2つの流派とそれぞれの特徴，調弦法，演奏技法は必ず出題されると考えること。また，楽譜を提示し，そこから楽曲名を答えさせたり，五線譜に置き換えさせたりする問題も多くみられ，箏を実際に演奏しないとわからない問題がある。

　三味線では，3つの基本的調弦法，スクイ，ハジキなどの基本的な奏法，楽器の各部分の名称，文化譜という記譜法から実際の音を導きだすこと，我が国の文化としての特徴などについて問われている。

　尺八では，「メリ」「カリ」「コロコロ」などの基本的な奏法に加え，都山流と琴古流の楽譜の違い，本曲と外曲との比較，運指と実際の音の対照などをおさえておくこと。

　太鼓については，「鋲打太鼓」「締太鼓」「長胴太鼓」の区別に加え，上打ち，地打ちなどの奏法などを知っておくことが必要である。

# 演習問題③

箏について，次の[問1]〜[問3]に答えよ。

[問1] 次の表中の（ ① ）〜（ ④ ）にあてはまる語句をそれぞれ書け。

表

| 姿勢の図 |  | |
|---|---|---|
| 流派の名称 | （ ① ） | （ ② ） |
| 使用する爪の種類 | （ ③ ） | （ ④ ） |

[問2] 次の文は，箏の基本的な奏法についての指導内容である。文中の（ ① ）〜（ ③ ）にあてはまる語句を，あとの(ア)〜(オ)からそれぞれ1つずつ選び，その記号を書け。

指導内容

> 　右手の（ ① ）は，糸の向こう側から手前に向かって爪を押し付けるようにして弾き，次の糸に当てて止めます。また，右手の（ ② ）は，糸の手前から向こう側に向かって爪を押し付けるようにして弾き，次の糸に当てて止めます。いずれも，（ ③ ）から2〜3cm離れたところを弾きます。

　(ア) 親指　　(イ) 中指　　(ウ) 薬指　　(エ) 柱　　(オ) 竜角

[問3] 次の楽譜は，箏曲「六段の調」(八橋検校作曲)の冒頭部分を五線譜に表したものである。この楽譜を，一の糸を「ホ音」とする平調子に調弦された箏で演奏する場合，楽譜の①〜③ではどのような奏法が

208

用いられるか，下の(ア)～(オ)からそれぞれ1つずつ選び，その記号
を書け。

(ア) 後押し　　(イ) スクイ爪　　(ウ) 輪連　　(エ) 掻き爪
(オ) 引き色

解答　[問1]　①　生田流　　②　山田流　　③　角爪　　④　丸爪
　　　[問2]　①　(イ)　　②　(ア)　　③　(オ)　　[問3]　①　(オ)
　　　②　(エ)　　③　(ア)

解説　[問1]　山田流では丸爪を使用し，箏に対して正面に座る。生田流で
は角爪を使用し，箏に対して斜め左向きに座る。2大流派の違いの
特徴なので覚えておく。　[問2]　琴爪は，親指，人差し指，中指
の3本につける((ウ)の薬指は使わない)。親指のみ，手前から向こう
側へ弾く。竜角とは，弦が触れてのっている台の部分。
　　　[問3]　(ア)の後押しは，弾いた直後にその弦を左手で押さえ，弦の
張力を強める奏法で，語尾が上がるような感じの余韻が出る。柱の
左の左側を人差し指と中指で垂直に下へ押す。音を全音上げる「強
押し」と音を半音上げる「弱押し」がある。(イ)のスクイ爪は，親指
の爪の裏側で手前に向かって弾く奏法である。多くの場合，向こう
に向かって弾いた後に続けて用いられる。(ウ)の輪連は，人差し指
と中指の爪の右わきで，2本(1本の場合も)の弦をさっとこする奏法
である。(エ)の掻き爪は，隣りあう2本の弦を中指の爪で「シャン」
と弾く奏法である。(オ)の引き色は，弾いた直後，左手で弦を柱の
ほうへ引っぱり，弦の張力を弱めて音を低く変化させる奏法である。
箏の楽譜では「ヒ」と表わされる。

**問題 2**

箏曲「六段の調べ」についての問いに答えなさい。

(1)　A～Fは縦譜，G～Kは五線譜で「六段の調べ」を記譜している。G
　　～Kと同じ内容を表している縦譜をA～Fから選び答えなさい。(これ
　　は，一を「ホ音」にした場合である。)

(2) aの〇について適する音符名，休符名または演奏記号名のいずれか
で答えなさい。

(3) bの◉について適する音符名，休符名または演奏記号名のいずれか
で答えなさい。

(4) cの𝄆の奏法名を答えなさい。

(5) dの「オ」の奏法名を答えなさい。また，どのような演奏法である
か説明しなさい。

(6) eの「オ」の奏法名を答えなさい。また，この奏法を行うとどのよう
に音が変化するか。説明しなさい。

(7) (6)で答えた奏法を「ヲ」と示すことがある。「オ」との違いを説明し
なさい。

(8) fの「ヒ」の奏法名を答えなさい。

(9) A〜Fの楽譜中，〈合せ爪〉は何回出てくるか，回数を答えなさい。

(10) 「六段の調べ」を演奏するのに行う調弦法を答えなさい。

(11) 「六段の調べ」の作曲者として伝えられている人名を答えなさい。

(12) 「六段の調べ」は初段を除いて拍数が統一されている。何拍に統一
されているか答えなさい。(表間，裏間としては数えないこととする。)

(13) 「六段の調べ」の速度はどのように変化するか説明しなさい。また，
この変化のことを漢字3文字で何というか答えなさい。

**解答** (1) G…C　H…A　I…B　J…E　K…F　(2) 四分休符
(3) 二分音符(前の音を一拍のばす記号，タイ等)　(4) 裏連(グ
リッサンド等)　(5) 奏法名…後押し(押し手)　演奏法…左手
で柱の左側の糸を押して音高を上げる奏法。　(6) 奏法名…押し手
(強押し)　音の変化…元の音を全音上げる。　(7) 同じ「押し手」
という奏法であるが，「ヲ」は弱押しで音高を半音上げる。　(8) 引
き色　(9) 0回　(10) 平調子　(11) 八橋検校　(12) 104
拍　(13) 変化…序でゆっくり始まり，次第に速くなり，穏やか
になって終わる　漢字…序破急

**解説** (1) 箏において，平調子に調弦する際の一をホ音にする場合，一か
ら巾まで順にホ・イ・ロ・ハ・ホ・ヘ・イ・ロ・ハ・ホ・ヘ・イ・

211

ロである。一は五と同音，二は一の完全5度下であり，三以降は順にヨナ抜き音階で，音高が上がっていく。休符や奏法の表記，和音を構成する箇所をあわせて考えると，対応する楽譜がわかる。

(2)　なお，△は八分休符。　(3)　結果的に二分音符相当の長さになる。前の音を続けてのばす記号。　(4)　高音部でトレモロを奏し，低音へ向かって下降する奏法。　(5)　小さく「オ」と記されているならば，その弦を弾いた直後に押し，余韻の音を高くすること。

(6)　大きく「オ」と記されているならば，その弦を押した状態で弾く。

(7)　押し手は，「ヲ」なら弱押しで半音上げる，「オ」なら強押しで全音上げる。　(8)　弾いた直後に左手でその弦を柱の方向へ引くことで，音高を低くする奏法。　(9)　親指と中指(人さし指)で2本の弦を同時に弾くことを「合わせ爪」といい，数字を横に並べて記譜する。隣り合った弦を中指(人さし指)で弾くことを「かき爪」という。楽譜のうち，隣同士ではない音で，横並びのものはないので，0回である。　(10)　他にも雲井調子などあるが，「六段の調べ」は最も基本的な平調子である。　(11)　「六段の調べ」は，江戸時代の箏曲家である八橋検校が作曲した箏独奏曲。　(12)　箏曲で「拍子」という場合には，全体の拍数を表す。箏の段物の1段52拍子という表現は，拍節数が52，4分の2拍子で，104拍あるということを意味する。「六段の調べ」は初段以外は，52拍子，104拍で書かれている。

(13)　序破急は，形式としては西洋音楽でいう楽章のようなものでもある。学習指導要領の〔共通事項〕にも指導すべきものとして挙げられているので，理解しておきたい。

## 問題 3

箏の歴史に関する説明として正しくないものを，次の1〜4のうちから1つ選べ。

1　雅楽の楽器として大陸から伝来し，その主要楽器として用いられた。
2　箏は独奏楽器や催馬楽の伴奏楽器として貴族に愛好された。
3　室町時代の末に福岡県久留米市の善導寺の僧賢順が，寺に伝わる雅楽から箏を伴奏とする歌曲を創作した。これが山田流箏曲の起源である。

4　江戸時代の初期，八橋検校は筑紫流箏曲をもとに調弦法の改良などを行い，箏曲を芸術的なものへと昇華させた。

**解答**　3

**解説**　3の誤りは〈山田流箏曲〉，正しくは〈筑紫箏〉であり，さらに賢順の弟子の系統から〈八橋検校〉が祖となる〈八橋流〉である。箏曲2大流派の〈生田流〉は八橋検校門弟の生田検校が創始したもので，〈山田流〉は江戸中期以降に江戸で〈山田検校〉がたてたもの。

━━━━━━━━ **問題 4** ━━━━━━━━

三味線について，次の問いに答えなさい。

1　次の三味線の調弦法について，その音を楽譜に書き表しなさい。ただし，一の糸をロ音とする。

①　二上がり

②　三下がり

2　次の三味線の奏法名を書け。
①　左手の指で糸をはじく奏法
②　弾いた後に押さえた指をずらして余韻を揺らす奏法

3　三味線はギターなどの弦楽器同様，左手で押さえることによって様々な音高を得ることができるが，その正しい位置のことを何というか。その名称を書け。

**解答**　1　①

②

　　2　①　ハジキ　　②　スリ指　　3　勘所

**解説**　1　本調子は，一の糸と二の糸は完全4度，二の糸と三の糸は完全5
　　　度の関係である。二上がりは，一の糸と二の糸が完全5度，二と三
　　　の糸が完全4度の調弦。本調子の二の糸を全音上げて「シ」「ファ♯」
　　　「シ」と合わせる。三上がりは，二上りの第3弦を長2度上げた調弦。
　　　2　ハジキは，糸を左手の指先ではじいて鳴らすこと。倍音の多い鋭
　　　い音がする。開放弦は人差指又は中指ではじく。　　3　勘所は人差
　　　指で押さえ，中指か薬指ではじく。

━━━━━━━━━━　**問題 5**　━━━━━━━━━━

　次の〔楽譜〕は，長唄「勧進帳」より「寄せの合方」の三味線の楽譜の一
部である。また，[調弦]は，この曲を演奏する際の調弦である。(1)〜(7)の
問いに答えなさい。

〔楽譜〕

[調弦]

(1)　三味線では，一の糸だけを上駒にのせず，ビリビリと響く独特な音
　　を出す。この音の名称をカタカナ3文字で書け。

(2)　[調弦]のような三味線の調弦法の名称を書け。

(3)　次の〔説明文〕は，長唄「勧進帳」を含む歌舞伎「勧進帳」について
　　説明したものである。文中の[　　]に当てはまることばを書け。
　　〔説明文〕

　　　歌舞伎「勧進帳」のクライマックスでは，関所を過ぎた義経一行
　　の前へ，酒をふるまいに富樫が再び現れ，ことの成り行きを互いに
　　喜び合う。酔った弁慶は[　　]を披露しながらも，義経一行を先に

> 旅立つよう促す。

(4) 長唄で使用しない楽器を次のa～dより選び，その記号を書け。

a 　　b 　　c 　　d

(5) 〔楽譜〕について，Ａの奏法の名称を書け。

(6) 〔楽譜〕について，Ｂの勘所を押さえる指として正しいものを次のa
～eから1つ選び，その記号を書け。

a 親指　　b 人さし指　　c 中指　　d 薬指　　e 小指

(7) 〔楽譜〕について，Ｃの奏法の説明に当てはまるものを次のa～dから1つ選び，その記号を書け。

a 撥の先で下から上へすくいあげる。

b 左手の指先で勘所を打つ。

c 左手の指で糸をはじく。

d 弦を押さえる左手を滑らせる。

解答 (1) サワリ　　(2) 本調子　　(3) 延年の舞　　(4) a

(5) スクイ　　(6) d　　(7) b

解説 (1) 一の糸が駒に触れていないため，一の糸をさわらず，他の糸をはじいても共鳴する。三味線，箏など伝統楽器の部分の名称はよく調べておきたい。　(2) 三味線の調弦法には本調子のほかに，本調子から二の糸を長2度上げた二上り，本調子から三の糸を長2度下げた三下りがある。　(3) 勧進帳は歌舞伎の十八番でもあるので，物語の流れも含めて詳しく確認しておきたい。　(4) 長唄のお囃子は小鼓，大鼓，太鼓，笛の四拍子である。aは楽太鼓で，雅楽で使用されるものである。　(5) 三味線にはスクイという撥を下から上へすくう奏法がある。奏法，楽譜への表記などをあわせて確認しておきたい。　(6) 三味線の楽譜の表記でⅠは人差し指（ほとんどが

そうであるためわざわざ表記していない場合は人差し指でおさえる。Ⅱは中指，Ⅲは薬指を示す。　(7)　ウチという奏法。その他の選択肢は，a：スクイ，記譜→ス　c：ハジキ，記号→ハ　d：スリ，記号→スリである。

## 問題 6

和楽器について，次の(1)〜(3)の問いに答えよ。

(1)　三味線音楽に関する説明として正しくないものを，次の1〜4のうちから1つ選べ。

　1　三味線音楽は，歴史や特徴などから，歌い物と語り物に大別することができる。

　2　義太夫節は，人形芝居，文楽の伴奏音楽に用いられる。

　3　常磐津節は，お座敷浄瑠璃と呼ばれるものである。

　4　浪花節は，寄席の芸として生まれ，浪曲ともいう。

(2)　三味線に関する説明として正しくないものを，次の1〜4のうちから1つ選べ。

　1　三味線は，インドのサンシェンが沖縄の三線を経て，16世紀に日本に伝えられた楽器である。

　2　三味線を最初に演奏したのは，琵琶法師であり，琵琶の撥を流用した。

　3　サワリは，一の糸の振動に特色ある高次倍音を強調して添える工夫である。

　4　棹の太さを目安にして太棹，中棹，細棹の3種類に分類され，長唄で用いられるのは細棹である。

(3)　次の①，②の唱歌は，何の楽器に使われるものか。最も適当なものを，下の1〜6のうちから1つずつ選べ。

　①　「テンテテツク」　　②　「テーントンシャン」

　語群

　1　三味線　　2　箏　　3　篠笛　　4　つけ太鼓　　5　鉦

　6　笙

**解答**　(1)　3　　(2)　1　　(3)　①　4　　②　2

216

**解説** (1) お座敷浄瑠璃と呼ばれるのは「新内節」であり，新内流しという街頭での独特の演奏もあった。 (2) サンシェン（三弦）とは中国の楽器で，沖縄の三線を経て日本に入り変化・改良され三味線になった。 (3) 唱歌（しょうが）は和楽器教習のためのソルミゼーションの一種で口三味線（くちじゃみせん）ともいう。楽器の実習を通して覚えたいもの。つけ太鼓では「テンツク　テケツク　テンツク　ツ」などがある。

## 問題 7

次の楽器と楽譜について，問いに答えなさい。

（「教育芸術社」「教育出版」の教科用図書から引用）

(1) （ ① ），（ ② ）の名称を書け。①は，斜めに切り落とされている部分を指す。

(2) この楽器の楽譜をア〜ウから選び，記号を書け。

(3) この楽器の1尺八寸管を吹くときの基本となる6音のうち，残りの4音をト音譜表に書け。

(4) (3)の6音以外を出すときに用いる奏法で，顎を引いて音高を下げる奏法名を書け。

(5) 次の奏法のうち，この楽器の奏法に当てはまらないものを1つ選び，番号を書け。

① スリ上げ　　② タマネ　　③ サワリ　　④ コロコロ

(6) この楽器を扱う授業を鑑賞と器楽で構想する。

ア　鑑賞曲として最もふさわしいものを次から選び，番号を書け。

① 六段の調　　② 五段砧　　③ 巣鶴鈴慕　　④ 越後獅子

⑤ 小鍛冶

イ　息づかいや指づかい，首の動きを組み合わせて楽曲を吹く器楽の授業を展開する。そのために，アの鑑賞曲では，音楽を形づくっている要素のうち，「旋律」ともう一つの要素に子どもが着目できるようにしたい。もう一つの要素としてふさわしいものを書け。

(7) 次の文は，「中学校学習指導要領(平成29年3月告示)第2章　第5節　音楽」に示された「第3　指導計画の作成と内容の取扱い　2　(6)」である。(　　)に当てはまる語句を書け。

> 我が国の伝統的な歌唱や(　①　)の指導に当たっては，言葉と音楽との関係，(　②　)や身体の使い方についても配慮するとともに，適宜，(　③　)を用いること。

**解答** (1) ① 歌口　② 中継ぎ　(2) イ

(3)

(4) メリ　(5) ③　(6) ア ③　イ 音色　(7) ① 和楽器　② 姿勢　③ 口唱歌

**解説** (1) 尺八の問題である。① 尺八の歌口はフルートと同様，奏者が息の入れ方を調節しなければならないので，初心者が音を鳴らすのは難しい。　② 古くは1本の竹を切断せずに延管を作っていたが，現在は1本の竹を中間部分で上下に切断してジョイントできるように加工されている。　(2) アは箏，ウは三味線の楽譜である。

(3) 手孔(指孔)が5つしかなく，基本音階は「ロ・ツ・レ・チ・リ」で「レ・ファ・ソ・ラ・ド」となる。　(4) 歌口に吹き込む角度が

変わることによって音程を下げる。逆に顎を上げて音程を上げることをカリという。　(5)　①は指をするようにして指孔をあけることで，次の音とのつなぎをなめらかにする奏法。②はのどや舌を震わせて息を吹き込む奏法。③は三味線の奏法である。④は1孔と2孔を交互に素早く動かす奏法。　(6)　ア　①②は箏曲，④⑤は三味線の曲である。③は「そうかくれいぼ」と読む。流派により鶴の巣籠とも言われる，尺八の代表曲。鶴の親が子に対する愛情を表現した曲で，親鳥が雛を育てる巣籠り，雛が巣立つときの親子の別れが表わされている。　イ　音楽を形づくっている要素は「音色，リズム，速度，旋律，テクスチュア，強弱，形式，構成など」である。この中から楽器の奏法に興味，創意工夫を持たせるためには「音色」に注目させるのが適切である。　(7)　①　伝統的な楽器の指導なので，「和楽器」となる。　②　和楽器は正座で演奏するものが多く，西洋の楽器とは違うので，姿勢や呼吸法などに十分な配慮が必要となる。③　今回の改訂で新たに示された部分である。口唱歌は旋律やリズムだけでなく，奏法なども表わすことができる。我が国固有の旋律，間などの知覚・感受を促し鑑賞の学習や創作の学習にも有効である。

**問題 8**

次に示す地打ち(締太鼓)のリズムに乗って，上打ち(鋲打太鼓)の8小節のリズムを下記の条件を入れて完成させよ。その際，あなたが描く曲のイメージを設定し，そのイメージにふさわしい表現にするための創作上の工夫を書け。

締太鼓のリズム

〈条件〉

① 上の段を右手，下の段を左手とすること。

② 基本(1〜2小節)，反復(3〜4小節)，変化(5〜6小節)，終止感が感じられるリズム(7〜8小節)となるように作ること。

③ 締太鼓と全く同じリズムにならないようにすること。

④ フチを打つなどの特殊な奏法は，使用しないこと。

**解答** 曲のイメージ…燃えさかる炎　　創作上の工夫…シンコペーションを用いたり，最後に両手打ちを入れたりして，炎の激しさを表現する。

(例)

解説　締太鼓の地打ち(基本的なリズム)に乗って，鋲打太鼓(鋲留太鼓)の8小節のリズムを条件を入れて書き，「曲のイメージ」及び「創作上のイメージ」を答えよという出題である。〈条件〉の②に2小節ずつのリズムの基本，反復，変化，終止感が指示されており，重要なヒントと創作上の工夫につながる。解答例がよい参考になるが，これ以外にもいろいろなイメージを設定し，リズム創作を実践したい。

## 問題 9

日本の伝統音楽について，次の問いに答えなさい。

問1　尺八について，次の問いに答えなさい。

(1)　次の文章の（　①　）〜（　⑤　）に当てはまる言葉を下の語群から選び，ア〜ケの記号で答えなさい。

> 　　近世の尺八は（　①　）宗の法器として発展した。虚無僧の（　②　）が，伝承されてきた曲を整理し，芸術音楽としての尺八音楽が広まった。明治時代になると，（　③　）が新作を次々と創作した。尺八のために作られた曲を（　④　）といい，尺八音楽でない曲を尺八で奏するものを（　⑤　）という。

語群

| | | |
|---|---|---|
| ア　黒沢琴古 | イ　八橋検校 | ウ　本曲 |
| エ　内曲 | オ　外曲 | カ　初世中尾都山 |
| キ　竹田出雲 | ク　普化 | ケ　真言 |

(2)　次のア〜ウの中から尺八の曲をすべて選び，記号で答えなさい。

ア　鶴の巣籠　　イ　みだれ(乱輪舌)　　ウ　船弁慶

問2　篠笛について，次の問いに答えなさい。

(1)　篠笛の特徴的な奏法である「指打ち(打ち指)」について，説明しなさい。

(2)　篠笛で，ある音を1オクターヴ高く出す場合，どのように演奏するか説明しなさい。

問3　次に挙げる【楽譜1】から【楽譜4】と関連の深い楽器をあとの語群から選び，ア〜エの記号で答えなさい。

【楽譜1】　　　　　　　　【楽譜2】

【楽譜3】　　【楽譜4】

語群

ア　箏　　イ　尺八　　ウ　篠笛　　エ　三味線

**解答**　問1　(1)　①　ク　　②　ア　　③　カ　　④　ウ　　⑤　オ
(2)　ア　　問2　(1)　同音が続く場合に，タンギングによって音を
切らずに，押さえている指で指孔をたたくように演奏する。

(2)　指使いはそのままで，息を鋭く吹き込む。　問3　楽譜1…エ
楽譜2…ウ　　　楽譜3…イ　　　楽譜4…ア

**解説**　問1　(1)　①　尺八は奈良時代に中国から伝わり，雅楽の楽器とし
て使用されるが後に雅楽では使われなくなり，江戸時代に普化宗の
虚無僧が法器として使用した。　②　黒沢琴古は江戸時代中期の尺
八奏者で各地に伝わる普化宗尺八曲を集め，これをもとに「本曲
三六番」を制定した。　③　初代中尾都山(1876～1956)は虚無僧と
して修行した後，1896(明治29)年に都山流を創始し，従来の古典尺
八曲にはない新しい曲を作曲し，また合奏曲という新しい分野も開
拓した。　④⑤　その楽器のみによる楽器本来の楽曲を本曲，それ
以外の，他楽器との合奏のために尺八用に編曲したもの外曲と呼
ぶ。　(2)　琴古流本曲名は「巣鶴鈴慕(そうかくれいぼ)」。イは箏曲，ウは三味線の
曲である。　問2　(1)　篠笛では同じ音を出す場合，西洋の楽器の
ようにタンギングを使わず，指で孔を打って音を切るのが特徴であ
る。　(2)　篠笛の音域は2オクターブ程度。低音域を呂音(りょおん)といい，
そのオクターブ上の甲音(かんおん)を出す時は指使いはそのままで息を細く，
速くして，オクターブ音をあげる。　問3　楽譜1…口唱歌に「ツン・
テン」があることから三味線と判断できる。　楽譜2…口唱歌と数
字の横に書いてある線で篠笛と判断できる。　楽譜3…口唱歌の「ロ・
レ」などから尺八と判断できる。　楽譜4…漢数字と口唱歌から箏
と判断できる。

## 問題10

次の〔説明文〕を読んで，(1)～(5)の問いに答えなさい。

〔説明文〕

> 　琵琶を弾きながら（　ア　）を語る「語り物音楽」である平曲は鎌倉時
> 代に成立し，その語り節は仏教音楽である（　イ　）の影響を受けてい
> る。平曲は①盲人の僧侶によって伝承されてきたが，江戸時代に入る
> と，能や歌舞伎など舞台芸術が流行し，浄瑠璃においては，（　ウ　）
> が用いられるようになった。

(1) （ ア ），（ イ ），（ ウ ）に入る言葉を書け。

(2) 下線①盲人の僧侶について，江戸時代に盲僧琵琶を基に九州地方で成立し，勇壮な戦記物が多い琵琶楽のことをなんというか，次のa〜dから1つ選び，その記号を書け。

    a 筑前琵琶　　b 楽琵琶　　c 土佐琵琶　　d 薩摩琵琶

(3) 平曲で使用される琵琶の説明として正しいものを，次のa〜dから1つ選び，その記号を書け。

    a 4弦5柱。雅楽の琵琶よりやや小さめで，棹を横にして演奏する。

    b 4弦4柱。撥を胴に強く打ちつける打楽器的な奏法もあり，撥は薄く先端が扇形で非常に大きい。

    c 4弦と5弦のものがあり，5弦のものは大きさに種類がある。棹を立てて演奏する。

    d 4弦4柱。主にアルペッジョ奏法で演奏され，撥は薄くしゃもじのような形で，先端が尖っていない。

(4) 琵琶と同じルーツを持つ楽器に当てはまらないものを，次のa〜dから1つ選び，その記号を書け。

    a ピーパー　　b ウード　　c リュート　　d ケーン

(5) 琵琶を独奏楽器として使用している作品である「ノヴェンバー・ステップス」の説明として，正しいものを次のa〜dから1つ選び，その記号を書け。

    a 琵琶のほかに，箏も独奏楽器として使用している。

    b 和楽器の楽譜には，図形楽譜で書かれている部分がある。

    c この作品に使用される琵琶は，雅楽で使用される琵琶と同じものである。

    d 團伊玖磨の代表作品のひとつである。

**解答** (1) ア 平家物語　　イ 声明　　ウ 三味線　　(2) d
    (3) a　　(4) d　　(5) b

**解説** (1) 平曲に影響を与えたという意味では，琵琶を伴う声楽として「催馬楽」も考えられるが，仏教音楽となっているのでイは「声明」である。浄瑠璃は初めは琵琶で語られていたが，後に三味線を伴奏に用

いるようになった。　(2)　a　筑前琵琶は明治の後半に薩摩琵琶などをもとに生まれた。　b　楽琵琶は雅楽で用いられる琵琶で，4弦4柱。　c　高知県で生まれた琵琶。　(3)　b　薩摩琵琶　c　筑前琵琶　d　楽琵琶　(4)　ピーパー，ウード，リュートは全て撥弦楽器。ケーンはラオスの笙の一種で，長さの異なる管を束ねた気鳴楽器。　(5)　「ノヴェンバー・ステップス」で使用される楽器は琵琶と尺八。琵琶は薩摩琵琶か筑前琵琶であり，雅楽で使用される楽琵琶とは異なるものである。この作品は武満徹の代表作である。

# Attention!

## 民謡

　民謡に関する問題では，それぞれの曲目と地域(都道府県)との
マッチングを問うものが多く見られる。また，歌詞や旋律と曲目の
タイトルを一致させる問題や，郷土芸能の特徴から名称を答えさせ
る問題も見られた。

　民謡は大きく「追分様式」「八木節様式」の2種類に分類される。
前者は明確な拍節リズムを持たず，西洋のメリスマのように音を長
く伸ばすスタイルであり，後者は明確な拍節リズム(ビート)をもっ
て演奏されるスタイルである。

# 演習問題④

## 問題 1

次の(1)〜(4)の楽譜を見て，民謡の曲名とその都道府県名を答え，使われている音階の種類を下のア〜カから1つずつ選び，記号で答えよ。

ア　長音階　　　イ　短音階　　ウ　律音階　　エ　民謡音階

オ　都節音階　　カ　沖縄音階

**解答**　(1)　曲名…谷茶前　　都道府県名…沖縄県　　種類…カ

(2)　曲名…南部牛追(い)歌　　都道府県名…岩手県　　種類…オ

(3)　曲名…刈干切歌　　都道府県名…宮崎県　　種類…ウ

(4)　曲名…ソーラン節　　都道府県名…北海道　　種類…エ

**解説**　(1)　示された譜例は谷茶前で，譜例を見るとド，ミ，ファ，ソ，シ，ドから成る沖縄音階で構成されていることがわかる。　(2)　示された譜例は，日本の陰音階の1つである都節音階で構成される，岩手県の南部牛追(い)歌。　(3)　示された譜例は宮崎県の刈干切歌で，譜例をみるとド，レ，ファ，ソ，ラ，ドの律音階で構成されていることがわかる。　(4)　示された譜例はソーラン節。民謡音階は日本音階の1つで「八木節」や「木曽節」もこれにあたる。

━━━━━━━━━━━━━━━ **問題 2** ━━━━━━━━━━━━━━━

　地図上の(1)～(5)の地域に伝わる日本の代表的な民謡について，最も適当なものを，下の1～9から1つずつ選べ。

| | | |
|---|---|---|
| 1　安里屋ユンタ | 2　江差追分 | 3　こきりこ節 |
| 4　小諸馬子歌 | 5　会津磐梯山 | 6　宇目の唄げんか |
| 7　安来節 | 8　刈干切歌 | 9　斎太郎節 |

**解答**　(1) 2　　(2) 4　　(3) 7　　(4) 6　　(5) 8

**解説**　日本民謡と日本地図を組み合わせた設問であるが，(4)の「宇目の唄げんか」以外は全国的に知られた民謡であり，正答も難しくない。
(1)は北海道の「江差追分」。(2)は長野県の「小諸追分」で「追分様式」というテンポがゆるやかで自由な装飾を付けて(こぶし)歌う源流とされる民謡。それに対しリズミカルで拍節的な民謡の代表が「八木節」(群馬・栃木県)といわれる。(3)は島根県の「安来節」。(4)は大分県南海部郡宇目町や佐伯市周辺で歌われた「宇目の唄げんか」という子守唄である。子守奉公の娘たちが子どもを背負って川の両岸に並び，唄問答をしたところからこの名が付いたといわれる。(5)は宮崎県の「刈干切歌」である。

━━━━━━━━━━━━━ **問題 3** ━━━━━━━━━━━━━

　日本の民謡は音楽的な特徴によって，「八木節様式」と「追分様式」の2つに分類することができる。これは吉川英史と小泉文夫により命名されたものである。

　次にあげた様式の特徴はどちらの様式のものか，「八木節様式」には「A」，「追分様式」には「B」を記せ。

　ア．リズムは不明確で拍節は存在しない。

　イ．メリスマ的なものが多い。

　ウ．音域は一般的に狭い。

　エ．集団で歌われるものが多い。

　オ．伴奏楽器としては尺八が適する。

**解答**　ア　B　　イ　B　　ウ　A　　エ　A　　オ　B

**解説**　日本の民謡が「八木節様式」と「追分様式」に分類されていることは有名である。単なる言葉・概念としての区別として暗記するにとどまらず，それぞれの分類の代表的な民謡を聴き，メロディーや節回しの特徴を捉えておきたい。

━━━━━━━━━━━━━ **問題 4** ━━━━━━━━━━━━━

　次の( i )～( v )は民謡の歌詞である。下の問いに答えなさい。

( i )　にしんきたかと　かもめにきけば　わたしゃたつとり　なみにきけ　チョイ

( ii )　ハーアーアー　わすれしゃんすな　やまなかみちを　ひがしゃまつやま　にしゃやくし

( iii )　こきりこのたけは　しちすんごぶじゃ　ながいはそでの　かなかいじゃ

( iv )　いなかなれども　サーハーエー　なんぶのくには　サー　にしもひがしも　サーハーエー　かねのやま　コーラ　サンサエー

( v )　こんぴらふねふね　おいてにほかけて　シュラ　シュシュシュ

　問1　( i )～( v )はどの都道府県の民謡か，次の地図の①～⑦からそれぞれ1つずつ選べ。

問2 （ⅰ）～（ⅴ）はどの民謡に分類されるか，最も適当なものを次の①
　　～④からそれぞれ1つずつ選べ。ただし，同じ記号を複数回使用して
　　もよい。

　　①　仕事歌　　②　踊り歌　　③　子守歌　　④　座敷歌

問3　民謡音階の始まりをハ音とした場合，正しいものを次の①～④から
　　1つ選べ。

230

解答　問1　(ⅰ) ①　(ⅱ) ④　(ⅲ) ③　(ⅳ) ②
(ⅴ) ⑥　問2　(ⅰ) ①　(ⅱ) ④　(ⅲ) ②　(ⅳ) ①
(ⅴ) ④　問3　③

解説　問1・問2　(ⅰ)は北海道のソーラン節(ニシン漁の唄)，(ⅱ)は石川県の山中節(山中温泉地方の古い盆踊甚句が座敷歌になったもの)，(ⅲ)は富山県五箇山地方のこきりこ節(祭りの踊り歌)，(ⅳ)は岩手県の南部牛追唄(牛に米などを乗せて運ぶ際，牛方が歌っていたもの)，(ⅴ)は香川県の金毘羅船々(座敷歌)である。郷土の民謡や伝統芸能はたくさんあるが，地域や特徴を整理して学習することが望ましい。
問3　①は律音階，②は都節音階，④は沖縄(琉球)音階である。構成音も理解した上で，それぞれの音階によって作られた楽曲，ジャンル，地域などを学習しておく必要がある。

次の楽譜は，江差追分の楽譜である。この楽譜に示された音楽のリズム様式と同様のリズム様式をもつ楽曲として最も適切なものは，後の1～4のうちではどれか。

1　八木節　　2　こきりこ節　　3　江戸木遣唄　　4　ソーラン節

解答　3

解説　民謡はリズムに注目し拍にのったリズムの八木節様式と拍の無い自由なリズムの追分様式に分けられる。1と2，4は八木節様式である。

# 第6章

# 学習指導要領

# 学習指導要領

## Point

　学習指導要領に関する問題はどの自治体も出題しており，採用試験に占める配点のウエイトは大きい。学習指導要領は中学校においては，1．目標，2．各学年の目標及び内容，3．指導計画と内容の取扱い，高等学校においては，1．目標，2．各科目（1．目標，2．内容，3．内容の取扱い），3．各科目にわたる指導計画の作成と内容の取扱い，という構成になっている。受験する校種，自治体の試験形態にあわせて読むべき学習指導要領，同解説を選択し，学習してほしい。

　平成29年3月に告示された中学校学習指導要領は令和3年4月より，平成30年3月に告示された高等学校学習指導要領は令和4年度より年次進行で，それぞれ実施された。各学校種の学習指導要領解説に記載されている改訂の要点は必ず理解しておくこと。

※学習指導要領及び学習指導要領解説は，文部科学省のホームページから閲覧できます。

●中学校学習指導要領 ( 平成 29 年告示 )

●中学校学習指導要領 ( 平成 29 年告示 ) 解説「音楽編」
　( 平成 29 年 7 月 )

●高等学校学習指導要領 ( 平成 30 年告示 )

●高等学校学習指導要領 ( 平成 30 年告示 ) 解説
　「芸術 ( 音楽　美術　工芸　書道 ) 編」「音楽編　美術編」

# 学習指導要領改訂の基本方針

## Check

　学習指導要領の問題において，改訂箇所は特に出題される可能性が高い。そのため，中央教育審議会答申(中教審答申)「幼稚園，小学校，中学校，高等学校及び特別支援学校の学習指導要領等の改善及び必要な方策等について」(平成28年12月)による改訂の具体的な方向性などには注意すべきである。これは学習指導要領解説などにも掲載されているため，学習指導要領を学習する際は，まずはじめに目を通しておきたい。

## 1. 改訂の具体的な方向性

　改訂の具体的な方向性は学習指導要領を理解する上で基になる文章であるため，キーワード等に注意しながら読むこと。

【参考】改訂の具体的な方向性概要
○　目標の在り方

---

・現行学習指導要領の成果
① 　音楽のよさや楽しさを感じるとともに，思いや意図を持って表現したり味わって聴いたりする力を育成してきた。
② 　音楽と生活との関わりに関心を持って，生涯にわたり音楽文化に親しむ態度を育むこと等を重視してきた。
・現行学習指導要領の課題
以下の①～③の更なる充実が求められる。
① 　感性を働かせ，他者と協働しながら音楽表現を生み出したり，音楽を聴いてそのよさや価値等を考えたりしていくこと
② 　我が国や郷土の伝統音楽に親しみ，よさを一層味わえるようにしていくこと
③ 　生活や社会における音や音楽の働き，音楽文化についての関心や理解を深めていくこと

---

① 「知識及び技能」，「思考力・判断力・表現力等」，「学びに向かう力・人間性等」の三つの柱は相互に関連し合い，一体となって働くよう目標の示し方を改める。

② 上記の「知識及び技能」の「知識」については，
・〔共通事項〕との関連を図り，音楽を形づくっている要素などの働きについて実感を伴いながら理解し，表現や鑑賞などに生かすことができるようにすること
・芸術に関する歴史や文化的意義を，表現や鑑賞の活動を通して，自己との関わりの中で理解すること
を重視する。

③ 上記の「知識及び技能」の「技能」については，
・一定の手順や段階を追って身に付く個別の技能のみならず，変化する状況や課題に応じて主体的に活用できる技能として習熟・熟達していくということを重視する。

④ 「知識及び技能」，「思考力・判断力・表現力等」，「学びに向かう力・人間性等」の三つの柱に支えられた資質・能力は，以下の音楽的な見方・考え方を働かせながら養う。

---

**【中学校音楽科】**
　音楽に対する感性を働かせ，音や音楽を，音楽を形づくっている要素とその働きの視点で捉え，自己のイメージや感情，生活や社会，伝統や文化などと関連付けること。

**【高等学校芸術科（音楽）】**
　感性を働かせ，音や音楽を，音楽を形づくっている要素とその働きの視点で捉え，自己のイメージや感情，芸術としての音楽の文化的・歴史的背景などと関連付けること。

---

## ○ 具体的な改善事項

①教育課程の示し方の改善

　i) 資質・能力を育成する学びの過程についての考え方

　・表現及び鑑賞に共通する学習過程を，次のように示した。

　　　音や音楽との出合いを大切にし，音楽活動を通して，音楽を形づくっている要素を聴き取り／知覚し，感じ取って／感受して，音楽的な特徴と，音楽によって喚起される自己のイメージや感情，音楽の背景などと関連付ける。

　・上記のような学習過程を通して，生活や社会の中の音や音楽の働きの視点から学んでいること，学んだことの意味や価値を自覚できるようにし，このことによって，音楽文化についての理解を一層深めることにつなげられるようにする。

　ii)指導内容の示し方の改善

　・「A 表現」「B 鑑賞」〔共通事項〕を「知識及び技能」「思考力・判断力・表現力」に沿って整理する。

　・〔共通事項〕は「音楽的な見方・考え方」との関連を考慮して設定する。

②教育内容の改善・充実

　・音楽に関する伝統や文化を尊重し，実感的な理解を深めていくことを重視する。

　・授業で学習したことが，これからの自分たちの生活の中で生きてくるという実感を持てるよう，指導の改善・充実を図る。

　・思考力・判断力・表現力等を高めるため，言語を用いた言語活動を行うほか，言語以外の方法（音や形，色など）を用いた言語活動や，音や形，色などにより表現されたことを捉えて言語化する言語活動を特質に応じて一層充実させる。

　・小学校において求められるプログラミング体験教育について，小学校音楽科では，音楽づくりの学習の中で，プログラミングを体験することなどが例示されている。

③学習・指導の改善充実や教育環境の充実等

　i)「主体的・対話的で深い学び」の実現

　・全科目において，主体的・対話的で深い学びの視点に経った学習・指導の改善・充実が求められている。

　・音楽科については，高等学校芸術科（音楽Ⅰ）を例にそれぞれの学びを実現する視点を以下の様に示している。

「主体的な学び」の視点

　「主体的な学び」の実現のためには，音楽によって喚起されるイメージや感情を自覚させることが重要である。このことが，イメージや感情を喚起させる要因となった音楽的な特徴を探ったり，芸術としての音楽の文化的・歴史的背景との関わりを考えたりすることの原動力となり，表したい音楽表現や音楽のよさや美しさなどを見いだすことに関する見通しを持つことにつながる。また，音楽表現を創意工夫して音楽で表現したり音楽のよさや美しさを味わって聴いたりする過程で持ったイメージや感情の動きを振り返り，音や音楽が自分の感情及び人間の感情にどのような影響を及ぼしたのかを考えることが，学んでいること，学んだことの意味や価値を自覚するとともに，音や音楽を生活や社会に生かそうとする態度を育成することとなる。このことが次の学びにつながっていく。

「対話的な学び」の視点

　「対話的な学び」の実現のためには，一人一人が「音楽的な見方・考え方」を働かせて，音楽表現をしたり音楽を聴いたりする過程において，互いに気付いたことや感じたことなどについて言葉や音楽で伝え合い，音楽的な特徴について共有したり，感じ取ったことに共感したりする活動が重要である。客観的な根拠を基に他者と交流し，自分なりの考えを持ったり音楽に対する価値意識を更新したり広げたりしていく過程に学習としての意味がある。

「深い学び」の視点

　「深い学び」の実現のためには，中学校音楽科における学習を基礎として，生徒が音や音楽と出合う場面を大切にし，一人一人が「音楽

的な見方・考え方」を働かせて，音楽と主体的に関わることができるようにすることが重要である。その際，知覚・感受したことを言葉や体の動きなどで表したり比較したり関連付けたりしながら，要素の働きや音楽の特徴について他者と共有・共感したりする活動を適切に位置付ける。このことが，曲想と音楽の構造や文化的・歴史的背景との関わり及び表現方法，音楽様式，伝承方法の多様性などの音楽文化について理解することや，どのように音楽で表すかについて表現意図を持つこと，また楽曲の特徴や演奏のよさや美しさ，自分や社会にとっての音楽の意味や価値は何かなどの価値判断をすることに関する思考・判断を促し，深めることにつながる。

ii)教材や教育環境の充実

・主たる教材などについては，一人一人が「音楽的な見方・考え方」を働かせて，「主体的な学び」,「対話的な学び」,「深い学び」の視点からの学習過程の質的改善につながるような示し方の工夫などが求められる。

・引き続き，教員養成や教員研修による教員の資質・能力の向上，教材や材料，用具，環境等の整備を図ることが求められる。

## 中学校

## 1. 学習指導要領改訂のポイント

(1)　目標の改善

①　教科の目標の改善

　　音楽科で育成を目指す資質・能力を「生活や社会の中の音や音楽，音楽文化と豊かに関わる資質・能力」と規定し，「(1)知識及び技能」,「(2)思考力，判断力，表現力等」,「(3)学びに向かう力，人間性等」について示した。また，資質・能力の育成に当たっては，生徒が「音楽的な見方・考え方」を働かせて学習活動に取り組めるようにする必要があることを示した。このことによって，生徒が教

科としての音楽を学ぶ意味を一層明確にした。

② 学年の目標の改善

　従前，「(1)情意面や態度形成などに関する目標」，「(2)表現に関する目標」，「(3)鑑賞に関する目標」の三つで示していた学年の目標を，教科の目標の構造と合わせ，「(1)知識及び技能」，「(2)思考力，判断力，表現力等」，「(3)学びに向かう力，人間性等」の三つの柱で整理した。

(2) 内容構成の改善

　「A表現」，「B鑑賞」の二つの領域及び〔共通事項〕で構成し，従前，「A表現」（「歌唱」，「器楽」，「創作」の三分野），「B鑑賞」において，「知識及び技能」，「思考力，判断力，表現力等」に係る内容を一体的に示していた各事項を，「A表現」では「知識」，「技能」，「思考力，判断力，表現力等」に，「B鑑賞」では「知識」，「思考力，判断力，表現力等」に分けて示した。これによって，指導すべき内容が一層明確になるようにした。

(3) 学習内容の改善・充実

　① 「知識」及び「技能」に関する指導内容の明確化

　② 鑑賞の指導内容の充実

　③ 〔共通事項〕の指導内容の改善

　④ 言語活動の充実

　⑤ 歌唱教材及び器楽教材の選択の観点の改善

　⑥ 我が国や郷土の伝統音楽に関わる指導の充実

## 2. 目標

(1)教科の目標

　表現及び鑑賞の幅広い活動を通して，音楽的な見方・考え方を働かせ，生活や社会の中の音や音楽，音楽文化と豊かに関わる資質・能力を次のとおり育成することを目指す。

(1) 曲想と音楽の構造や背景などとの関わり及び音楽の多様性について理解するとともに，創意工夫を生かした音楽表現をするために必要な

> 技能を身に付けるようにする。
> (2) 音楽表現を創意工夫することや，音楽のよさや美しさを味わって聴くことができるようにする。
> (3) 音楽活動の楽しさを体験することを通して，音楽を愛好する心情を育むとともに，音楽に対する感性を豊かにし，音楽に親しんでいく態度を養い，豊かな情操を培う。

・構成

(1)は中学校学習指導要領　第1章　総則　第1の3に示される「(1)知識及び技能」，同じく(2)は「(2)思考力・判断力・表現力等」，(3)は「(3)学びに向かう力・人間性等」の内容を反映させている。

・音楽的な見方・考え方

中央教育審議会答申(平成28年12月21日)より，音楽に対する感性を働かせ，音や音楽を，音楽を形づくっている要素とその働きの視点で捉え，自己のイメージや感情，生活や社会，伝統や文化などと関連付けることを指す。

(2) 各学年の目標・内容

学年の目標，および内容に関しては，その違いを認識しながら覚えるとよい。なお，それぞれの学年で異なる箇所には下線を付している。

① 目標

| 第1学年 | 第2学年及び第3学年 |
|---|---|
| (1) 曲想と音楽の構造などとの関わり及び音楽の多様性について理解するとともに，創意工夫を生かした音楽表現をするために必要な歌唱，器楽，創作の技能を身に付けるようにする。 | (1) 曲想と音楽の構造や背景などとの関わり及び音楽の多様性について理解するとともに，創意工夫を生かした音楽表現をするために必要な歌唱，器楽，創作の技能を身に付けるようにする。 |

| (2)　音楽表現を創意工夫することや，音楽を<u>自分なりに</u>評価しながらよさや美しさを味わって聴くことができるようにする。 | (2)　<u>曲にふさわしい</u>音楽表現を創意工夫することや，音楽を評価しながらよさや美しさを味わって聴くことができるようにする。 |
|---|---|
| (3)　主体的・協働的に表現及び鑑賞の学習に取り組み，音楽活動の楽しさを体験することを通して，音楽文化に親しむとともに，音楽によって生活を明るく豊かなものにしていく態度を養う。 | (3)　主体的・協働的に表現及び鑑賞の学習に取り組み，音楽活動の楽しさを体験することを通して，音楽文化に親しむとともに，音楽によって生活を明るく豊かなものにし，<u>音楽に親しんで</u>いく態度を養う。 |

② 内容「A 表現」

　多くの文言が第1学年と第2・3学年で共通している。第2・3学年で「曲にふさわしい」という表現が用いられる傾向は従前の学習指導要領と相違ない。以下に学年ごとの文言が異なる箇所をまとめた。

| 第1学年 | 第2学年及び第3学年 |
|---|---|
| (1)ア　歌唱表現に関わる知識や技能を得たり生かしたりしながら，歌唱表現を創意工夫すること。 | (1)ア　歌唱表現に関わる知識や技能を得たり生かしたりしながら，<u>曲にふさわしい</u>歌唱表現を創意工夫すること。 |
| (1)イ(ア)　曲想と音楽の構造や歌詞の内容との関わり | (1)イ(ア)　曲想と音楽の構造や歌詞の内容<u>及び曲の背景</u>との関わり |
| (2)ア　器楽表現に関わる知識や技能を得たり生かしたりしながら，器楽表現を創意工夫すること。 | (2)ア　器楽表現に関わる知識や技能を得たり生かしたりしながら，<u>曲にふさわしい</u>器楽表現を創意工夫すること。 |
| (2)イ(ア)　曲想と音楽の構造との関わり | (2)イ(ア)　曲想と音楽の構造や<u>曲の背景</u>との関わり |
| (3)ア　創作表現に関わる知識や技能を得たり生かしたりしながら，創作表現を創意工夫すること。 | (3)ア　創作表現に関わる知識や技能を得たり生かしたりしながら，<u>まとまりのある</u>創作表現を創意工夫すること。 |

| 第1学年 | 第2学年及び第3学年 |
|---|---|
| (3)イ(ア) 音のつながり方の特徴 | (3)イ(ア) <u>音階や言葉などの特徴及び</u>音のつながり方の特徴 |

### ③ 内容「B 鑑賞」

「A 表現」と同様，多くの文言が第1学年と第2・3学年で共通している。以下に学年ごとの文言が異なる箇所をまとめた。

| 第1学年 | 第2学年及び第3学年 |
|---|---|
| (1)ア 鑑賞に関わる知識を得たり生かしたりしながら，次の(ア)から(ウ)までについて<u>自分なりに</u>考え，音楽のよさや美しさを味わって聴くこと。 | (1)ア 鑑賞に関わる知識を得たり生かしたりしながら，次の(ア)から(ウ)までについて考え，音楽のよさや美しさを味わって聴くこと。 |
| (1)イ(ウ) 我が国や郷土の伝統音楽及び<u>アジア地域の諸民族の音楽の特徴</u>と，その特徴から生まれる音楽の多様性 | (1)イ(ウ) 我が国や郷土の伝統音楽及び<u>諸外国の様々な音楽の特徴</u>と，その特徴から生まれる音楽の多様性 |

### ④ 共通事項

共通事項では学年における文言の差異はなく，その学年にあった授業内容が求められている。従前の学習指導要領からの変更としては，「音楽を形づくっている要素」の8項目が「2内容」から「3指導計画の作成と内容の取扱い」に移動されていることなどが挙げられる。8項目の内容は，従前と同様「音色，リズム，速度，旋律，テクスチュア，強弱，形式，構成」である。

〔共通事項〕

(1) 「A 表現」及び「B 鑑賞」の指導を通して，次の事項を身に付けることができるよう指導する。

　ア 音楽を形づくっている要素や要素同士の関連を知覚し，それらの働きが生み出す特質や雰囲気を感受しながら，知覚したことと感受したこととの関わりについて考えること。

イ　音楽を形づくっている要素及びそれらに関わる用語や記号などについて，音楽における働きと関わらせて理解すること。

## 3.　指導計画の作成と内容の取扱いにおける注意点

　指導計画には3学年間を見通した指導計画，年間指導計画，各題材の指導計画，各授業の指導計画などが考えられる。最近の傾向として，教員採用試験で各題材，または各授業の指導計画作成に関する出題が増加している。このことから，指導計画，および内容の取扱いと指導上の配慮事項は前提知識としておさえておくべきことだろう。

①　指導計画の作成において配慮すべき6つのポイント
　（※下線部は今回の改訂で新設された内容である。）

> ・主体的・対話的で深い学びの実現を図ること
> ・「A 表現」「B 鑑賞」とも，各事項を適切に関連させて指導すること
> ・共通事項の十分な指導をする
> ・「A 表現」「B 鑑賞」については，特定の音楽活動に偏らない
> ・障害のある生徒などに配慮し指導を工夫すること
> ・特別の教科 道徳と関連づけながら適切に指導すること

②　各分野の指導において配慮すべき19のポイント
　（※下線部は今回の改訂で新設された内容である。）

> ・自然音や環境音などについても適宜取り扱い，生徒が音や音楽と生活や社会とのかかわりを実感できるような指導を工夫すること
> ・生徒が音楽によって喚起された自己のイメージや音楽に対する評価を伝え合い共感するなど，コミュニケーションを図り，音楽科の特質に応じた言語活動を適切に位置付けること
> ・知覚・感受したことを表したり他者と共有・共感したりする際に体を動かす活動を取り入れること
> ・コンピュータや教育機器を効果的に活用できること
> ・生徒や学校，地域の実態に応じ，生活や社会の中の音や音楽，音楽文

　化と主体的に関わっていくことができること
・著作物及び著作者の創造性を尊重する態度の形成を図ると共に，知的財産権について触れること
・歌唱教材は指導のねらいに照らして適切であることや，我が国の伝統的な歌唱においては伝統的な声や歌い方の特徴を感じ取れることなどの観点からみて適切なものを取り扱うこと
・共通教材を学年ごとに1曲以上含めること
・変声期について配慮し，指導すること
・移動ド唱法を適宜用いること
・3学年を通じて1種類以上の和楽器を取り扱い，生徒が我が国や郷土の伝統音楽のよさを味わい，愛着を持つことができるよう工夫すること
・表現の学習では他者と共に音楽表現をつくる過程を大切にし，担当する声部の役割と全体の響きについて考え工夫できるよう指導すること
・読譜の指導に当たっては，3学年間を通じて1♯，1♭程度をもった調号の楽譜の視唱や視奏に慣れさせること
・我が国の伝統的な歌唱や和楽器の指導に当たっては，言葉と音楽との関係，姿勢や体の使い方について配慮し，適宜，口唱歌を用いること
・創作の指導に当たっては，即興的に音を出しながら音のつながり方を試すなど，音を音楽へと構成していく体験を重視すること
・鑑賞教材は指導のねらいに照らして適切なものを取り扱うこと
・鑑賞では，言葉で曲や演奏に対する評価や根拠を明らかにできること
・音楽を形づくっている要素については，音色，リズム，速度，旋律，テクスチュア，強弱，形式，構成などから選択・関連づけ指導する。こと
・共通事項にある用語や記号については，次に示すものを取り扱うこと

拍，拍子，間，序破急，フレーズ，音階，調，和音，動機，Andante，Moderato，Allegro，rit.，a tempo，accel.，legato，*pp*，*ff*，dim.，D.S.，D.S.，⌢，𝆏，♩♩♩，▬，▬，𝄾

245

③　共通教材

　共通教材は作詞，作曲者名，楽譜，歌詞など，最頻出問題の1つである。筆記試験はもちろん，実技試験でも課題として出されることが多い。

| | |
|---|---|
| 「赤とんぼ」 | （作詞：三木露風　作曲：山田耕筰） |
| 「荒城の月」 | （作詞：土井晩翠　作曲：滝廉太郎） |
| 「早春賦」 | （作詞：吉丸一昌　作曲：中田　章） |
| 「夏の思い出」 | （作詞：江間章子　作曲：中田喜直） |
| 「花」 | （作詞：武島羽衣　作曲：滝廉太郎） |
| 「花の街」 | （作詞：江間章子　作曲：團伊玖磨） |
| 「浜辺の歌」 | （作詞：林　古溪　作曲：成田為三） |

# 高等学校（芸術科）

## Check

### 1.　芸術科（音楽）改訂の要点

　平成28年12月の中央教育審議会答申（「幼稚園，小学校，中学校，高等学校及び特別支援学校の学習指導要領等の改善及び必要な方策等について」）では，教育課程の示し方の改善として，音楽科，芸術科（音楽）での資質・能力を育成する学習過程の在り方を以下のように説明している（第2部第2章7.(2)）。

○音楽科，芸術科（音楽）においては，音や音楽との出合いを大切にし，音楽活動を通して，音楽を形づくっている要素を聴き取り／知覚し，感じ取って／感受して，音楽的な特徴と，音楽によって喚起される自己のイメージや感情，音楽の背景などと関連付けることを，表現及び鑑賞の学習において共通に位置付けた。
○このことを支えとして，表現領域の学習では，音楽表現について創意工夫し，音楽表現に対する思いや意図を持ち，音楽で表現できるようにする過程を示した。また，鑑賞領域の学習では，音楽のよさや美し

さなどについて自分なりの考えを持ち，味わって聴くことができるように する過程を示した。

○こうした学習過程を通して，生活や社会の中の音や音楽の働きの視点 から学んでいること，学んだことの意味や価値を自覚できるように し，このことによって，音楽文化についての理解を一層深めることに つなげられるようにすることが重要である。

これをまとめたのが下図である(同答申　別添資料8-3「音楽科，芸術 科(音楽)における学習過程のイメージ」)。

そして，高等学校学習指導要領解説芸術(音楽，美術，工芸，書道)編(平 成30年7月)では，「目標の改善」について，以下のとおり説明されている(第 1部第1章第2節3(1)ア)。

目標は，次のような視点を重視して改善を図る。
各科目で育成を目指す資質・能力を「音楽Ⅰ：生活や社会の中の音や 音楽，音楽文化と幅広く関わる資質・能力」，「音楽Ⅱ：生活や社会の 中の音や音楽，音楽文化と深く関わる資質・能力」，「音楽Ⅲ：生活や

社会の中の多様な音や音楽，音楽文化と深く関わる資質・能力」と規定
し，目標を(1)「知識及び技能」，(2)「思考力，判断力，表現力等」，
(3)「学びに向かう力，人間性等」の三つの柱で整理して，これらが実現
できるように示した。また，各科目の資質・能力の育成に当たっては，
生徒が「音楽的な見方・考え方」を働かせて学習活動に取り組めるよう
にすることを示した。

また，内容の改善で重視された視点として以下の六つがあげられている。
(ｱ)　内容構成の改善
(ｲ)　「知識」及び「技能」に関する指導内容の明確化
(ｳ)　鑑賞の指導内容の充実
(ｴ)　〔共通事項〕の新設
(ｵ)　言語活動の充実
(ｶ)　「音楽Ⅲ」の内容の充実

## 2. 芸術科の目標

　芸術科には，科目として「音楽」(Ⅰ～Ⅲ)，「美術」(Ⅰ～Ⅲ)，「工芸」(Ⅰ
～Ⅲ)，「書道」(Ⅰ～Ⅲ)があり，芸術科の目標に示された性格とねらいは，
各科目の目標の基底となっている(高等学校学習指導要領解説芸術(音楽，
美術，工芸，書道)編　第1部第1章第3節，平成30年7月，文部科学省)。

芸術科の目標

　芸術の幅広い活動を通して，各科目における見方・考え方を働かせ，
生活や社会の中の芸術や芸術文化と豊かに関わる資質・能力を次のとお
り育成することを目指す。
(1)　芸術に関する各科目の特質について理解するとともに，意図に基づ
　　いて表現するための技能を身に付けるようにする。
(2)　創造的な表現を工夫したり，芸術のよさや美しさを深く味わったり
　　することができるようにする。
(3)　生涯にわたり芸術を愛好する心情を育むとともに，感性を高め，心
　　豊かな生活や社会を創造していく態度を養い，豊かな情操を培う。

　芸術科では，従前と変わらず，いずれの科目でも標準単位数2単位のⅠ～Ⅲで編成されている。Ⅱを付した科目はそれぞれに対応するⅠを付した科目を履修した後に，Ⅲを付した科目はそれぞれに対応するⅡを付した科目を履修した後に履修させることが原則となっている。

　また，Ⅰを付した科目は，高等学校で芸術を履修する最初の段階の科目であり，中学校の学習を基礎にして，表現活動と鑑賞活動についての幅広い学習を通して，創造的な芸術に関する資質・能力を伸ばすことがねらいとされ，全ての生徒がこれらのうちから1科目を履修することとされている。

## 3.　芸術科(音楽)の目標

　「音楽Ⅰ」「音楽Ⅱ」「音楽Ⅲ」それぞれの目標は下表のとおりである。いずれの科目でも，前掲の「目標の改善」で示された(1)「知識及び技能」，(2)「思考力，判断力，表現力等」，(3)「学びに向かう力，人間性等」の三つの柱で整理されている点が従前と異なる点である。

| 音楽Ⅰ | 音楽Ⅱ | 音楽Ⅲ |
|---|---|---|
| 　音楽の幅広い活動を通して，音楽的な見方・考え方を働かせ，生活や社会の中の音や音楽，音楽文化と幅広く関わる資質・能力を次のとおり育成することを目指す。<br>(1)　曲想と音楽の構造や文化的・歴史的背景などとの関わり及び音楽の多様性について理解するとともに，創意工夫を生かした音楽表現をするために必要な技能を身に付けるようにする。 | 　音楽の諸活動を通して，音楽的な見方・考え方を働かせ，生活や社会の中の音や音楽，音楽文化と深く関わる資質・能力を次のとおり育成することを目指す。<br>(1)　曲想と音楽の構造や文化的・歴史的背景などとの関わり及び音楽の多様性について理解を深めるとともに，創意工夫を生かした音楽表現をするために必要な技能を身に付けるようにする。 | 　音楽の諸活動を通して，音楽的な見方・考え方を働かせ，生活や社会の中の多様な音や音楽，音楽文化と深く関わる資質・能力を次のとおり育成することを目指す。<br>(1)　曲想と音楽の構造や文化的・歴史的背景などとの関わり及び音楽文化の多様性について理解するとともに，創意工夫や表現上の効果を生かした音楽表現をするために必要な技能を身に付けるようにする。 |

| | | |
|---|---|---|
| (2) 自己のイメージをもって音楽表現を創意工夫することや，音楽を評価しながらよさや美しさを自ら味わって聴くことができるようにする。 | (2) 個性豊かに音楽表現を創意工夫することや，音楽を評価しながらよさや美しさを深く味わって聴くことができるようにする。 | (2) 音楽に関する知識や技能を総合的に働かせながら，個性豊かに音楽表現を創意工夫したり音楽を評価しながらよさや美しさを深く味わって聴いたりすることができるようにする。 |
| (3) 主体的・協働的に音楽の幅広い活動に取り組み，生涯にわたり音楽を愛好する心情を育むとともに，感性を高め，音楽文化に親しみ，音楽によって生活や社会を明るく豊かなものにしていく態度を養う。 | (3) 主体的・協働的に音楽の諸活動に取り組み，生涯にわたり音楽を愛好する心情を育むとともに，感性を高め，音楽文化に親しみ，音楽によって生活や社会を明るく豊かなものにしていく態度を養う。 | (3) 主体的・協働的に音楽の諸活動に取り組み，生涯にわたり音楽を愛好する心情を育むとともに，感性を磨き，音楽文化を尊重し，音楽によって生活や社会を明るく豊かなものにしていく態度を養う。 |

## 4. 各科目の内容と編成

　各科目の内容は，いずれも，「A表現」として「(1)歌唱」「(2)器楽」「(3)創作」，「B鑑賞」として「(1)鑑賞」で構成され，さらに細分化されたそれぞれの項目で，ⅠからⅡ，Ⅲへと発展的な内容が示されている。

　また今回の改訂では，すべての科目に共通する〔共通事項〕が新設され，そこではⅠからⅢの科目ともに同一の記述がされている。

〔共通事項〕表現及び鑑賞の学習において共通に必要となる資質・能力を次のとおり育成する。
(1)「A表現」及び「B鑑賞」の指導を通して，次の事項を身に付けることができるよう指導する。
　ア　音楽を形づくっている要素や要素同士の関連を知覚し，それらの

> 　働きを感受しながら，知覚したことと感受したこととの関わりについて考えること。
> 　イ　音楽を形づくっている要素及び音楽に関する用語や記号などについて，音楽における働きと関わらせて理解すること。

　そして，各科目の目標と内容の関連は，以下のように説明されている。「音楽Ⅰ」は，高等学校において音楽を履修する生徒のために設けている最初の科目であり，中学校音楽科における学習を基礎にして，「音楽Ⅱ」，「音楽Ⅲ」での発展的な学習の基礎を養う科目という性格を持っている。そこでは，「A表現」の「(1)歌唱」，「(2)器楽」，「(3)創作」及び「B鑑賞」についての幅広い活動を展開し，音楽的な見方・考え方を働かせて，生活や社会の中の音や音楽，音楽文化と幅広く関わる資質・能力を育成することが目指されている。

　そして「音楽Ⅱ」では，「音楽Ⅰ」の学習経験を基盤として，個性豊かに音楽表現したり音楽をより深く味わって聴いたりすることができるようにする。このため，「A表現」については，「(1)歌唱」，「(2)器楽」又は「(3)創作」のうち一つ以上を選択して扱うことができ，「B鑑賞」については，各事項で育成を目指す資質・能力の定着が図られるよう，適切かつ十分な授業時数を配当することとされている。

　さらに「音楽Ⅲ」では，「音楽Ⅰ」及び「音楽Ⅱ」の学習経験を基盤として，生徒の資質・能力，適性，興味・関心等に応じた学習内容を設定し，一人一人の個別的な深化を図るとしている。

　また，表現領域と鑑賞領域の学習は密接に関わっており，それぞれの領域で学習したことを生徒一人一人が関連付けていくことで，生活や社会の中の多様な音や音楽，音楽文化と深く関わる資質・能力が育成されるとの考えで，今回の改訂では，「知識及び技能」，「思考力，判断力，表現力等」，「学びに向かう力，人間性等」の三つの資質・能力をバランスよく育成する観点から，「音楽Ⅲ」でも「A表現」と「B鑑賞」の両領域を扱うこととされた。

## 5.　内容の取扱い

　各科目の内容の取扱いは下記のとおりである。下線部は今回の改訂時に新設・追加・変更された箇所である。

音楽 I

(1) 内容の「A表現」及び「B鑑賞」の指導については，中学校音楽科との関連を十分に考慮し，それぞれ特定の活動のみに偏らないようにするとともに，必要に応じて，〔共通事項〕を要として各領域や分野の関連を図るものとする。

(2) 内容の「A表現」の(1)，(2)及び(3)の指導については，ア，イ及びウの各事項を，「B鑑賞」の(1)の指導については，ア及びイの各事項を適切に関連させて指導する。

(3) 生徒の特性等を考慮し，内容の「A表現」の(3)のウについては(ｱ)，(ｲ)又は(ｳ)のうち一つ以上を選択して扱うことができる。

(4) 内容の〔共通事項〕は，表現及び鑑賞の学習において共通に必要となる資質・能力であり，「A表現」及び「B鑑賞」の指導と併せて，十分な指導が行われるよう工夫する。

(5) 内容の「A表現」の指導に当たっては，生徒の特性等を考慮し，視唱と視奏及び読譜と記譜の指導を含めるものとする。

(6) 内容の「A表現」の指導に当たっては，我が国の伝統的な歌唱及び和楽器を含めて扱うようにする。その際，内容の「B鑑賞」の(1)のア及びイの(ｲ)又は(ｳ)との関連を図るよう配慮するものとする。

(7) 内容の「A表現」の(3)の指導に当たっては，即興的に音を出しながら音のつながり方を試すなど，音を音楽へと構成することを重視するとともに，作品を記録する方法を工夫させるものとする。

(8) 内容の「A表現」及び「B鑑賞」の指導に当たっては，思考力，判断力，表現力等の育成を図るため，音や音楽及び言葉によるコミュニケーションを図り，芸術科音楽の特質に応じた言語活動を適切に位置付けられるよう指導を工夫する。なお，内容の「B鑑賞」の指導に当たっては，曲や演奏について根拠をもって批評する活動などを取り入れるようにする。

(9) 内容の「A表現」及び「B鑑賞」の教材については，学校や地域の実態等を考慮し，我が国や郷土の伝統音楽を含む我が国及び諸外国の様々な音楽から幅広く扱うようにする。また，「B鑑賞」の教材については，アジア地域の諸民族の音楽を含めて扱うようにする。

(10) 音楽活動を通して，それぞれの教材等に応じ，生徒が音や音楽と生活や社会との関わりを実感できるよう指導を工夫する。なお，適宜，自然音や環境音などについても取り扱い，音環境への関心を高めることができるよう指導を工夫する。

(11) 自己や他者の著作物及びそれらの著作者の創造性を尊重する態度の形成を図るとともに，必要に応じて，音楽に関する知的財産権について触れるようにする。また，こうした態度の形成が，音楽文化の継承，発展，創造を支えていることへの理解につながるよう配慮する。

## 音楽Ⅱ

(1) 内容の「Ａ表現」及び「Ｂ鑑賞」の指導については，必要に応じて，〔共通事項〕を要として相互の関連を図るものとする。

(2) 生徒の特性，学校や地域の実態を考慮し，内容の「Ａ表現」については(1)，(2)又は(3)のうち一つ以上を選択して扱うことができる。

(3) 内容の「Ｂ鑑賞」の指導については，各事項において育成を目指す資質・能力の定着が図られるよう，適切かつ十分な授業時数を配当するものとする。

(4) 内容の取扱いに当たっては，「音楽Ⅰ」の3の(2)から(11)までと同様に取り扱うものとする。

## 音楽Ⅲ

(1) 生徒の特性，学校や地域の実態を考慮し，内容の「Ａ表現」については(1)，(2)又は(3)のうち一つ以上を選択して扱うことができる。また，内容の「Ｂ鑑賞」の(1)のアについては，(ｱ)を扱うとともに，(ｲ)又は(ｳ)のうち一つ以上を，イについては(ｱ)，(ｲ)，(ｳ)又は(ｴ)のうち一つ以上を選択して扱うことができる。

(2) 内容の「Ａ表現」及び「Ｂ鑑賞」の教材については，学校や地域の実態等を考慮し，我が国や郷土の伝統音楽を含めて扱うようにする。

(3) 内容の取扱いに当たっては，「音楽Ⅰ」の3の(2)，(4)，(5)，(7)，(8)，(10)及び(11)，「音楽Ⅱ」の3の(1)及び(3)と同様に取り扱うものとする。

## 高等学校（専門教科・音楽科）

### Check
　教員採用試験では，芸術科だけでなく，専門教科に関する問題も増加傾向にあるため，受験生としては両方学習する必要がある。専門教科の音楽科には8科目が含まれ，音楽科，および各科目で目標が定められているが，各科目の目標は，ほとんど出題されていない。専門教科に関しては，音楽科の目標をしっかりおさえることが大切である。

### 1.　音楽科の目標
　音楽に関する専門的な学習を通して，音楽的な見方・考え方を働かせ，音楽や音楽文化と創造的に関わる資質・能力を次のとおり育成することを目指す。
(1)　音楽に関する専門的で幅広く多様な内容について理解を深めるとともに，表現意図を音楽で表すために必要な技能を身に付けるようにする。
(2)　音楽に関する専門的な知識や技能を総合的に働かせ，音楽の表現内容を解釈したり音楽の文化的価値などについて考えたりし，表現意図を明確にもったり，音楽や演奏の価値を見いだして鑑賞したりすることができるようにする。
(3)　主体的に音楽に関する専門的な学習に取り組み，感性を磨き，音楽文化の継承，発展，創造に寄与する態度を養う。

　音楽科の目標は，音楽に関する専門的な学習を通して，音楽的な見方・考え方を働かせ，音楽や音楽文化と創造的に関わる資質・能力を育成することを目指すことである。その上で，今回の改訂では，育成を目指す資質・能力として，(1)に「知識及び技能」の習得に関すること，(2)に「思考力，判断力，表現力等」の育成に関すること，(3)に「学びに向かう力，人間性等」の涵養に関することが示された(高等学校学習指導要領解説　音楽編，平成30年7月，第2部第1章第2節)。

## 2. 科目の編成

科目の編成については，従前と同様，下記のとおりである。

---
第1　音楽理論
第2　音楽史
第3　演奏研究
第4　ソルフェージュ
第5　声楽
第6　器楽
第7　作曲
第8　鑑賞研究
---

また，各科目の履修として，各科目の内容で示された〔指導項目〕について，以下のとおり説明されている(第2部第1章第4節3)。

---
ア　原則として全ての生徒に履修させる各科目

　「音楽理論」の〔指導項目〕の「(1)楽典，楽曲の形式など」及び「(2)和声法」，「音楽史」，「演奏研究」，「ソルフェージュ」及び「器楽」の〔指導項目〕の「(1)鍵盤楽器の独奏」は，原則として全ての生徒に履修させる科目である。

イ　専門的に履修させる各科目等

　「声楽」の〔指導項目〕の「(1)独唱」，「器楽」の〔指導項目〕の「(1)鍵盤楽器の独奏」，「(2)弦楽器の独奏」，「(3)管楽器の独奏」，「(4)打楽器の独奏」，「(5)和楽器の独奏」及び「作曲」の〔指導項目〕の「(1)様々な表現形態の楽曲」の中から，生徒の特性等に応じ，いずれかを専門的に履修させることとしている。なお，「器楽」においては，生徒の特性，学校や地域の実態を考慮し，特定の楽器を選んで行うものとしている。また，これに加えて，「声楽」の〔指導項目〕の(1)，「器楽」の〔指導項目〕の(1)から(5)までのいずれかを履修させることができることとしている。

ウ　各年次にわたり履修させる各科目

　上記イに示す専門的に履修させる〔指導項目〕，「音楽理論」の〔指導項目〕の(1)及び(2)，「ソルフェージュ」及び「器楽」の〔指導項目〕
---

> の(1)については，原則として各年次にわたり履修させることとしている。

## 3. 指導計画の作成と内容の取扱い

指導計画の作成に当たっての配慮事項としては，以下の5点があげられている。

> (1) 題材など内容や時間のまとまりを見通して，その中で育む資質・能力の育成に向けて，生徒の主体的・対話的で深い学びの実現を図るようにすること。その際，音楽的な見方・考え方を働かせ，各科目の特質に応じた学習の充実を図ること。
> (2) 音楽に関する学科においては，「音楽理論」の〔指導項目〕の(1)及び(2)，「音楽史」，「演奏研究」，「ソルフェージュ」及び「器楽」の〔指導項目〕の(1)を，原則として全ての生徒に履修させること。
> (3) 音楽に関する学科においては，「声楽」の〔指導項目〕の(1)，「器楽」の〔指導項目〕の(1)から(5)まで及び「作曲」の〔指導項目〕の(1)の中から，生徒の特性等に応じ，いずれかを専門的に履修させること。また，これに加えて，「声楽」の〔指導項目〕の(1)，「器楽」の〔指導項目〕の(1)から(5)までのいずれかを履修させることができること。
> (4) 音楽に関する学科においては，(3)において履修させる〔指導項目〕，「音楽理論」の〔指導項目〕の(1)及び(2)，「ソルフェージュ」及び「器楽」の〔指導項目〕の(1)を，原則として各年次にわたり履修させること。
> (5) 障害のある生徒などについては，学習活動を行う場合に生じる困難さに応じた指導内容や指導方法の工夫を計画的，組織的に行うこと。

以上のうち，(1)及び(5)は今回の改訂で新設されたものである。

また，内容の取扱いに当たっての配慮事項としては，以下の5点があげられている。

> (1) 「声楽」の〔指導項目〕の(2)及び「器楽」の〔指導項目〕の(6)については，他者と協調しながら活動することを重視することによって，より一層幅広い音楽表現に関わる資質・能力を育成できるようにする

こと。

(2)　各科目の特質を踏まえ，音や音楽と生活や社会との関わりについて考えられるようにするとともに，音環境への関心を高められるようにすること。

(3)　自己や他者の著作物及びそれらの著作者の創造性を尊重する態度の形成を図るとともに，音楽に関する知的財産権について適宜取り扱うようにすること。また，こうした態度の形成が，音楽文化の継承，発展，創造を支えていることへの理解につながるよう配慮すること。

(4)　各科目の特質を踏まえ，学校の実態に応じて学校図書館を活用すること。また，コンピュータや情報通信ネットワークを積極的に活用し，生徒が様々な感覚や情報を関連付けて，音楽への理解を深めたり主体的に学習に取り組んだりできるよう工夫すること。

(5)　各科目の特質を踏まえ，学校や地域の実態に応じて，文化施設，社会教育施設，地域の文化財等の活用を図ったり，地域の人材の協力を求めたりすること。

# Attention!

## 学習指導要領の改訂の基本方針

　改訂の基本方針は，はじめからきちんと理解することが望ましいが，学習効率を考慮すると最初は「どのようなことが書いてあるのか」を把握する程度でよいだろう。ただし，問題では空欄補充形式が多いことから，「連続性に配慮」「歌唱，器楽，創作，鑑賞」などのキーワードは必ず覚えること。

## 中学校

　目標や内容に関する出題について，例えば「第1学年の目標を選択せよ」といった問題の場合，誤りの選択肢は「第2～3学年」や「小学校5～6年」の目標を掲載している場合が多いことから，「第1学年」と「第2～3学年」など比較して学習するとよい。記述式問題で頻度が高いものの1つに，改善や改訂の趣旨があげられる。模範解答は学習指導要領解説に掲載されている文章がほとんどなので，キーワードと思った語については，必ず学習指導要領解説を読むことをお勧めする。なお，学習指導要領と実践を関連させた出題例として，「評価規準を作成させる問題」「テクスチュアの理解における，ホモフォニーとポリフォニーの感じ方に関する問題」「移動ド唱法で育てたい力，身体活動の利点など学習指導要領の特徴に関する問題」があげられる。出題の1つの傾向としてチェックしておきたい。

## 演習問題①

■■■■■■ **問題 1** ■■■■■■

中学校学習指導要領(平成29年3月告示)「音楽」に関する次の問いに答えよ。

　次の文は,「第1　目標」である。( ア )～( オ )にあてはまることばを書け。

　表現及び鑑賞の幅広い活動を通して,音楽的な見方・考え方を働かせ,生活や( ア )の中の音や音楽,( イ )と豊かに関わる資質・能力を次のとおり育成することを目指す。

・　曲想と音楽の構造や背景などとの関わり及び音楽の( ウ )について理解するとともに,創意工夫を生かした音楽表現をするために必要な技能を身に付けるようにする。

・　音楽表現を創意工夫することや,( エ )や美しさを味わって聴くことができるようにする。

・　音楽活動の楽しさを体験することを通して,音楽を( オ )する心情を育むとともに,音楽に対する感性を豊かにし,音楽に親しんでいく態度を養い,豊かな情操を培う。

**解答**　ア　社会　　イ　音楽文化　　ウ　多様性　　エ　音楽のよさ
　　　　オ　愛好

**解説**　教科の目標は学年の目標と併せて頻出である。似た表現も多いため混同しないよう正確に覚えておきたい。

■■■■■■ **問題 2** ■■■■■■

　次の文は,中学校学習指導要領(平成29年3月告示)「音楽」に示されている第2学年及び第3学年の内容の一部である。文中の( ① )～( ⑤ )に当てはまることばを書け。

A　表現

○　歌唱の活動を通して,次の事項を身に付けることができるよう指導す

る。

・歌唱表現に関わる知識や技能を得たり生かしたりしながら，（　①　）歌唱表現を創意工夫すること。

○　器楽の活動を通して，次の事項を身に付けることができるよう指導する。

・次の(ｱ)及び(ｲ)について理解すること。

(ｱ)　曲想と音楽の（　②　）や曲の背景との関わり

(ｲ)　楽器の音色や響きと奏法の関わり

○　創作の活動を通して，次の事項を身に付けることができるよう指導する。

・創意工夫を生かした表現で旋律や音楽をつくるために必要な，課題や条件に沿った音の（　③　）や組合せなどの技能を身に付けること。

B　鑑賞

○　鑑賞の活動を通して，次の事項を身に付けることができるよう指導する。

・鑑賞に関わる知識を得たり生かしたりしながら，次の(ｱ)から(ｳ)までについて考え，音楽のよさや美しさを味わって聴くこと。

(ｱ)　曲や演奏に対する（　④　）とその根拠

(ｲ)　生活や社会における音楽の意味や役割

(ｳ)　音楽表現の共通性や（　⑤　）

**解答**　①　曲にふさわしい　②　構造　③　選択　④　評価
⑤　固有性

**解説**　各学年の内容は，それぞれ領域ごとに「知識及び技能」「思考力，判断力，表現力等」の観点から示す形式に再編された。従前の学習指導要領との改訂点を中心に，念入りに確認されたい。

## 問題 3

次は中学校学習指導要領(平成29年3月告示)「音楽」の〔第1学年〕における内容の一部である。文中の（　①　）～（　⑤　）に当てはまる適切な語句を答えよ。

○　創作の活動を通して，次の事項を身に付けることができるよう指導
する。

ア　( ① )に関わる知識や技能を得たり生かしたりしながら，( ① )
を創意工夫すること。

イ　次の(ア)及び(イ)について，表したい( ② )と関わらせて理解す
ること。

(ア)　音の( ③ )の特徴

(イ)　( ④ )の特徴及び音の重なり方や反復，変化，対照などの構
成上の特徴

ウ　創意工夫を生かした表現で旋律や音楽をつくるために必要な，課
題や( ⑤ )に沿った音の選択や組合せなどの技能を身に付けるこ
と。

解答　①　創作表現　　②　イメージ　　③　つながり方　　④　音素材
⑤　条件

解説　①，③，⑤は新設された内容である。創作の活動は従前の学習指導
要領では「簡単な旋律をつくること」と創作の対象が明記されていた
が，今回の改訂では「創作表現を創意工夫する」「旋律や音楽をつく
る」とより抽象的になったことを押さえておきたい。

---

■■■■■■■■■■■■■■ **問題 4** ■■■■■■■■■■■■■■

次の文は，学年の目標について述べたものである。文中( a )～( d )
に当てはまる語句の正しい組み合わせを，あとの①～⑤から1つ選べ。ただ
し，同じ記号には同じ語句が入る。

| 第1学年 | 第2学年及び第3学年 |
|---|---|
| (1) 曲想と音楽の構造などとの関わり及び音楽の( a )について理解するとともに，創意工夫を生かした音楽表現をするために必要な歌唱，器楽，創作の技能を身に付けるようにする。 | (1) 曲想と音楽の構造や背景などとの関わり及び音楽の( a )について理解するとともに，創意工夫を生かした音楽表現をするために必要な歌唱，器楽，創作の技能を身に付けるようにする。 |

| | (2) 音楽表現を創意工夫することや，音楽を( c )評価しながらよさや美しさを味わって聴くことができるようにする。 | (2) ( b )音楽表現を創意工夫することや，音楽を評価しながらよさや美しさを味わって聴くことができるようにする。 |
|---|---|---|
| | (3) 主体的・( d )に表現及び鑑賞の学習に取り組み，音楽活動の楽しさを体験することを通して，音楽文化に親しむとともに，音楽によって生活を明るく豊かなものにしていく態度を養う。 | (3) 主体的・( d )に表現及び鑑賞の学習に取り組み，音楽活動の楽しさを体験することを通して，音楽文化に親しむとともに，音楽によって生活を明るく豊かなものにし，音楽に親しんでいく態度を養う。 |

| | a | b | c | d |
|---|---|---|---|---|
| ① | 特性 | 曲にふさわしい | 自分なりに | 計画的 |
| ② | 多様性 | 自分なりに | 根拠をもとに | 計画的 |
| ③ | 特性 | 自分なりに | 根拠をもとに | 協働的 |
| ④ | 多様性 | 曲にふさわしい | 自分なりに | 協働的 |
| ⑤ | 特性 | 自分なりに | 根拠をもとに | 計画的 |

**解答** ④

**解説** 学習指導要領本文に関する選択式問題では，異なる学年に用いられている文言が誤答として用意されることも多い。混同しないよう正確に把握する。

### 問題 5

次の各文は，中学校学習指導要領（平成29年3月告示）「音楽」に示されている「第3 指導計画の作成と内容の取扱い」の一部である。文中の( ① )～( ⑤ )に当てはまる語句をそれぞれ書け。ただし，同じ番号には同じ語句が入るものとする。

【第3 指導計画の作成と内容の取扱い】

1 指導計画の作成に当たっては，次の事項に配慮するものとする。

(1) 題材など内容や時間のまとまりを見通して，その中で育む資質・能力の育成に向けて，生徒の主体的・対話的で深い学びの実現を図

るようにすること。その際，音楽的な見方・考え方を働かせ，他者と（　①　）しながら，（　②　）を生み出したり音楽を聴いてそのよさや美しさなどを見いだしたりするなど，思考，判断し，表現する一連の過程を大切にした学習の充実を図ること。

(2)〜(4)　省略

(5)　障害のある生徒などについては，（　③　）を行う場合に生じる困難さに応じた指導内容や指導方法の工夫を計画的，組織的に行うこと。

(6)　省略

2　第2の内容の取扱いについては，次の事項に配慮するものとする。

(1)〜(3)　省略

(4)　歌唱及び器楽の指導における合わせて歌ったり演奏したりする表現形態では，他者と共に一つの（　②　）をつくる過程を大切にするとともに，生徒一人一人が，担当する声部の役割と（　④　）について考え，主体的に創意工夫できるよう指導を工夫すること。

(5)　省略

(6)　我が国の伝統的な歌唱や和楽器の指導に当たっては，言葉と音楽との関係，（　⑤　）や身体の使い方についても配慮するとともに，適宜，口唱歌を用いること。

(7)〜(10)　省略

解答　①　協働　　②　音楽表現　　③　学習活動　　④　全体の響き　⑤　姿勢

解説　①〜④は今回の改訂における新設の内容からの出題である。

### 問題 6

次の資料は，中学校学習指導要領解説　音楽編(平成29年7月文部科学省)に示されている，「教科の目標，各学年の目標及び内容の系統表(中学校音楽科)」の一部である。あとの[問1]〜[問3]に答えよ。

| | | |
|---|---|---|
| A 表現 | | (1) 歌唱の活動を通して，次の事項を身に付けることができるよう指導する。 |
| | 「思考力，判断力，表現力等」 | ア　歌唱表現に関わる知識や技能を得たり生かしたりしながら，歌唱表現を創意工夫すること。 |
| | 「知識」 | イ　次の(ｱ)及び(ｲ)について理解すること。<br>(ｱ) 曲想と音楽の構造や（ ① ）との関わり<br>(ｲ) 声の音色や響き及び言葉の特性と曲種に応じた（ ② ）との関わり |
| | 「技能」 | ウ　次の(ｱ)及び(ｲ)の技能を身に付けること。<br>(ｱ) 創意工夫を生かした表現で歌うために必要な（ ② ），言葉の発音，身体の使い方などの技能<br>(ｲ) 創意工夫を生かし，全体の響きや各声部の声などを聴きながら（ ③ ）と合わせて歌う技能 |
| | | (2) 器楽の活動を通して，次の事項を身に付けることができるよう指導する。 |
| | 「思考力，判断力，表現力等」 | ア　器楽表現に関わる知識や技能を得たり生かしたりしながら，器楽表現を創意工夫すること。 |
| | 「知識」 | イ　次の(ｱ)及び(ｲ)について理解すること。<br>(ｱ) 曲想と音楽の構造との関わり<br>(ｲ) 楽器の音色や響きと（ ④ ）との関わり |
| | 「技能」 | ウ　次の(ｱ)及び(ｲ)の技能を身に付けること。<br>(ｱ) 創意工夫を生かした表現で演奏するために必要な（ ④ ），身体の使い方などの技能<br>(ｲ) 創意工夫を生かし，全体の響きや各声部の音などを聴きながら（ ③ ）と合わせて演奏する技能 |
| | | (3) 創作の活動を通して，次の事項を身に付けることができるよう指導する。 |
| | 「思考力，判断力，表現力等」 | ア　創作表現に関わる知識や技能を得たり生かしたりしながら，創作表現を創意工夫すること。 |
| | 「知識」 | イ　次の(ｱ)及び(ｲ)について，表したい（ ⑤ ）と関わらせて理解すること。<br>(ｱ) 音のつながり方の特徴<br>(ｲ) （ ⑥ ）の特徴及び音の重なり方や反復，変化，対照などの構成上の特徴 |
| | 「技能」 | ウ　創意工夫を生かした表現で旋律や音楽をつくるために必要な，課題や条件に沿った音の選択や組合せなどの技能を身に付けること。 |

[問1]　この資料は第何学年の内容か，書け。

[問2]　資料の( ① )～( ⑥ )にあてはまる語句をそれぞれ書け。

[問3] 「A 表現」における内容事項は3つであるのに対して,「B 鑑賞」
における内容事項は2つである。「思考力，判断力，表現力等」の他に
あと1つ書け。

**解答** [問1] 第1学年 [問2] ① 歌詞の内容 ② 発声
③ 他者 ④ 奏法 ⑤ イメージ ⑥ 音素材
[問3] 知識

**解説** [問1] (1)アは，第1学年では「歌唱表現に関わる知識や技能を得た
り生かしたりしながら，歌唱表現を創意工夫すること。」，第2学年
及び第3学年では，「歌唱表現に関わる知識や技能を得たり生かした
りしながら，曲にふさわしい歌唱表現を創意工夫すること。」となっ
ている。 [問2] (1)歌唱 (2)器楽 (3)創作 について，「思考力，
判断力，表現力等」「知識」「技能」それぞれの3項目について整理し
て覚えておく。 [問3] 「B 鑑賞」における内容事項は，「思考力，
判断力，表現力等」と「知識」の2つで「技能」はない。

## 問題 7

次の各文は,中学校学習指導要領(平成29年3月告示)「音楽」における「第
3 指導計画の作成と内容の取扱い」の「A 表現」及び「B 鑑賞」の指導につ
いて述べたものの一部である。文中の( a )～( e )に当てはまる語句の
正しい組合せを，あとの①～⑤から1つ選べ。

・生徒が様々な( a )を関連付けて音楽への理解を深めたり，主体的に
学習に取り組んだりすることができるようにするため，コンピュータや
教育機器を効果的に活用できるよう指導を工夫すること。
・生徒が学校内及び( b )などの学校外における音楽活動とのつながり
を意識できるようにするなど，生徒や学校，地域の実態に応じ，生活
や社会の中の音や音楽，音楽文化と( c )に関わっていくことができ
るよう配慮すること。
・自己や他者の著作物及びそれらの著作者の( d )を尊重する態度の形
成を図るとともに，必要に応じて，音楽に関する( e )について触れ
るようにすること。また，こうした態度の形成が，音楽文化の継承,

発展，創造を支えていることへの理解につながるよう配慮すること。

| | a | b | c | d | e |
|---|---|---|---|---|---|
| ① | 感覚 | 地域の施設 | 積極的 | 個性 | 著作権 |
| ② | 知識 | 公共施設 | 積極的 | 創造性 | 知的財産権 |
| ③ | 感覚 | 公共施設 | 主体的 | 創造性 | 知的財産権 |
| ④ | 知識 | 地域の施設 | 主体的 | 個性 | 著作権 |
| ⑤ | 感覚 | 地域の施設 | 主体的 | 創造性 | 著作権 |

**解答** ③

**解説** b，cの公共施設に関する記述は新設され，d，eの知的財産権に関する記述は従前と比べて大幅に加筆された。

## 問題 8

次の文は，中学校学習指導要領(平成29年3月告示)「音楽」に示されている第1学年の内容の一部である。文中の( ① )〜( ⑤ )に当てはまる語句をあとのA〜Jから1つずつ選び，その記号を書け。

B 鑑賞

(1) 鑑賞の活動を通して，次の事項を身に付けることができるよう指導する。

ア 鑑賞に関わる( ① )を得たり生かしたりしながら，次の(ｱ)から(ｳ)までについて自分なりに考え，音楽のよさや美しさを味わって聴くこと。

  (ｱ) 曲や演奏に対する評価とその( ② )

  (ｲ) 生活や社会における音楽の意味や役割

  (ｳ) 音楽表現の( ③ )や固有性

イ 次の(ｱ)から(ｳ)までについて理解すること。

  (ｱ) 曲想と音楽の構造との関わり

  (ｲ) 音楽の特徴とその背景となる文化や( ④ )，他の芸術との関わり

  (ｳ) 我が国や郷土の伝統音楽及びアジア地域の諸民族の音楽の特徴と，その特徴から生まれる音楽の( ⑤ )

A　共通性　　B　情報　　C　歴史　　D　理由　　E　創造性

F　多様性　　G　伝統　　H　根拠　　I　知識　　J　特性

**解答**　①　I　　②　H　　③　A　　④　C　　⑤　F

**解説**　「鑑賞」の内容は第1学年と第2・3学年でほとんど変わらない。(1)ア
およびイ(ウ)が若干異なるので，違いをよく確認しておく。

━━━━━━━━━━ **問題 9** ━━━━━━━━━━

中学校学習指導要領(平成29年3月告示)「音楽」について，以下の(1)～(5)
の各問いに答えよ。

(1)　次は第2学年及び第3学年の目標である。( ア )～( オ )に入る
語句を答えよ。ただし同じ記号には同じ語句が入るものとする。

> (1)　( ア )と音楽の構造や背景などとの関わり及び音楽の多様性
> について理解するとともに，( イ )を生かした音楽表現をする
> ために必要な歌唱，器楽，創作の技能を身に付けるようにする。
>
> (2)　曲にふさわしい音楽表現を( イ )することや，音楽を評価し
> ながらよさや( ウ )を味わって聴くことができるようにする。
>
> (3)　主体的・協働的に表現及び鑑賞の学習に取り組み，( エ )の
> 楽しさを体験することを通して，音楽文化に親しむとともに，音
> 楽によって( オ )を明るく豊かなものにし，音楽に親しんでいく
> 態度を養う。

(2)　「第3　指導計画の作成と内容の取扱い」について，以下のア，イの
各問いに答えよ。

　　ア　相対的な音程感覚などを育てるために，適宜，用いることとされ
　　ている唱法を書け。

　　イ　各学年の〔共通事項〕で取り扱う用語について，生徒の学習状況
　　を考慮して，取り扱うことと示されているものを，次の語群から1つ
　　選び，記号で答えよ。

　　語群　1　molto　　2　poco　　3　simile　　4　legato

(3)　第2学年及び第3学年の指導事項を，次のア～オから1つ選び，記号

で答えよ。

ア　歌唱表現に関わる知識や技能を得たり生かしたりしながら，歌唱
表現を創意工夫すること。

イ　曲想と音楽の構造や歌詞の内容との関わりについて理解すること。

ウ　器楽表現に関わる知識や技能を得たり生かしたりしながら，器楽
表現を創意工夫すること。

エ　創作表現に関わる知識や技能を得たり生かしたりしながら，創作
表現を創意工夫すること。

オ　音階や言葉などの特徴及び音のつながり方の特徴について，表し
たいイメージと関わらせて理解すること。

(4)　歌唱の指導を行う際，変声期の生徒に対して，どのような配慮が必
要であるか。学習指導要領に示された内容に基づき答えよ。

(5)　次のア，イは，「第3　指導計画の作成と内容の取扱い」における歌
唱教材に関する記述である。下線部の語句が正しい場合は○を，誤っ
ている場合は正しい語句を書け。

○　歌唱教材は，次に示すものを取り扱うこと。

ア　我が国及び諸外国の様々な音楽のうち，指導のねらいに照らし
て適切で，生徒にとって親しみがもてたり意欲が高められたり，
生活や社会において音楽が果たしている役割が感じ取れたりでき
るもの。

イ　民謡，長唄などの我が国の伝統的な歌唱のうち，生徒や学校，
地域の実態を考慮して，伝統的な声やリズムの特徴を感じ取れる
もの。

**解答**　(1)　ア　曲想　　イ　創意工夫　　ウ　美しさ　　エ　音楽活動
オ　生活　　(2)　ア　移動ド唱法　　イ　4　　(3)　オ
(4)　心理的な面についても配慮するとともに，適切な声域と声量に
よって歌わせるようにする。　　(5)　ア　○　　イ　歌い方

**解説**　(1)　教科の目標との関連や第1学年の目標との文言の違いを念頭に熟
読し，全文を暗記しておきたい。　　(2)　ア　「指導計画の作成と内容
の取扱い」2の(2)ウによる。　　イ　各学年の〔共通事項〕の(1)のイ

に示す「用語や記号など」は，「指導計画の作成と内容の取扱い」2(10)に示される。legato(なめらかに)が正しい。molto(非常に)やpoco(少し)は速さを示す用語などに添える語であり，simile(前と同様に)はそれまで行ってきた奏法などを引き続き行うことを示す語である。　(3)　正答のオ以外は第1学年の内容による。第1学年と第2・3学年の内容は共通するものも多いので，違いを正確に把握することが求められる。　(5)　ア　「指導計画の作成と内容の取扱い」2の(2)アによる。　イの下線部は「リズム」ではなく「歌い方」が正しい。「歌い方」については今回の改訂で加筆された。

━━━━━ **問題10** ━━━━━

問1　次の文は，中学校学習指導要領(平成29年告示)解説「音楽編」(以下，「指導要領解説」という)「第3章　第2節　第2学年及び第3学年の目標と内容　2　内容　(1)　A　表現」の一部である。下の(1)～(3)に答えよ。

> (1)　歌唱の活動を通して，次の事項を身に付けることができるよう指導する。
>   ア　歌唱表現に関わる知識や技能を得たり生かしたりしながら，①曲にふさわしい②歌唱表現を創意工夫すること。
>   イ　次の(ア)及び(イ)について理解すること。
>   (ア)　曲想と(　ア　)や(　イ　)及び(　ウ　)との関わり
>   (イ)　声の音色や響き及び言葉の特性と曲種に応じた発声との関わり
>   ウ　次の(ア)及び(イ)の技能を身に付けること。
>   (ア)　創意工夫を生かした表現で歌うために必要な(　エ　)，(　オ　)，(　カ　)などの技能
>   (イ)　創意工夫を生かし，全体の響きや各声部の声などを聴きながら(　キ　)歌う技能

(1)　(　ア　)～(　キ　)にあてはまる語句を答えよ。

(2)　下線部①について，このことを指導要領解説では具体的にどのようなことを意味すると説明しているか，記せ。

(3) 下線部②の過程で大切なことについて，指導要領解説ではどのように説明しているか，2つ記せ。

問2 次の文は，指導要領解説「第4章 指導計画の作成と内容の取扱い」の一部である。後の(1)，(2)に答えよ。

---

1 指導計画の作成に当たっては，次の事項に配慮するものとする。

(1) 題材など内容や時間のまとまりを見通して，その中で育む資質・能力の育成に向けて，生徒の（ ク ）で（ ケ ）の実現を図るようにすること。その際，③音楽的な見方・考え方を働かせ，（ コ ）しながら，音楽表現を生み出したり音楽を聴いてそのよさや美しさなどを見いだしたりするなど，思考，判断し，表現する一連の過程を大切にした学習の充実を図ること。

---

2 第2の内容の取扱いについては，次の事項に配慮するものとする。

(1) 各学年の「A表現」及び「B鑑賞」の指導に当たっては，次のとおり取り扱うこと。

ア （略）

イ 音楽によって喚起された自己のイメージや感情，音楽表現に対する思いや意図，音楽に対する評価などを伝え合い共感するなど，（ サ ）によるコミュニケーションを図り，音楽科の特質に応じた（ シ ）を適切に位置付けられるよう指導を工夫すること。

(8) 各学年の「B鑑賞」の指導に当たっては，次のとおり取り扱うこと。

ア （略）

イ 第1学年では（ ス ）したり，第2学年及び第3学年では（ セ ）したりする活動を取り入れ，曲や演奏に対する評価やその根拠を明らかにできるよう指導を工夫すること。

---

(1) （ ク ）～（ セ ）にあてはまる語句を答えよ。

(2) 下線部③について，指導要領解説では次のように述べている。[ ソ ]，（ タ ）にあてはまる語句を答えよ。

音楽的な見方・考え方とは，「音楽に対する[　ソ　]を働かせ，音や音楽を，音楽を形づくっている要素とその働きの視点で捉え，自己のイメージや（　タ　），生活や社会，伝統や文化などと関連付けること」であると考えられる。

**解答**　問1　(1)　ア　音楽の構造　　イ　歌詞の内容　　ウ　曲の背景　エ　発声　　オ　言葉の発音　　カ　身体の使い方　　キ　他者と合わせて　　(2)　多くの人が共通に感じ取れるような，曲固有のよさや特徴の捉え方　　(3)　・様々な表現を試しながら，新たな知識や技能を習得すること　　・既に習得している知識や技能を活用すること　　問2　(1)　ク　主体的・対話的　　ケ　深い学びコ　他者と協働　　サ　音や音楽及び言葉　　シ　言語活動ス　言葉で説明　　セ　批評　　(2)　ソ　感性　　タ　感情

**解説**　問1　学習指導要領の指導事項アは「思考力，判断力，表現力等」に関する資質・能力，イは「知識」に関する資質・能力，ウは「技能」に関する資質・能力が示されている。覚えるに当たってもこの構造を頭に入れて理解に努めると整理がつく。(2)と(3)は単なる暗記ではなく，その文言が示す内容を解説の記述を参考にいかに理解しているかを問う問題である。学習指導要領を熟読するとともに，学習の方法をよく考えることが必要である。　問2　「指導計画の作成と内容の取扱い」の「1　指導計画作成上の配慮事項」，「2　内容の取扱いと指導上の配慮事項」などについては完全に理解しておくことが必要である。その中でも1(1)の箇所は，現行の学習指導要領の核心的な部分で，最も重要な配慮事項である。

## 問題11

　次の文は，中学校学習指導要領(平成29年3月告示)「音楽」における「第2　各学年の目標及び内容」の一部である。（　①　）～（　⑤　）に当てはまる語句を書け。なお，同じ番号には同じ語句が入るものとする。

---

(2) 器楽の活動を通して，次の事項を身に付けることができるよう指導する。

　ア　器楽表現に関わる知識や技能を得たり生かしたりしながら，曲にふさわしい器楽表現を(　①　)すること。

　イ　次の(ア)及び(イ)について理解すること。

　　(ア)　曲想と音楽の構造や曲の(　②　)との関わり

　　(イ)　楽器の音色や(　③　)と奏法との関わり

　ウ　次の(ア)及び(イ)の技能を身に付けること。

　　(ア)　(　①　)を生かした表現で演奏するために必要な奏法，身体の(　④　)などの技能

　　(イ)　(　①　)を生かし，全体の(　③　)や各声部の音などを聴きながら(　⑤　)と合わせて演奏する技能

---

**解答**　①　創意工夫　　②　背景　　③　響き　　④　使い方
　　　⑤　他者

**解説**　中学校学習指導要領の内容について，A表現の器楽から語句の穴埋め記述式の問題である。A表現の3項目についてもA表現の，歌唱，創作，B鑑賞についても学習し，文言は覚えること。

---

▰▰▰▰▰▰ **問題12** ▰▰▰▰▰▰

中学校学習指導要領(平成29年3月告示)「音楽」について，次の1・2に答えよ。

1　指導計画の作成と内容の取扱い2(3)では，器楽の指導についての配慮事項が示されている。特に，和楽器の指導については，どのような配慮事項が示されているか。簡潔に書け。

2　指導計画の作成と内容の取扱い2(5)では，読譜の指導についての配慮事項が示されている。次の文は，その内容を示したものである。

　　読譜の指導に当たっては，小学校における学習を踏まえ，♯や♭の調号としての意味を理解させるとともに，3学年間を通じて，(　①　)，(　②　)程度をもった調号の楽譜の視唱や視奏に慣れさせるようにする

こと。

**解答** 1　3学年間を通じて1種類以上の和楽器を取り扱い，その表現活動を通して，生徒が我が国や郷土の伝統音楽のよさを味わい，愛着をもつことができるよう工夫すること。　2　①　1♯　　②　1♭

**解説** 1　改訂にともない「愛着をもつ」という文言が加筆された。なお指導計画の作成と内容の取扱い2(6)にあるようには和楽器や伝統的な歌唱の指導における留意事項が示されているので併せて確認しておきたい。　2　現行学習指導要領と変わらず，それぞれ調号が1つの楽譜の視唱や視奏に慣れさせる。

━━━━━━━━━━ **問題13** ━━━━━━━━━━

　中学校音楽科の年間の分野ごとの指導時数について，歌唱が多く，創作や鑑賞が少ないという課題が見られることがあるが，中学校学習指導要領(平成29年3月告示)の「指導計画の作成と内容の取扱い」1(4)には，各学年の内容の「A 表現」及び「B 鑑賞」の指導について，特定の活動のみに偏らないようにすることが示されている。次の(1)，(2)の問いに答えよ。

(1)　なぜ，特定の活動のみに偏らないようにすることが大切なのか，その理由を説明せよ。

(2)　特定の活動のみに偏らないようにするために配慮する点を1つ書け。

**解答** (1)　生徒の多様な実態を踏まえ，表現及び鑑賞の幅広い活動を通して，生徒の興味・関心を引き出し，学習への意欲を喚起することが大切だから，など。　(2)　各活動を有機的かつ効果的に関連させることによって，教科及び学年の目標を実現していくように，内容の構成や主題の設定，適切な教材の選択と配列などに配慮する，など。

**解説** 「第3　指導計画の作成と内容の取扱い」は出題頻度が高い分野であるので，よく確認しておくこと。

# Attention!

## 高等学校

　今回(平成29，30年)の学習指導要領の改訂では，中学校音楽科・高等学校芸術科(音楽)・音楽科ともに，目標や内容の示し方が大幅に変わり，新たに加えられた事項も多い。どの学校種で受験するにしても，変更点についてはよく比較して，理解しなければならない。

　とはいえ，「カリキュラム・マネジメント」や「アクティブ・ラーニング」などの新しい用語に必要以上に目を奪われることはない。もちろん，改訂の趣旨をしっかり理解しておくことは大切だが，各教科の専門的な内容が全面的に変わったわけではない。重点の置き方や整理の仕方が改善されただけだと考えればよい。

　問題作成のための出典(＝学習指導要領)が改訂されたからといって，それに伴って出題のパターンまでもが一気に変わるとは考えにくい。出題形式，そして出題頻度の高い内容については，過去問の学習がすべて無駄になることはないはずだ。

　例えば弊社刊行の「教員採用試験　過去問シリーズ」等を使って，これまでの出題傾向やパターンを確認してみれば，それを手がかりに今回の改訂で新設・変更された全体構成や内容が，今後実施される教員採用試験でどのように出題されるかも予想できるようになるだろう。

# 演習問題②

━━━━━━━━━━━━━━━ **問題 1** ━━━━━━━━━━━━━━━

　次の文は，高等学校学習指導要領(平成30年3月告示)の第2章　第7節芸術　第2款　第1　音楽Ⅰの一部である。文中の( ア )～( シ )にあてはまることばを書け。ただし，同じ問いの空欄には，同じ解答が入るものとする。

---

　1　目標
　　音楽の( ア )を通して，音楽的な( イ )を働かせ，生活や社会の中の音や音楽，音楽文化と幅広く関わる( ウ )を次のとおり育成することを目指す。
　(1)　曲想と音楽の構造や文化的・歴史的背景などとの関わり及び音楽の多様性について( エ )とともに，創意工夫を生かした音楽表現をするために必要な( オ )を身に付けるようにする。
　(2)　( カ )をもって音楽表現を創意工夫することや，音楽を( キ )しながらよさや美しさを( ク )聴くことができるようにする。
　(3)　( ケ )音楽の( ア )に取り組み，( コ )音楽を愛好する心情を育むとともに，( サ )を高め，音楽文化に親しみ，音楽によって生活や社会を明るく豊かなものにしていく( シ )を養う。

---

**解答**　ア　幅広い活動　　イ　見方・考え方　　ウ　資質・能力
　　　　　エ　理解する　　オ　技能　　カ　自己のイメージ　　キ　評価
　　　　　ク　自ら味わって　　ケ　主体的・協働的に　　コ　生涯にわたり
　　　　　サ　感性　　シ　態度

**解説**　ここでは，目標が柱書と資質・能力の三つの柱として整理されて示されている。これは各教科等で共通に求められる目標の示し方に基づいたものであり，学校教育法第30条第2項の「生涯にわたり学習する基盤が培われるよう，基礎的な知識及び技能を習得させるとともに，これらを活用して課題を解決するために必要な思考力，判断力，表

現力その他の能力をはぐくみ, 主体的に学習に取り組む態度を養うことに, 特に意を用いなければならない。」とされている規定を一層明確化するための改善である。

━━━━━ 問題 2 ━━━━━

次の文は, 高等学校学習指導要領(平成30年3月告示)の第2章　第7節 芸術　第2款　第1　音楽Ⅰの「2　内容　A表現」の一部である。①～⑦に適する語句を下のア～セの中からそれぞれ1つ選び, その記号を書け。ただし, 同じ問いの空欄には, 同じ解答が入るものとする。

(1)　歌唱

歌唱に関する次の事項を(　①　)ことができるよう指導する。

ア　歌唱表現に関わる(　②　)を得たり生かしたりしながら, (　③　)をもって歌唱表現を創意工夫すること。

イ　次の(ア)から(ウ)までについて理解すること。

(ア)　曲想と(　④　)や歌詞, (　⑤　)との関わり

(イ)　言葉の特性と曲種に応じた発声との関わり

(ウ)　様々な表現形態による歌唱表現の特徴

ウ　創意工夫を生かした歌唱表現をするために必要な, 次の(ア)から(ウ)までの技能を(　①　)こと。

(ア)　曲にふさわしい発声, 言葉の発音, (　⑥　)などの技能

(イ)　(　⑦　)を意識して歌う技能

(ウ)　表現形態の特徴を生かして歌う技能

ア　固有性や多様性　　　イ　表現上の効果

ウ　文化的・歴史的背景　エ　音楽の構造

オ　自己のイメージ　　　カ　愛好する心情

キ　身に付ける　　　　　ク　育成する

ケ　表現内容　　　　　　コ　身体の使い方

サ　他者との調和　　　　シ　共通性や固有性

ス　知識や技能　　　　　セ　資質・能力

**解答** ① キ　② ス　③ オ　④ エ　⑤ ウ　⑥ コ
　　　⑦ サ

**解説** 表現に関する資質・能力については，分野ごとに，それぞれアとして「思考力，判断力，表現力等」に関する資質・能力，イとして「知識」に関する資質・能力，ウとして「技能」に関する資質・能力が示されている。「音楽Ⅰ」の歌唱分野では，〔共通事項〕に示された資質・能力と併せて，アに示す「思考力，判断力，表現力等」に関する資質・能力，イに示す「知識」に関する資質・能力，ウに示す「技能」に関する資質・能力を育てていくことが指導のねらいとなる。このため，歌唱の学習は，ア，イの(ア)，(イ)及び(ウ)のうち一つ以上，ウの(ア)，(イ)及び(ウ)のうち一つ以上の各事項を組み合わせた題材を設定して行うこととされている。それぞれの事項のキーワードについて，しっかりと確認しておきたい。

───────────── **問題 3** ─────────────

　次は，高等学校学習指導要領(平成30年3月告示)の第2章　第7節　芸術　第2款　第1　音楽Ⅰの「2　内容　〔共通事項〕」である。文中の( ア )〜( オ )にあてはまることばを書け。ただし，同じ問いの空欄には，同じ解答が入るものとする。

〔共通事項〕
　表現及び鑑賞の学習において共通に必要となる( ア )を次のとおり育成する。
(1)　「A表現」及び「B鑑賞」の指導を通して，次の事項を身に付けることができるよう指導する。
　　ア　音楽を形づくっている要素や要素同士の関連を( イ )し，それらの働きを( ウ )しながら，( イ )したことと( ウ )したこととの関わりについて考えること。
　　イ　音楽を形づくっている要素及び音楽に関する( エ )などについて，音楽における働きと関わらせて( オ )すること。

**解答**　ア　資質・能力　　イ　知覚　　ウ　感受　　エ　用語や記号

　　オ　理解

解説　　〔共通事項〕(1)は，今回の改訂で新たに示された事項である。ここ
　　　　では，表現及び鑑賞の学習において共通に必要となる資質・能力に
　　　　ついては，アとして「思考力，判断力，表現力等」に関する資質・能
　　　　力，イとして「知識」に関する資質・能力が示されている。指導に当たっ
　　　　ては，様々な要素が関連し合って音楽が形づくられていることに十分
　　　　留意し，どの要素を学習の対象にするのかを明らかにすることが大切
　　　　であるとされている。

━━━━━━━━━━━━━ 問題 4 ━━━━━━━━━━━━━

問1　次の文は，高等学校学習指導要領(平成30年告示)解説「芸術編」(以
　　下，「指導要領解説」という)「第2章　第1節　音楽Ⅰ　3　内容　Ａ　表
　　現」の一部である。後の(1)〜(3)に答えよ。

> 　表現に関する資質・能力を次のとおり育成する。
> (1)　歌唱
> 　　歌唱に関する次の事項を身に付けることができるよう指導する。
> 　ア　歌唱表現に関わる知識や技能を得たり生かしたりしながら，
> 　　①自己のイメージをもって②歌唱表現を創意工夫すること。
> 　イ　次の(ア)から(ウ)までについて理解すること。
> 　　(ア)　曲想と(　ア　)，(　イ　)との関わり
> 　(中略)
> 　ウ　創意工夫を生かした歌唱表現をするために必要な，次の(ア)か
> 　　ら(ウ)までの技能を身に付けること。
> 　　(ア)　曲にふさわしい(　ウ　)，(　エ　)，(　オ　)などの技能
> 　　(イ)　(　カ　)を意識して歌う技能
> 　(後略)

(1)　(　ア　)〜(　カ　)にあてはまる語句を答えよ。

(2)　下線部①について，指導要領解説では次のように述べている。
　　(　キ　)〜(　コ　)にあてはまる語句を答えよ。

> 　自己のイメージをもってとしているのは，(　キ　)での学習を基

礎にしつつ，新たに習得した（　ク　），これまでの（　ケ　）などを踏まえて，歌唱表現に対する自己のイメージを一層豊かにし，自分の意思をもって，（　コ　）を明確にしていくことを大切にしているからである。

(3) 下線部②の過程で大切なことについて，指導要領解説ではどのように説明しているか，2つ記せ。

問2　次の文は，指導要領解説「第2章　第1節　音楽Ⅰ　4　内容の取扱い」の一部である。後の(1)，(2)に答えよ。

(1) 内容の「A表現」及び「B鑑賞」の指導については，（　キ　）との関連を十分に考慮し，それぞれ特定の活動のみに偏らないようにするとともに，必要に応じて，③〔共通事項〕を要として各領域や分野の関連を図るものとする。

(8) 内容の「A表現」及び「B鑑賞」の指導に当たっては，思考力，判断力，表現力等の育成を図るため，（　サ　）によるコミュニケーションを図り，芸術科音楽の特質に応じた（　シ　）を適切に位置付けられるよう指導を工夫する。(後略)

(1) （　サ　），（　シ　）にあてはまる語句を答えよ。なお，（　キ　）には問1(2)と同じ語句が入る。

(2) 下線部③について，指導要領解説では次のように述べている。（　ス　），（　セ　）にあてはまる語を答えよ。

〔共通事項〕を要として各領域や分野の関連を図るとは，その題材の学習において主として扱う音楽を形づくっている要素やそれらに関わる用語や記号などを共通に設定して，複数の領域や分野を関連させた一題材を構想したり，主として扱う音楽を形づくっている要素やそれらに関わる要素やそれらに関わる用語や記号などの一部を共通にして，学びの（　ス　）や（　セ　）などをねらって複数の題材の配列の仕方を工夫したりすることなどである。

問3　次の文は，指導要領解説「第3章　各科目にわたる指導計画の作成と内容の取扱い」の一部である。後の(1)，(2)に答えよ。

---

1　指導計画の作成に当たっては，次の事項に配慮するものとする。

　(1)　題材など内容や時間のまとまりを見通して，その中で育む資質・能力の育成に向けて，生徒の[　ソ　]で(　タ　)の実現を図るようにすること。その際，④各科目における見方・考え方を働かせ，各科目の特質に応じた学習の充実を図ること。

---

(1)　[　ソ　]，(　タ　)にあてはまる語句を答えよ。

(2)　下線部④について，指導要領解説では音楽科について次のように述べている。(　チ　)，(　ツ　)にあてはまる語を答えよ。なお，(　イ　)には問1(1)と同じ語句が入る。

---

　音楽的な見方・考え方とは，(　チ　)を働かせ，音や音楽を，音楽を形づくっている要素とその働きの視点で捉え，自己のイメージや(　ツ　)，音楽の(　イ　)などと関連付けることであると考えられる。

---

**解答**　問1　(1)　ア　音楽の構造や歌詞　　イ　文化的・歴史的背景　ウ　発声　　エ　言葉の発音　　オ　身体の使い方　　カ　他者との調和　　(2)　キ　中学校音楽科　　ク　知識や技能　　ケ　生活経験　　コ　表現意図　　(3)　様々な表現を試しながら，新たな知識や技能を習得すること　　既に習得している知識や技能を活用すること　　問2　(1)　サ　音や音楽及び言葉　　シ　言語活動　(2)　ス　連続性　　セ　系統性　　問3　(1)　ソ　主体的・対話的　タ　深い学び　　(2)　チ　感性　　ツ　感情

**解説**　現行のの高等学校学習指導要領は，小学校・中学校との一貫性を重視した内容で構成されている。高等学校を受験する場合は，今後，小・中の学習指導要領を並列して学習することが重要となる。今回の問1，問2の出題方法は中学校の問題と同様に，「歌唱の指導事項」に関する部分と「4　内容の取扱い」からである。特に，「4　内容の取扱い」では，高等学校としては初めて示された〔共通事項〕に関して出題されている。この〔共通事項〕は，小学校・中学校では現行の学習指導要領ですでに示され，学習内容や指導法も変化してきた経緯があ

る。問3の「見方・考え方」の問題も，今回の改訂の重要語句である。高等学校の学習内容や指導方法を変革させていくために，その定義をしっかり理解していくことが重要となる。

**問題 5**

高等学校学習指導要領(平成30年3月告示)「音楽Ⅰ」の2　内容　A表現(3)創作について，（　①　）～（　⑤　）に適する語句の組合せを，あとのア～オのうちから1つ選べ。

---

創作に関する次の事項を身に付けることができるよう指導する。

ア　創作表現に関わる知識や技能を得たり生かしたりしながら，自己の(　①　)をもって創作表現を創意工夫すること。

イ　音素材，音を連ねたり重ねたりしたときの響き，音階や(　②　)などの特徴及び構成上の特徴について，表したいイメージと関わらせて理解すること。

ウ　創意工夫を生かした創作表現をするために必要な，次の(ア)から(ウ)までの技能を身に付けること。

(ア)　(　③　)，変化，対照などの手法を活用して音楽をつくる技能

(イ)　旋律をつくったり，つくった旋律に(　④　)や和音などを付けた音楽をつくったりする技能

(ウ)　音楽を形づくっている要素の働きを変化させ，(　⑤　)や編曲をする技能

---

ア　①　イメージ　②　音程　③　強弱　④　対旋律　⑤　作曲

イ　①　思い　②　音程　③　反復　④　対旋律　⑤　変奏

ウ　①　イメージ　②　音型　③　反復　④　副次的な旋律　⑤　変奏

エ　①　思い　②　音型　③　反復　④　副次的な旋律　⑤　作曲

オ　①　イメージ　②　音型　③　強弱　④　対旋律

⑤　変奏

**解答**　ウ

**解説**　「創作」の単元については，音楽Ⅰと音楽Ⅱではほとんどの文言を共有している。一方音楽Ⅲでは，創意工夫を生かした創作表現をするために必要な技能について，音楽Ⅰ及びⅡのように具体例を挙げていない。比較し確認しておくこと。

━━━━━━━━━ **問題 6** ━━━━━━━━━

　高等学校学習指導要領(平成30年3月告示)「音楽Ⅰ」の2　内容　B鑑賞(1)鑑賞イについて，「理解するもの」として挙げられているのは次のア〜オのうちどれか。適当なものを1つ選べ。

　　ア　曲想や表現上の効果と文化的・歴史的背景との関わり

　　イ　発声や楽器の音色，奏法との関わり

　　ウ　音楽の特徴と音楽の構造，他の芸術との関わり

　　エ　自然音や環境音など音環境との関わり

　　オ　我が国や郷土の伝統音楽の種類とそれぞれの特徴

**解答**　オ

**解説**　アは「文化的・歴史的背景」ではなく「音楽の構造」が正しい。イは該当する記述はない。ウは「音楽の構造」ではなく「文化的・歴史的背景」が正しい。エは該当する記述はない。

━━━━━━━━━ **問題 7** ━━━━━━━━━

　高等学校学習指導要領解説芸術編(平成30年7月)「音楽Ⅰ」4　内容の取扱い(4)の解説に，次のように記されている。文中の空欄に当てはまるものを，下のア〜オのうちから1つ選べ。

　〔共通事項〕は，歌唱，器楽，創作，鑑賞の学習を支えるものとして位置付けられているものである。したがって〔共通事項〕は，(　　　)に，十分留意する必要がある。

ア　表現及び鑑賞の活動と切り離して単独で指導するものではないこと

イ　題材の学習において必ず指導することとされていること

ウ　表現及び鑑賞の活動に先行して指導するものであること

エ　題材の学習において中学校との接続を考慮しながら指導すること

オ　表現及び鑑賞の活動のまとめとして取り扱うこと

**解答**　ア

**解説**　イについては，〔共通事項〕本文に「必ず指導する」ではなく「十分な指導が行われるよう工夫する」とあることから除外できる。ウ・オについては該当する記述は本文及び解説に記述がない。エについては，「内容の取扱い」ではなく〔共通事項〕の解説中に「既習の用語や記号などについても，指導のねらいや生徒の実態を踏まえ，繰り返し扱うことによって理解の定着が図られるよう配慮することも大切である」とあることを確認しておこう。

## 問題 8

高等学校学習指導要領(平成30年3月告示)「音楽Ⅱ」の1　目標として挙げられているのは次のア～オのうちどれか。適当なものを1つ選べ。

ア　曲想と音楽の構造や背景などとの関わり及び音楽の多様性について理解するとともに，創意工夫を生かした音楽表現をするために必要な技能を身に付けるようにする。

イ　自己のイメージをもって音楽表現を創意工夫することや，音楽を評価しながらよさや美しさを自ら味わって聴くことができるようにする。

ウ　音楽に関する知識や技能を総合的に働かせながら，個性豊かに音楽表現を創意工夫したり音楽を評価しながらよさや美しさを深く味わって聴いたりすることができるようにする。

エ　個性豊かに音楽表現を創意工夫することや，音楽を評価しながらよさや美しさを深く味わって聴くことができるようにする。

オ　主体的・協働的に音楽の諸活動に取り組み，生涯にわたり音楽を愛好する心情を育むとともに，感性を磨き，音楽文化を尊重し，音楽によって生活や社会を明るく豊かなものにしていく態度を養う。

**解答** エ

**解説** アは中学校音楽科の目標(1)，イは高等学校芸術科音楽Ⅰの目標(2)，ウは高等学校芸術科音楽Ⅲの目標(2)，エは高等学校芸術科音楽Ⅱの目標(2)，オは高等学校芸術科音楽Ⅲの目標(3)である。

■■■■■■ **問題 9** ■■■■■■

高等学校学習指導要領(平成30年3月告示)の「音楽Ⅰ」 3 内容の取扱い (6)において，表現の指導にあたっては，我が国の伝統的な歌唱及び和楽器を含めて扱うようにすることが示されている。表現の指導にあたって，我が国の伝統的な歌唱及び和楽器を扱う際には，それぞれどのようなことを感じ取らせて表現に生かすことが大切か，簡潔に2つずつ書け。

**解答** 我が国の伝統的な歌唱…・発声の仕方や声の音色　　・節回しの特徴　　和楽器…・音色や響きの特徴　　・奏法の特徴

**解説** なお従前の学習指導要領解説(平成21年7月)では，「音楽Ⅱ」中の我が国の伝統的な歌唱及び和楽器の扱いに関して，「産字」や「コブシ」について触れていたが，今回の改訂では削除されている。

■■■■■■ **問題10** ■■■■■■

次に示す文章は，高等学校学習指導要領(平成30年3月告示)「第3章 主として専門学科において開設される各教科 第11節 音楽」における「第2款 各科目」の「第4 ソルフェージュ」の「1 目標」である。文中の( ① )～( ③ )に適する語句をそれぞれ答えよ。

1 目標

ソルフェージュに関する学習を通して，音楽的な見方・考え方を働かせ，専門的な音楽に関する資質・能力を次のとおり育成することを目指す。

(1) 視唱，視奏及び( ① )に関する知識や技能を身に付けるようにする。

(2) 音楽を形づくっている要素の働きやその( ② )などに関する思考力，判断力，表現力等を育成する。

(3) ( ③ )豊かな表現をするための基礎となる学習を大切にする態度を養う。

**解答** ① 聴音　② 効果　③ 音楽性

**解説** 音楽の専門学科には音楽理論，音楽史，演奏研究，ソルフェージュなど8科目ある。出題としては，音楽Ⅰ〜Ⅲの内容が多いので，まずは音楽Ⅰ〜Ⅲの目標や内容などを学習し，続いて専門学科を確認するとよいだろう。

# 第 7 章

# 作曲・編曲

**作曲・編曲**

## Point

　授業では児童生徒にあった教材提供が必要になることから，音楽教員にある程度の作曲・編曲能力が必要となる。自治体が教員採用試験に作曲・編曲の問題を出すメリットとして音楽教員としての力量や資質が明確になることがあげられる。その一方，採点が煩雑であること，評価が困難といったデメリットも存在する。したがって，作曲・編曲を課している自治体は，音楽教員の創造性をより重視しているといえるだろう。受験生としては，受験する自治体が作曲・編曲を過去に出題しているかを確認し，出題している場合はその傾向を知っておく必要がある。出題していない自治体でも，新たに出題される可能性もあることから，一通り学習しておいたほうがよい。

　対策としては，実際に経験を積むことが最も効果的である。過去問を解き，専門家に添削してもらうことが必要である。さらに，実際に演奏し，課題を見つけるといったことを行えば，力量は格段に上がるだろう。

## 作曲・編曲の傾向

### Check

　問題は単旋律や2声部程度，形式も1部形式，2部形式程度の単純なものであり，どの自治体も本格的な作品ではなく，目の前にいる生徒に音楽に親しませ，学ばせるための最低限の作曲・編曲能力を求めている。具体的には，リコーダーアンサンブルや合唱曲の作曲・編曲，コードネームを付ける，コードネームがつけられた楽譜に作曲するといった課題が見られることから，コードネームの知識は必要であろう。ただし，吹奏楽や合唱などの課外活動での経験や指導を考慮した出題もみられ，高度な力量が試される場合もある。過去問等で作曲の出題形式を確認し，対策を講じること。

# Ａｔｔｅｎｔｉｏｎ！

## 旋律作曲における注意点

　まず，ソプラノリコーダーおよびアルトリコーダーの音域と運指を確認すること。生徒の技能をふまえて編曲しなければならないので，複雑なリズムや運指が難しい臨時記号を多用したものは避けることが望ましい。

## クラスやクラブ活動の状況をふまえた編曲の注意点

　管楽器のための編曲を行う場合，それぞれの調(例：トランペットはB♭管，ホルンはF管など)を確認し，それにあわせた楽譜を用意する必要がある。日頃から総譜(スコア)，移調楽器の楽譜に親しんでおくことが必要である。

## 新曲作曲の注意点

　新曲といっても，中高生が歌えるような平易な旋律で十分である。和声進行も奇異なものでなく，T-SD-D-Tをふまえたオーソドックスなものを考え，クライマックスを必ず入れること。その際，すこし意外性のある和音を挿入してもよい。教室での生徒の様子をイメージすると，作曲しやすい。

演習問題

問題 1

　提示されたリズム動機を用いて，一部形式(a a′)の楽曲を完成させよ。
ただし，下の条件に合わせてつくること。

〈リズム動機〉

〈条件〉

① 楽譜に示されたコード進行を使う。(非和声音を使ってもよい。)
② 旋律的短音階でつくる。

解答

解説　一部形式であるため，提示されたリズムを用いつつ，前半4小節と後
　　　半4小節を大きく変更しない。第4小節は第5小節へ続き，第8小節
　　　は終止するので，この部分とかかわって変化をつけることになる。書
　　　くにあたり，終わりはもちろん，冒頭の音も主音にしておくのがよい。
　　　また8分の6拍子であることから，2拍子系にすることを考え，非和
　　　声音は1拍目や4拍目には置かず，経過音や刺繍音などの扱いによっ

291

て弱拍や細かいリズムにあわせて配置する。なお，旋律的短音階は上行形の第6音と第7音が半音上がるため，臨時記号を忘れずにつけること。跳躍進行や複雑な動きは控えて，確実に書き上げる。

━━━━━ 問題 2 ━━━━━

次の楽譜について，下の[問1]～[問4]に答えよ。

[問1]　楽譜中の①～③の音をアルトリコーダーで演奏する場合の指使いを，次の運指番号を用いて数字で書け。ただし，運指システムはバロック式又はイギリス式とし，サミングは∅で，6及び7のダブルホールの片方だけを押さえる場合は6及び7で記入せよ。また，実際の音高は楽譜に示された音高より1オクターヴ高いものとする。

[問2]　上の楽譜をフレンチホルン(ヘ管)で演奏する場合の楽譜を，調号及び拍子記号も含めて五線譜に書け。

[問3]　上の楽譜を第1パートとし，アルトリコーダーによる二重奏となるよう，第2パートの楽譜を五線譜に書け。ただし，各小節とも次の(A)～(C)の条件をすべて満たすこと。
(A)　コードネームに示された構成音以外の音高の使用は1回までとする。
(B)　第2パートの音高は，第1パートを超えないこと。
(C)　3音以上用いること。ただし，同じ音高を連続させないこと。

[問4] 上の楽譜の旋律から始まる16小節からなる旋律を創作して，五線譜に書け。ただし，次の(A)〜(F)の条件をすべて満たすこと。

(A) アルトリコーダーで演奏できる音域であること。

(B) 二部形式であること。

(C) 12小節目は半終止すること。

(D) 16小節目は完全終止すること。

(E) 1小節目の動機の反行形を用いた小節を含むこと。

(F) シンコペーションのリズムを用いること。

解答 [問1] ① 12   ② ∅ 1235   ③ 2

[問2]

[問3]

[問4]

解説 [問1] アルトリコーダーの運指の問題は頻出である。本問のように指番号で問われると正答しにくい。問題のリコーダーの図でよく確認すること。 [問2] フレンチホルン(ヘ管)の実音は完全5度低いので, 記譜では, 完全5度上に移調しなければならない。問いの楽譜の調性はホ短調であり, 完全5度上の調性はロ短調となる。したがって調号は, ファ♯とド♯の2つとなる。 [問3] コードネームが提示されているので使用できる音は限定される。ソプラノメロディーに対して, 下にアルトメロディーをつけるような意識で, 重なる和声の響きを確認しながら作曲する。 [問4] 条件のうち, (A)アルトリコーダーの音域は, 下一点ヘ音から二点ト音の間である。(B)二部形式とは, 2つの大楽節からできている曲のことである。解答例では, 1～8小節目がAの大楽節, 9～10小節目がBの大楽節と

なっている。A(a a′) B (b a″) という構成でつくられている。構成が決められているので，二部形式の意味さえわかっていれば，主題に対して展開するだけなので，つくりやすい。(C)半終止とは，ドミナントⅤで一旦止めることである。12小節目はホ短調のⅤの和音であるBの和音にすること。(D)完全終止はその名の通り，Ⅴ→Ⅰで，曲の終止はEにすること。(E)反行形とは，上行のものは下行へ，下行は上行へと置き換えたもののことである。解答例では9小節目に使用されている。素材の発展，展開の技法については他に，逆行系，逆反行形がある。併せて確認しておくこと。(F)解答例では7小節目，10小節目，15小節目にシンコペーションが用いられている。音楽に動きと変化をつけられる。

## 問題 3

　音楽を形づくっている要素の働きを変化させることによって，音楽の表情や雰囲気が変わることを感じ取りながら，創作を行う学習について，次の問いに答えよ。

　ヘ長調4分の3拍子で4小節の終止感のある単旋律を作成せよ。

　また，その後にそれを主題として2つの変奏を作り，それぞれの変奏について，主題に対して主にどのような変化を与えたかを書け。なお，2つの変奏については，それぞれ4小節とし，1段の五線譜上に書くものとする。

**解答**　ヘ長調，4分の3拍子，4小節の単旋律

変奏1

　1～3小節の旋律をすべて8分音符にして装飾した。

変奏2

拍子を4拍子にするとともに，同主短調にした。

**解説** ヘ長調の曲なので，ヘ(ファ)で始まり，ヘ(ファ)で終わると作りや
すい。和声の進行は解答例では I - II - V - I。和声の進行を決めてか
ら，旋律を考えた方が作りやすいだろう。変奏については，指定が
ないので，難しく作るよりも正しく作ることを心がけること。

## 問題 4

A. ヴィヴァルディ作曲の「和声と創意の試み」第1集「四季」から「春」第
1楽章をサキソフォンアンサンブルで演奏するために，編曲をしようとして
いる。次の楽譜は原曲の冒頭の部分の旋律である。この部分では全楽器を
ユニゾンで演奏することにより印象を強めようと考えた。以下の①～③の
条件に沿って楽譜を書け。

① Soprano Sax の開始音は五線に記譜してある音とし，Soprano Sax
と Alto Sax は同じ高さの音で演奏するものとする。
② Tenor Sax は Alto Sax の1オクターブ下の音で，Baritone Sax は
Tenor Sax の1オクターブ下の音で演奏するものとする。
③ 臨時記号を用いず，必要な場合は調号を書き加えること。

解答

解説　原調はE durである。ソプラノサキソフォンはB♭管で，実音が長2度低いので，指定された開始音が実音変ロ音になっていることから，元の調を増4度下げB durにする必要がある。記譜では長2度高くするので，C durで記譜する。アルトサキソフォンはE♭管で，実音は記譜音より長6度低いので，記譜は，B durの長6度上のG durにする。テナーサキソフォンはB♭管で，実音は記譜音の1オクターブと長2度低くなる。記譜はソプラノサキソフォンと同じである。バリトンサキソフォンはE♭管で，移調はアルトサキソフォンと同じだが，バリトンサキソフォンの1オクターブ下の音なので，アルトサキソフォンを1オクターブ下げて記譜する。

## 問題 5

次の動機とコードネームをもとに，「音楽Ⅰ」の授業で演奏するための三重奏を作曲せよ。編成はソプラノリコーダー (SR)，アルトリコーダー (AR)，ギター (Gt)とする。ただし，ギターは，あとのダイアグラムをもとにすること。

[ダイアグラム]

**解答**

<hr/>

解説 示された動機とコードネームをもとに，ソプラノリコーダー，アルト
リコーダー，ギターの三重奏を作曲する問題。各コードネームは次の
通りである。 ・Am(A－C－E) ・Dm(D－F－A) ・E(E－G♯
－H) ・F(F－A－C)。各小節にあたえられたコードネームをもと
に，その小節の和音の種類を考えていく。

# 第8章

# 学習指導案

# 学習指導案

## Point

　指導方針や理念，教員に必要な知識，授業の構成力などの即戦力に必要な能力，そして知識や技術を実践にどう活用するかといった応用力をみるため，学習指導案や授業計画作成などの問題は，年を追うごとに増加している。特に，評価項目の設定などは他の形式では測定が難しいことから，筆記試験では配点が非常に高い傾向がうかがえる。

　即戦力に必要な能力を具体的にあげると想像力，創造力，指導力，教育公務員としてのモラルやセンスであり，受験生間の実力差が現れやすい。したがって，臨時採用などで教壇に立っている受験生は慣れという点から有利と考えられる。しかし，学生であっても，自己の知識を基本として，学習指導案の作成方法を学習し，作成したものを先輩などに採点してもらう等，「実践感覚」を身に付けておくことで，合格ラインに達することは十分可能である。音楽教員になるための学習の集大成として，ぜひ積極的に取り組んでほしい。

## 学習指導案の作成

**Check**

　学習指導案は自治体・学校で形式が異なるため，採点の公平性を保つのが困難である。また，作成には時間がかかることから，教員採用試験において，完全な学習指導案を作成させる自治体は少なく，状況や項目などを指定し，指導案の一部を解答させる形式が一般的である。

### 1. 学習指導案の準備

　学習指導案は学習指導要領や各自治体の教育目標，学校の教育目標，学年目標をふまえ，年間指導計画の中に組み込まれる授業計画の1つである。したがって，目標や指針を周到に検討した上で作成に取りかからなければならないが，教員採用試験ではこのプロセスは省略されている。したがって，学習指導案を作成する上で欠くことのできない準備としては教材研究，指導法研究の2点に絞られる。

### ① 教材研究

　教材研究とは，目標などを踏まえた，教授方法を中心とした内容全般の研究であり，歌唱教材であれば成立背景や歌詞の内容，楽曲の構造を熟知した上で，暗譜で伴奏し，歌うことができるといったことがあげられる。

### ② 指導法研究

　指導目標を達成するため，教材のどの部分をどのような手順で教えるかを考える。実際の学習指導案では，児童・生徒の能力や地域・学校の事情など，さまざまな要素が加わるため，最も苦戦を強いられるが，教員採用試験で詳細な条件が設定されることはほとんどない。そして，目標が達成できたかどうかを客観視するための「評価規準」を作成する。これらのプロセスにおいて，教員は児童・生徒がどう反応し，学習するかを想像しながら行うことが必要である。

## 2. 音楽科学習指導案の構造

　先述の通り，学習指導案は形式や項目，自治体や学校などによって異なっていることから，一般的な内容を列記する。

### ① 題材名

　授業における目標などを表す。題材によっては，1〜数時間の授業を構成することになる。題材には①「主題による題材構成」と②「楽曲による題材構成」の2種類がある。

### ② 題材の目標

　題材が目指すものを具体的に示したもので，通常は2〜3設定される。

### ③ 題材の趣旨(題材観)

　題材の内容が教科目標，学習指導要領のどの項目に該当するかを明確にする。

### ④ 児童の実態(児童観)

　児童の実態や状態，音楽に対するモチベーションなどを書くが，先述の通り，採用試験において記載するケースはあまり見受けられない。

### ⑤ 学習指導の方針(学習指導観)

　題材，題材の目標，その意図，児童の実態を踏まえて，具体的な「指導戦略」がここで述べられる。

### ⑥ 教材と教材選択の視点

　教材は「主題による題材構成」の場合，複数曲を選択するのが一般的である。教材曲の成立背景，曲の構造，特徴，作曲者や作詞者の紹介等，実際の授業で使う内容が記載される。

### ⑦ 評価規準

　評価の観点を総合的に記述する。音楽科の場合，「知識・技能」「思考・判断・表現」「主体的に学習に取り組む態度」の観点から評価を行う。各学年，各題材に評価規準を作成しなければならず，はじめは学習指導要領や「『指導と評価の一体化』のための学習評価に関する参考資料」を参照しながら記述することになるだろう。

○　具体的な評価規準の例

＜例1＞第1学年

A表現(1)において，事項ア，イ(ア)，ウ(イ)で題材を構想している場合の例

　ア　歌唱表現に関わる知識や技能を得たり生かしたりしながら，歌唱表現を創意工夫すること。

　イ　次の(ア)及び(イ)について理解すること。

　　(ア)　曲想と音楽の構造や歌詞の内容との関わり

　ウ　次の(ア)及び(イ)の技能を身に付けること。

　　(イ)　創意工夫を生かし，全体の響きや各声部の声などを聴きながら他者と合わせて歌う技能

| 題材の評価規準例 | 知識・技能 | 思考・判断・表現 | 主体的に学習に取り組む態度 |
|---|---|---|---|
| | 知（※1）　曲想と音楽の構造や歌詞の内容との関わりについて理解している。技（※1）　創意工夫を生かし，全体の響き~~や各声部の声など~~（※2）を聴きながら他者と合わせて歌う技能を身に付け，歌唱で表している。 | 思（※1）　音色，速度，旋律（※3）を知覚し，それらの働きが生み出す特質や雰囲気を感受しながら，知覚したことと感受したこととの関わりについて考え，どのように歌うかについて思いや意図をもっている。 | 態（※1）　旋律と言葉との関係に関心をもち，（※4）音楽活動を楽しみながら主体的・協働的に歌唱の学習活動に取り組もうとしている。 |

※1：「知識」と「技能」は，それぞれ分けて指導事項を示していること，また評価方法や評価場面が異なることが想定されること等を踏まえ，知，技と分けて略記している。「思考・判断・表現」と「主体的に学習に取り組む態度」については，それぞれ思，態と略記している。

※2：事項に示している内容のうち，本題材の学習で扱わない部分については削除できる。

※3：「音楽を形づくっている要素」には，中学校学習指導要領第5節音楽の「第3　指導計画の作成と内容の取扱い」の2(9)に示した「音色，リズム，速度，旋律，テクスチュア，強弱，形式，構成など」の中から，その題材の学習において生徒の思考・判断のよりどころとなる主な音楽を形づくっている要素を適切に選択して記載する。

※4：文頭に，その題材の学習に粘り強く取り組んだり，自らの学習を調整しようとする意思をもったりできるようにするために必要な，扱う教材曲や曲種等の特徴，学習内容など，生徒に興味・関心をもたせたい事

柄を記載する。

＜『指導と評価の一体化』のための学習評価に関する参考資料　中学校音楽
より抜粋＞

⑧　題材の指導と評価の計画
　題材が複数の授業時で構成される場合，各授業における内容と評価の概
要を一覧にする。例えば3時間構成の場合，「目標，学習活動」「学習内容(最
近は共通事項として示される場合がある)」「学習活動における具体的な評
価規準と評価方法等」について簡記する。
⑨　本時の展開
　ねらいや学習内容，学習の展開，主な学習活動，教師の働きかけ，具体
的な評価規準を実際の授業に見立てた形式で記載する。一般的には「導入」
「展開」「まとめ」と3部分に分ける。それぞれの時間配分を書き入れる場
合が多い。

○ 「本時案」の例

(1)目　標：ラヴェルの「ボレロ」のオーケストレーションのすばらしさを
　　　　　　知る

(2)資　料：教科書，CD，フルート等の楽器，ワークシート

| | 学習内容・学習活動 | 指導上の留意点 | 評価 |
|---|---|---|---|
| 導入（10分） | ○前時の復習をする<br>・ラヴェルの音楽の特徴について<br>・ラヴェルと同時代に活躍していた作曲家について | ・ドビュッシーやバルトークについて説明する | ・前時の内容を正確に理解しているか |
| 展開（30分） | ○ボレロで使用される楽器について知る<br>・フルートやクラリネット，オーボエに触れる<br><br>○ボレロを全曲視聴する | ・実際に楽器に触れ，教員が演奏した音を聞く機会を持つ<br><br>・各楽器がどこで使われたか等について，注意して聴くように指導する<br>・視聴後，グループになって楽器の使われ方等について話し合う | ・楽器について積極的に触れたりしたか<br><br>・メモを取るなど積極に鑑賞する姿勢が見られたか<br>・話し合いに積極的に参加していたか |
| まとめ（10分） | ○本時のまとめを行う | ・今日学んだこと，勉強になったことなど，感想・反省をワークシートに記入させる | ・本時の目標をきちんと理解し，感想・反省を的確に記入できたか |

**指導方法に関する論述**

## Check

　教員採用試験では，学習指導案を全て作成する代わりに指導方法や評価方法のみ問うといった形式も増加しており，傾向は大きく2つに分かれる。1つは提示された「題材名」から授業でどのように展開させるかという問題，もう1つは，教室内で現実にみられる指導の問題，困難な点などをどう解決するかといったものである。前者は学習指導案を作成するプロセスにそって考察しなければならないので，構成力が問われるのに対し，後者は授業での対応力も問われることがある。

### ●学習指導案例

事例1　キーワード 指導と評価の計画から評価の総括まで

「歌詞が表す情景や心情を思い浮かべ，曲想を味わいながら表現を工夫して歌おう」（第2学年）

　本事例は，「荒城の月」（土井晩翠作詞／滝廉太郎作曲），「早春賦」（吉丸一昌作詞／中田章作曲）を教材として，曲想と音楽の構造や歌詞の内容との関わりを理解しながら，曲にふさわしい歌唱表現を創意工夫して歌う歌唱の題材である。学習指導要領の内容は，「A表現」(1)歌唱の事項ア，イ(ｱ)，ウ(ｱ)，〔共通事項〕（本題材の学習において，生徒の思考・判断のよりどころとなる主な音楽を形づくっている要素：「リズム(拍子)」，「速度」，「旋律(音のつながり方やフレーズ)」，「強弱」）を扱う。

| 音楽科　　事例1 | |
| --- | --- |
| キーワード　指導と評価の計画から評価の総括まで | |
| **題材名**<br>　歌詞が表す情景や心情を思い浮かべ，曲想を味わいながら表現を工夫して歌おう（第2学年） | **内容のまとまり**<br><br>〔第2学年及び第3学年〕<br>　「A表現」(1) 歌唱　及び　〔共通事項〕(1) |

### 1　題材の目標

(1)　「荒城の月」，「早春賦」の曲想と音楽の構造や歌詞の内容との関わりについて理解するとともに，創意工夫を生かした表現で「早春賦」を歌うために必要な発声，言葉の発音，身体の使い方などの技能を身に

306

付ける。

(2) 「荒城の月」,「早春賦」のリズム, 速度, 旋律, 強弱を知覚し, それらの働きが生み出す特質や雰囲気を感受しながら, 知覚したことと感受したこととの関わりについて考え,「早春賦」にふさわしい歌唱表現を創意工夫する。

(3) 「荒城の月」,「早春賦」の歌詞が表す情景や心情及び曲の表情や味わいに関心をもち, 音楽活動を楽しみながら主体的・協働的に歌唱の学習活動に取り組むとともに, 我が国で長く歌われている歌曲に親しむ。

## 2 本題材で扱う学習指導要領の内容

第2学年及び第3学年 A表現 (1) 歌唱

ア 歌唱表現に関わる知識や技能を得たり生かしたりしながら, 曲にふさわしい歌唱表現を創意工夫すること。

イ 次の(ア)及び(イ)について理解すること。

(ア) 曲想と音楽の構造や歌詞の内容及び曲の背景との関わり

ウ 次の(ア)及び(イ)の技能を身に付けること。

(ア) 創意工夫を生かした表現で歌うために必要な発声, 言葉の発音, 身体の使い方などの技能

〔共通事項〕(1)

(本題材の学習において, 生徒の思考・判断のよりどころとなる主な音楽を形づくっている要素:「リズム」,「速度」,「旋律」,「強弱」)

## 3 題材の評価規準

| 知識・技能 | 思考・判断・表現 | 主体的に学習に取り組む態度 |
|---|---|---|
| 知 「荒城の月」,「早春賦」の曲想と音楽の構造や歌詞の内容との関わりを理解している。 技 創意工夫を生かした表現で「早春賦」を歌うために必要な発声, 言葉の発音, 身体の使い方などの技能を身に付け, 歌唱で表している。 | 思 「荒城の月」,「早春賦」のリズム, 速度, 旋律, 強弱を知覚し, それらの働きが生み出す特質や雰囲気を感受しながら, 知覚したことと感受したこととの関わりについて考え,「早春賦」にふさわしい歌唱表現としてどのように表すかについて思いや意図をもっている。 | 態 「荒城の月」,「早春賦」の歌詞が表す情景や心情及び曲の表情や味わいに関心をもち, 音楽活動を楽しみながら主体的・協働的に歌唱の学習活動に取り組もうとしている。 |

## 4 指導と評価の計画（4時間）

| 時 | ◆ねらい　○学習内容　・学習活動 | 知・技 | 思 | 態 |
|---|---|---|---|---|
| | | \( 　\)内は評価方法 | | |
| 1 | ◆「荒城の月」，「早春賦」の歌詞が表す情景や心情及び曲の表情や味わいなどに関心をもつ。 | | | |
| | ○「荒城の月」，「早春賦」の歌詞の内容や曲想に関心をもつ。<br>・「荒城の月」，「早春賦」のCDを聴いて印象などを自由に話し合う。<br>・「荒城の月」，「早春賦」それぞれの1番について，歌詞を音読したり歌ったりして，歌詞が表す情景や心情，曲の雰囲気などをワークシートⅠ－①に書く。<br>　※ワークシートは本事例の最終頁を参照<br>・書いたことを基にして学級全体で発表し合い，他の生徒の意見でよいと思ったことをワークシートⅠ－①に書き加える。<br>○「荒城の月」，「早春賦」の音楽の特徴の相違点などに気付く。<br>・二つの曲を歌い比べながら，それぞれの音楽について気付いた特徴をワークシートⅠ－②に書く。（第2時以降の学習に生かす。） | | | |
| 2 | ◆「荒城の月」の音楽を形づくっている要素を知覚し，それらの働きが生み出す特質や雰囲気を感受するとともに，知覚したことと感受したこととの関わりについて考える。 | | | |
| | ○「荒城の月」の音楽を形づくっている要素を知覚し，それらの働きが生み出す特質や雰囲気を感受する。<br>・「荒城の月」を歌ったりCDを聴いたりして，リズム（拍子），速度，旋律（音のつながり方やフレーズ），強弱を知覚・感受し，捉えた音楽の特徴をワークシートⅡ－①に書く。<br>○「荒城の月」について知覚したことと感受したこととの関わりについて考えるとともに，音楽の特徴と歌詞の内容とを関わらせて歌う。<br>・ワークシートⅡ－①に書いた「音楽を形づくっている要素」と「感じ取ったこと」を線で結び，適宜，書いた内容を修正する。<br>・歌詞の内容をワークシートⅡ－②に端的に書き，音楽の特徴と歌詞の内容との関わりも意識して，「荒城の月」を歌う。（「音楽の特徴」と「歌詞の内容」を線で結ぶ。）<br>○前時の学習を想起して「早春賦」を歌う。<br>・「荒城の月」との雰囲気の違いを感じながら歌う。<br>・「早春賦」の歌詞，リズム，音高などを意識しながら歌う。 | | | |
| 3 | ◆「荒城の月」と対比しながら，「早春賦」のリズム（拍子），速度，旋律（音のつながり方やフレーズ），強弱などの特徴を捉え，曲想と音楽の構造や歌詞の内容との関わりを理解するとともに，音楽表現を創意工夫する。 | | | |
| | ○「早春賦」の歌詞が表す情景や心情を想像して歌う。<br>・「早春賦」の歌詞を読み，歌詞が表している情景や心情について話 | | | |

308

| | | | |
|---|---|---|---|
| | し合い，それらを思い浮かべながら「早春賦」を歌う。<br>○「荒城の月」と対比するなどして，「早春賦」のリズム（拍子），速度，旋律（音のつながり方やフレーズ），強弱を知覚・感受し，「早春賦」の曲想や歌詞の内容を味わい，音楽の構造との関わりを踏まえて曲にふさわしい音楽表現を追求する。<br>・「早春賦」について，知覚したことと感受したこととの関わりについて考え，どのように歌うかについて意見交換をする（グループ）。その際，ワークシートⅠ，Ⅱに書いた内容を振り返って「荒城の月」と対比したり，楽譜（旋律，歌詞，記号など）を手掛かりにしたりする。<br>・知覚したことと感受したこととの関わりについて考えたことを基に，6/8拍子の感じ方，速度，音のつなげ方やフレーズの捉え方，強弱などを変えて様々に歌い試しながら，「早春賦」にふさわしい音楽表現について考える（グループ）。<br>・どのように歌うかについての思いや意図をワークシートⅢの1の楽譜に書き込み，特に表現を工夫するポイント（理由も含む）をワークシートⅢの2に書く（個人）。<br>・ワークシートⅢに書いたことを発表し合い，グループや学級全体で歌い試しながら，「早春賦」にふさわしい音楽表現について共有する。 | 知〈ワークシートⅠ・Ⅱ・Ⅲ〉 | 思〈観察〉〈ワークシートⅢ〉 |
| 4 | ◆創意工夫を生かして「早春賦」を歌う。<br><br>○ 創意工夫を生かした表現をするための歌い方を追求する。<br>・前時で取り組んだ音楽表現の創意工夫を想起しながら，曲にふさわしい音楽表現となるように学級全体やグループで，発声，言葉の発音，呼吸する際の身体の使い方などをいろいろと試す。<br>○ 思いや意図をもって「早春賦」を歌う。<br>・どのように歌うかについての思いや意図を再確認するとともに，考えが変わったりより具体的になったりしたところがある場合は，ワークシートⅢに加筆修正する。（加筆修正があった場合は，思の評価に反映する。）<br>・思いや意図と発声，言葉の発音，呼吸する際の身体の使い方などの技能との関係を意識しながら，グループや学級全体で歌う。<br>○ 題材における学習を振り返る。<br>・「荒城の月」と「早春賦」を学級全体で歌い，学習全体を振り返り，歌詞の内容，曲想，音楽の構造などに触れながら，学んだことをワークシートⅣに書く。 | 技〈演奏（歌唱）〉 | 態〈観察〉〈ワークシートⅣ〉 |

## 5 観点別学習状況の評価の進め方)

### (1) 題材の評価規準の設定

本事例では，(a)〜(c)のような手順で題材の評価規準を設定した。

(a) 該当学年の評価の観点とその趣旨を確認する。

第2学年及び第3学年の評価の観点とその趣旨

|  | 知識・技能 | 思考・判断・表現 | 主体的に学習に取り組む態度 |
|---|---|---|---|
| 趣旨 | ・曲想と音楽の構造や背景などとの関わり及び音楽の多様性について理解している。<br><br>・創意工夫を生かした音楽表現をするために必要な技能を身に付け，歌唱，器楽，創作で表している。 | 音楽を形づくっている要素や要素同士の関連を知覚し，それらの働きが生み出す特質や雰囲気を感受しながら，知覚したことと感受したこととの関わりについて考え，曲にふさわしい音楽表現としてどのように表すかについて思いや意図をもったり，音楽を評価しながらよさや美しさを味わって聴いたりしている。 | 音や音楽，音楽文化に親しむことができるよう，音楽活動を楽しみながら主体的・協働的に表現及び鑑賞の学習活動に取り組もうとしている。 |

(b) 本題材で扱う学習指導要領の内容を明確にする。

第2学年及び第3学年 A表現 (1) 歌唱

　ア 歌唱表現に関わる知識や技能を得たり生かしたりしながら，曲にふさわしい歌唱表現を創意工夫すること。

　イ 次の(ｱ)及び(ｲ)について理解すること。

　　(ｱ) 曲想と音楽の構造や歌詞の内容及び曲の背景との関わり

　ウ 次の(ｱ)及び(ｲ)の技能を身に付けること。

　　(ｱ) 創意工夫を生かした表現で歌うために必要な発声，言葉の発音，身体の使い方などの技能

　　〔共通事項〕(1)

　　(本題材の学習において，生徒の思考・判断のよりどころとなる主な音楽を形づくっている要素：「リズム」，「速度」，「旋律」，「強弱」)

(c) 第3編第1章の「2 題材の評価規準の作成のポイント」を参考に，本題材で扱う学習指導要領の内容に置き換える。

| 知識・技能 | 思考・判断・表現 | 主体的に学習に取り組む態度 |
|---|---|---|
| ・「荒城の月」,「早春賦」の(※1)曲想と音楽の構造や歌詞の内容及び曲の背景(※2)との関わりを理解している。<br>・創意工夫を生かした表現で「早春賦」を(※1)歌うために必要な発声,言葉の発音,身体の使い方などの技能を身に付け,歌唱で表している。 | 「荒城の月」,「早春賦」の(※1)リズム,速度,旋律,強弱(※3)を知覚し,それらの働きが生み出す特質や雰囲気を感受しながら,知覚したことと感受したこととの関わりについて考え,「早春賦」(※1)にふさわしい歌唱表現としてどのように表すかについて思いや意図をもっている。 | 「荒城の月」,「早春賦」の(※1)歌詞が表す情景や心情及び曲の表情や味わいに関心をもち,(※4)音楽活動を楽しみながら主体的・協働的に歌唱の学習活動に取り組もうとしている。 |

※1：教材名を挿入した。

※2：事項に示している内容のうち，本題材の学習で扱わない部分については削除した。

※3：「音楽を形づくっている要素」には，中学校学習指導要領　第5節音楽の「第3　指導計画の作成と内容の取扱い」の2(9)に示した「音色，リズム，速度，旋律，テクスチュア，強弱，形式，構成など」の中から，本題材の学習において生徒の思考・判断のよりどころとなる主な音楽を形づくっている要素を適切に選択して記載した。

※4：文頭に，本題材の学習に粘り強く取り組んだり，自らの学習を調整しようとする意思をもったりできるようにするために必要な，教材曲や曲種等の特徴，学習内容など，生徒に興味・関心をもたせたい事柄を記載した。

以上の手順で，本題材の評価規準を以下のように設定した。

| 知識・技能 | 思考・判断・表現 | 主体的に学習に取り組む態度 |
|---|---|---|
| 知　「荒城の月」,「早春賦」の曲想と音楽の構造や歌詞の内容との関わりを理解している。<br><br>技　創意工夫を生かした表現で「早春賦」を歌うために必要な発声,言葉の発音,身体の使い方などの技能を身に付け,歌唱で表している。 | 思　「荒城の月」,「早春賦」のリズム,速度,旋律,強弱を知覚し,それらの働きが生み出す特質や雰囲気を感受しながら,知覚したことと感受したこととの関わりについて考え,「早春賦」にふさわしい歌唱表現としてどのように表すかについて思いや意図をもっている。 | 態　「荒城の月」,「早春賦」の歌詞が表す情景や心情及び曲の表情や味わいに関心をもち,音楽活動を楽しみながら主体的・協働的に歌唱の学習活動に取り組もうとしている。 |

## (2) 題材全体の学習指導における評価の位置付けと回数

| 時 | 主な学習内容 | 評価の位置付け | | | 評価の回数 |
|---|---|---|---|---|---|
| | 題材全体の学習指導 | 評価の観点と主な評価の対象 | | | |
| | | 知識・技能 | 思考・判断・表現 | 主体的に学習に取り組む態度 | |
| 1 | ・「荒城の月」,「早春賦」の歌詞の内容,曲想などに関心をもつ。 | | | | 0 |
| 2 | ・音楽を形づくっている要素を知覚・感受し,「荒城の月」を歌唱する。 | | | | 0 |
| 3 | ・前時の学習を生かして,「早春賦」の音楽表現を創意工夫する。 | 知 曲想と音楽の構造等との関わりの理解 | 思 音楽を形づくっている要素の知覚・感受に基づく歌唱表現の創意工夫 | | 2 |
| 4 | ・曲にふさわしい表現で主体的に「早春賦」を歌唱する。・題材全体の学習の振り返りをする。 | 技 創意工夫を生かして歌う技能 | | 態 学習活動に対する主体的・協働的な取組 | 2 |

　「知識・技能」については，知識の習得に関する評価規準知を第3時に位置付け，曲想と音楽の構造等との関わりについての理解の状況を評価すること，技能の習得に関する評価規準技を第4時に位置付け，創意工夫を生かした表現で歌うために必要な技能の習得の状況を評価することとした。

　「思考・判断・表現」の評価規準思を第3時に位置付け，第2時から第3時までの，音楽を形づくっている要素の知覚・感受，また知覚したことと感受したこととの関わりについて考えている状況や，思いや意図をもつ過程や結果の状況を評価することとした。

　「主体的に学習に取り組む態度」の評価規準（態）を第4時に位置付け，第1時から第4時までの，本題材の学習活動への取組の状況について総括的に評価することとした。「主体的に学習に取り組む態度」については，本題材の学習内容等に関心がもてるようにしながら，各時間の学習活動に粘り強く取り組んでいるか，また，本題材の目標の実現に向けて自己の学習を調整しようとしながら取り組んでいるか等について継続的な把握に努め，適切な場面で総括的に評価することが求められる。

　一方，実際の学習活動にあっては，これらの三つの観点に係る資質・能力は深く関わり合っている。例えば，曲想と音楽の構造や歌詞の内容との関わりについての理解は，第1時，第2時の学習が基盤となっている。また，そこでは，〔共通事項〕アに相当する思考力，判断力，表現力等がその支えとなっている。したがって教師は，生徒の状況を常に把握しながら授業を進め，様々な状況に応じた工夫のある指導を行い，生徒一人一人にとって学習が充実するように努めることが大切である。

　このように，生徒の状況を常に把握し，工夫のある指導を十分に行う中で，評価規準に基づいて生徒一人一人の状況をA・B・Cで判断し，その結果を記録に残す。この評価の結果を記録に残す場面を精選し，上記のように1単位時間当たり0〜2回とした。

### (3)　「おおむね満足できる」状況(B)と判断するポイントと「努力を要する」状況(C)と判断されそうな生徒への働きかけの例

| 観点 | 評価規準 | （評価方法）<br>「おおむね満足できる」状況（B）と判断するポイント<br>「努力を要する」状況（C）と判断されそうな生徒への働きかけの例 |
|---|---|---|
| 知識・技能 | 知 | 〈ワークシートⅠ〉<br>　感じ取った曲想と気付いた特徴について，おおむね妥当な内容を書いているか。<br>〈ワークシートⅡ〉<br>　感じ取った曲想と音楽の構造に関わる要素の表れ方，歌詞の内容等を書き，それぞれの関係性をおおむね妥当に捉え，線でつないでいるか。<br>〈ワークシートⅢの1〉<br>　楽譜に書き込まれた言葉や記号などから，「早春賦」の雰囲気や表情，味わいなどが，どのような音楽の構造や歌詞の内容によって生み出されているのかを捉えていることが見て取れるか。<br>　「荒城の月」と「早春賦」の雰囲気の違いなどについて対話しながら，速度を変えた演奏を聴かせるなどして，雰囲気の違いが音楽を形づくっている要素の働きによって生み出されていることに気付けるようにする。 |
| | 技 | 〈演奏（歌唱）〉<br>　創意工夫を生かした表現で歌うために必要な発声，言葉の発音，身体の使い方などの技能について学習した内容が歌唱表現に表れているか。<br>　生徒とともにブレスの位置を変えて歌うなどしながら，言葉のまとまりや，言葉のまとまりを生かして歌うために必要な息の量などに意識を向けられるようにする。 |
| 思考・判断・表現 | 思 | 〈観察〉<br>　「早春賦」にふさわしい音楽表現を追求する場面において，どのように工夫して歌いたいかについて発言したり歌い表そうとしたりしているか。<br>〈ワークシートⅢ〉<br>　感じ取った曲想や音楽の構造，歌詞の内容などに触れながら，どのように歌いたいかについて，自分なりの思いや意図を書いているか。 |

| | | |
|---|---|---|
| | | 「荒城の月」と「早春賦」の雰囲気の違いなどを基に，生徒とともに「早春賦」を速度やブレスの位置を変えて歌うなどしながら，「早春賦」から感じ取った雰囲気にふさわしい表現について対話し，思いや意図がもてるよう促す。 |
| 主体的に学習に取り組む態度 | 態 | 〈観察〉 「荒城の月」，「早春賦」の歌詞が表す情景や味わいに関心をもち，自分が知覚・感受したことや他者の気付きなどを基に，どのように歌うかについて考えたり他者と共に歌い試したりしようとしている様子が，本題材の学習を通じて見て取れたか。 |
| | | 〈ワークシートⅣ〉 学習の全体を振り返って，自分が学んだことについて，授業での学習内容を踏まえて書いているか。 |
| | | 「荒城の月」や「早春賦」を，言葉のまとまりとは異なる位置でブレスをして歌ったり，速度を極端に変えて歌ったりした演奏を聴かせ，そのことによって感じる違和感などについて対話し，歌詞と旋律との関係や音楽を形づくっている要素の働きなどについて興味がもてるようにする。 |

# Ａｔｔｅｎｔｉｏｎ！

## 学習指導案の作成

　学習指導案を作成する際は，順を追って考えると理解しやすい。本章の内容をまとめると次のようになる。

**作成準備**
・教材研究……授業における教材の研究で楽曲であれば歌詞の内容等をまとめる
・指導法研究…教材をどのように使うかを検討する(省略される場合が多い)

**① 題材名**
・題材によっては数時間を構成するものもある
・主題による題材の場合，楽曲は複数になることが多い

**② 題材の目標**
・題材によっては複数になる場合もある

**③ 題材の趣旨(題材観)**
・学習指導要領，学校目標等のどの部分に該当するかを明記する

**④ 児童の実態(児童観)**
・省略される場合が多い

**⑤ 学習指導の方針(学習指導観)**
・①〜④を踏まえて，どのように授業を行うかを明記する

**⑥ 教材選択の視点**
・実際に授業で使用する内容を明記する

**⑦ 評価規準**
・4つの観点から評価を行う

## 演習問題

「中学校学習指導要領(平成29年3月告示)第2章　第5節　音楽「第2各学年の目標及び内容」では，次のように示されている。

---

〔第1学年〕2内容　B鑑賞

(1)　鑑賞の活動を通して，次の事項を身に付けることができるよう指導する。

　ア　鑑賞に関わる知識を得たり生かしたりしながら，次の(ア)から(ウ)までについて自分なりに考え，音楽のよさや美しさを味わって聴くこと。

　　(ア)　曲や演奏に対する評価とその根拠

　　(イ)　生活や社会における音楽の意味や役割

　　(ウ)　音楽表現の共通性や固有性

　イ　次の(ア)から(ウ)までについて理解すること。

　　(ア)　曲想と音楽の構造との関わり

　　(イ)　音楽の特徴とその背景となる文化や歴史，他の芸術との関わり

　　(ウ)　我が国や郷土の伝統音楽及びアジア地域の諸民族の音楽の特徴と，その特徴から生まれる音楽の多様性

---

　このことを踏まえ，第1学年において「和声と創意の試み」第1集「四季」から「春」第1楽章(ヴィヴァルディ作曲)を主な教材とする3時間扱いの題材を構成し，次の五点について書け。

---

・題材の目標

・B鑑賞(1)ア(ア)，(イ)，(ウ)，イ(ア)，(イ)，(ウ)のうち指導する事項

・〔共通事項〕(1)アの音楽を形づくっている要素のうち，特に知覚させたい要素

・1時間ごとのねらい，学習活動，評価規準

・〔共通事項〕(1)アを踏まえ，音楽のよさや美しさについて自分なりに考えたことを言葉で表している生徒の発言例

---

春　第1楽章
「和声と創意の試み」第1集「四季」から　　　　ヴィヴァルディ 作曲

「春」に記されたソネット

A　春が陽気にやってきた
B　鳥たちが楽しい歌で挨拶をする
C　春の到来を告げる風が泉に吹きかかると，どの泉も優しくささやき流れだす
D　黒い雲が空を覆い，春を告げるために選ばれた稲妻と雷鳴がやってくる
E　その後，静まると，小鳥たちは魅力的な鳴き声とともに戻ってくる

| 題材の目標 | | |
|---|---|---|
| 指導する事項 | 知覚させたい要素 | |

| | ねらい | |
|---|---|---|
| 第1時 | 学習活動 | |
| | 評価規準 | |
| | ねらい | |
| 第2時 | 学習活動 | |
| | 評価規準 | |
| | ねらい | |
| 第3時 | 学習活動 | |
| | 評価規準 | |

・〔共通事項〕(1)アを踏まえ，音楽のよさや美しさについて自分なりに考え言葉で表している生徒の発言例

--------------------------------------------------------------

--------------------------------------------------------------

--------------------------------------------------------------

**解答**　解答略

**解説**　一点目…ヴィヴァルディ「春」にはソネットがついているので，情景を思い浮かべやすい。この点を目標とすると，授業が組み立てやすい。二点目…ア(ア)〜(ウ)，イ(ア)〜(ウ)より選ぶ。　三点目…目標と指導する事項に合った，要素を書くこと。〔共通事項〕(1)アは，「音

楽を形づくっている要素や要素同士の関連を知覚し，それらの働きが生み出す特質や雰囲気を感受しながら，知覚したことと感受したこととの関わりについて考えること。」とある。　四点目…1時間ごとの，順序や系統について気を付けて指導案を書く。曲を聴くこと，ソネットの意味を知ること，情景を思い浮かべること，それらと音の関係，音の効果，音楽形式について等，言葉によるコミュニケーションを含めて計画する。　五点目…音の並び，大きさ，テンポなど，音楽に関する様々な要素と，表したい情景の関係について，話し合い理解を深めたことがわかる発言例を書く。

---

## 問題 2

　高等学校音楽Ⅰにおいて「音楽の特徴を感じ取って，よさや美しさを深く味わおう」という題材名で，「ボレロ」(M.ラヴェル作曲)を鑑賞しました。次の【指導と評価の計画】を見て，あとの各問いに答えなさい。

【指導と評価の計画】（2時間扱い）

| | 〇ねらい　・主な学習活動 | ●評価規準 |
|---|---|---|
| 第1時 | 〇「ボレロ」の音楽的な特徴を見つけよう。<br><br>・「ボレロ」全体を通して聴き，気付いたことや感じたことをワークシートに書く。<br>・グループごとに気付いたことを話し合う。<br>・グループによる発表により全体で共有する。<br><br>ア | 【音楽への関心・意欲・態度】<br>●「ボレロ」の音楽的な特徴を見つけようと意欲的に鑑賞している。 |
| 第2時 | 〇「ボレロ」の音楽的な特徴を理解して，よさや美しさを味わおう。<br><br>・主題を演奏している楽器に着目し，音色や響き，強弱などについて気付いたことをメモしながら，鑑賞する。<br>・部分的に聴き返しながら，音楽的な特徴を理解する。<br>・「ボレロ」の魅力について，(a)紹介文を書く。<br>・全曲を通して鑑賞する。 | 【鑑賞の能力】<br>●<br><br>イ |

問1　第1時の空欄にあてはまる学習活動として最も適切なものを，次の1～4のうちから1つ選べ。

1　旋律，音色，リズム，強弱等の視点から特徴をまとめる。

2　他の時代の楽曲形式と比較し，舞曲としての魅力について考える。

3　ボレロと我が国の伝統音楽の違いについてまとめる。

4　旋律にふさわしいリズム・パターンを創作し，CDの演奏と比較する。

問2　第2時の空欄にあてはまる評価規準として最も適切なものを，次の1〜4のうちから1つ選べ。

1　音楽を形づくっている要素を知覚し，旋律の重なりを意識しながら，演奏者による表現の特徴を理解している。

2　楽器の音色の特徴と表現上の効果との関わりに関心をもち，鑑賞する学習に主体的に取り組もうとしている。

3　楽器の音色，オーケストレーションや強弱の変化を理解してそのよさや美しさを味わって聴いている。

4　自分や社会にとっての音楽の意味や価値について考え，「ボレロ」の感想文を自分の言葉でまとめている。

**解答**　問1　1　　問2　3

**解説**　問1　ボレロの音楽的特徴は，同じ旋律，同じリズムを使っているのに，音楽的広がりを感じることができることである。それを見つけるためには，他の曲や形式との比較ではなく，音楽の構造からのアプローチが必要である。　問2　楽器の違いと，オーケストレーション，強弱の変化のみでどれだけ音楽的な効果がもたらされるか，ということが重要である。

---

**問題3**

次の音楽科学習指導案は中学1年生を対象にしたものである。学習指導案中の1〜4の設定を踏まえ，「5　本時の展開(第2時／全3時間)」を作成しなさい。

なお，学習指導要領の指導内容及び〔共通事項〕は，現行学習指導要領によるものとし，対話的な活動を含むものとする。

音楽科学習指導案

1　題材名　「日本の伝統音楽の魅力」
　　教材名　平調「越天楽」管絃
2　題材の目標
　　　平調「越天楽」の旋律の特徴を知覚し，それらのはたらきが生み
　　出す特質や雰囲気を感受しながら，音楽を形づくっている要素と曲想と
　　のかかわりを感じ取って聴き，よさや美しさを味わう。
3　指導内容「B　鑑賞」(1)　ア　(略)
　　　　　　〔共通事項〕旋律
4　本時の目標(第2時／全3時間)
　　　平調「越天楽」の旋律の特徴を知覚し，よさや美しさを味わう。
5　本時の展開

| | 学習活動 | 指導上の留意点 | 評価規準 |
|---|---|---|---|
| 導入 | | | |
| 展開 | ねらい<br>　平調「越天楽」の旋律の特徴を知覚し，よさや美しさを味わおう。 | | |
| | | | |
| まとめ | | | |

解答

| 9 | 本時の展開（例） | | |
|---|---|---|---|
| | 学習活動 | 指導上の留意点 | 評価規準 |
| 導入 | 1 本時のねらいを確認する。 | | |
| ねらい　平調「越天楽」の旋律の特徴を知覚し、よさや美しさを味わおう。 | | | |
| 展開 | 2 前回の復習として平調「越天楽」を鑑賞する。 | | ◆雅楽「越天楽」の旋律の特徴を知覚し、それらの働きが生み出す特質や雰囲気を感受しながら、音楽を形作っている要素や構造と曲想との関わりを理解し、楽曲のよさや美しさを味わって聴いている。【鑑賞の能力】 |
| | 3 旋律の動きを捉えるために雅楽「越天楽」の篳篥（ひちりき）の口唱歌を唱える。 | ・口唱歌を教師が模範唱しながら、模範唱に合わせて篳篥（ひちりき）の口唱歌を唱えさせる。＜口唱歌の活動の支援＞口唱歌（チラロ）を模造紙に書いて前面に貼り、模範唱に合わせてゆっくり何度も歌わせる。 | |
| | 4 旋律の特徴について気付いたことをワークシートに書き、特徴を友達と話し合う。 | ◎主発問：雅楽「越天楽」の篳篥の旋律を口唱歌で歌ってみて、旋律の動き方のどんな特徴に気付きましたか？※予想される答え・次の音に移る時に音がつながって動く。（塩梅）・同じ音や近い音程の音に進む。同音進行または順次進行が基本で跳躍進行はない。・全音、半音だけでなく微妙な音程で旋律が構成されている。 | ◆評価方法・ワークシート・発言等の観察 |
| | 5 話し合った特徴を全体で共有する。 | | |
| | 6 旋律の特徴の効果を友達と話し合う。 | ○補助発問：同音進行や順次進行の進み方はどんな効果がありますか？※予想される答え：・同音進行や順次進行によって篳篥や竜笛を演奏する際に音がつなぎ易くなる。・おごそかで雄大な感じを表現できる。・音がつながって動くので人の声や自然に存在する音の線に近い。 | |
| | 6 学習したことを生かして、もう一度、「越天楽」を鑑賞する。 | | |
| まとめ | 7 本時のねらいが達成できたかを振り返って自己評価する。8 次の時間の予告を行う。 | ・本時のねらい「「越天楽」の旋律の特徴を知覚し、よさや美しさを味わおう」を再び提示し、越天楽の旋律の特徴について気付いたことや効果性について考えたことをワークシートにまとめさせる。 | |

解説　学習指導案を作成する問題である。ねらいは定められているので、外れないようにする。中学校学習指導要領解説音楽編の第3章第2節内容の(2)B鑑賞のアを参考にし、本時で扱いたい点を選び、それを基に学習活動を考える。メインの学習活動を決めたあと、それを補強する学習活動や本時の目標を確認する活動や振り返りをする活

動も定型的に入れておくと良いだろう。指導上の留意点には具体的に発問や指示の言葉を箇条書きで書くと良い。評価規準は本時の目標と正しく対応していること。評価するための方法もこの領域に書き添えること。

第3学年で歌唱教材を『花の街』，題材名を「歌詞の内容や曲の背景を理解し，豊かな表現を工夫しよう。」とし，3時間からなる学習を構成する。1，2時間目に，「旋律の視唱をし，どのような旋律かを学び，歌詞の成立背景を含んだ内容について理解する学習」を行う。そして，3時間目に，「音楽を形づくっている要素を知覚させた上で，楽曲の特質や雰囲気を感受し，そこから導き出される歌唱表現の創意工夫をする学習」を行う。次の①，②に答えよ。

① あなたが，着目させたい「音楽を形づくっている要素」は何か，記せ。

② あなたが，この3時間目の授業を行うとすれば，どのような点に留意して行うか，具体的に記せ。

**解答** ① 強弱　② 歌詞に着目し，「輪になって，輪になって」から人々が，だんだんと集まってきて，輪が広がっていく様子を表現するように，クレシェンドをフォルテに向かって付けてダイナミックに歌い上げる。そして「ひとり寂しく」では，寂しい雰囲気を表現するためにデクレシェンドし，最後のフレーズを落ち着きを持って歌うように意識する指導を行う。

**解説** 学習指導要領解説では，音楽を形づくっている要素として音色，リズム，速度，旋律，テクスチュア，強弱，形式，構成など，をあげている。②については3時間構成の3時間目の授業ということを考慮し，より高度な歌唱表現をすることが求められる。『花の街』に対して自分が表現させたい曲想やイメージを持っておくこと，そしてそれを表現するための具体的な歌唱法を知っておくことが求められる。また，1番から3番までの曲全体を通して表現することを意識すること，その際に歌詞の違いによる表現の工夫をすることも必要だろう。

■■■ **問題 5** ■■■

　高等学校1年生を対象に，沖縄音階を用いて旋律を制作する芸術科音楽の学習指導案の題材の指導計画を，以下の様式で作成しなさい。ただし，全4時間扱いとする。

芸術科音楽学習指導案

1　題材名　「　　　　　」
2　題材の目標

| |
|---|
| |

3　題材の指導計画(全4時間)

| 時間 | 学習活動 | 評価規準・評価方法 |
|---|---|---|
| 1 | | |
| 2 | | |
| 3 | | |
| 4 | | |

**解答**　1　題材名　「沖縄音階を使った旋律創作」
　　　　2　題材の目標

・沖縄音階を形づくっている要素を知覚し，それらの働きを感受して旋律を創ることができる。
・表現したいイメージを旋律にするための適切な旋律やリズムを選んで創作することができる

| 時間 | 学習活動 | 評価規準・評価方法 |
|---|---|---|
| 1 | ・沖縄民謡を鑑賞し、沖縄民謡の音楽を形づくっている要素の音階、リズム、楽器、声の音色の特徴を知覚し、ワークシートに記入する。 | ・沖縄民謡の特徴を知覚し、沖縄の音楽を形づくっている要素の特徴を知覚し、沖縄民謡のよさや美しさを感受している。【鑑賞の能力】<br><鑑賞ワークシート> |
| 2 | ・沖縄を大きなテーマとして表現したいイメージを各個人で考える。<br>・表現したいイメージをもとに、沖縄音階を使って各個人で、四分の四拍子で8小節の旋律を創作する。<br><準備物><br>・五線紙<br>・音源（リコーダー、キーボード） | ・表現したいイメージをもとに、沖縄音階を使って、四分四拍子で8小節の旋律を創作している。【創作の技能】<br><五線紙> |
| 3 | ・表現したいイメージが同じ、または近いグループで四人のグループを作って、四人の楽曲をつなげて、グループとしての楽曲をつくる。<br><準備物><br>・拡大五線紙<br>・音源<br>・速度変化や合いの手、楽器のリズムの挿入などさまざまな工夫をして曲を仕上げる。 | ・速度変化や合いの手、楽器のリズムの挿入などさまざまな工夫を考えて、表現したい音楽を創作している。【音楽表現の工夫】<br><ワークシート：自分が考えた工夫点を振り返り、ワークシートに記入する> |
| 4 | 表現したいイメージを基にグループで創作した音楽を発表し、相互評価しあう。 | ・速度変化や合いの手、楽器のリズムの挿入などさまざまな工夫をして表現したい音楽を創作している。【音楽表現の工夫】<br><ワークシート：自己評価と共に友達の工夫点も見つけて記入し相互評価を行う> |

**解説** 題材名は学習活動を要約するもので，生徒がイメージしやすく，理解できるものでなければならない。題材の目標は，この題材を通して育て身に付けさせたい力を，学習指導要領の目標や内容と関連させて書くこと。題材の指導計画は題材の目標を達成するために指導すべき内容をどのように配列し構成するかを計画したものである。国立教育政策研究所の評価規準を参考にして，評価規準，評価方法を考えること。

━━━━━━━━━━━━━ **問題6** ━━━━━━━━━━━━━

　創作の活動において，自分の住んでいる地域のCMソングをつくること
を指導する場合，どのような学習活動が考えられますか。次の表に示され
た生徒の状況を基に，題材名をあげて，3時間で扱う学習活動を書け。

| | |
|---|---|
| | 〈対象学年〉　第3学年 |
| 生徒の状況 | 　第1学年においては，言葉の抑揚に沿って音を当てはめ，旋律をつくる活動を行った。第2学年においては，平調子に調弦した箏を二面使って，旋律を繰り返したり重ねたりして，構成を工夫する活動を行った。<br>　生徒は，反復，変化，対照などの構成を工夫しながら音楽をつくることはできている。しかし，言葉や音階などの特徴を生かし，表現を工夫して旋律をつくることについては十分ではない。また，創作の学習に関するアンケートでは，約80％の生徒が，「創作の学習に興味・関心がある。」と回答している。 |

**解答**　題材名(言葉や音階の特徴を生かして，自分の住む地域のCMソング
をつくろう)

| 時間 | 学習活動 |
|---|---|
| 第1時間目 | ○イメージをもち，即興的に音を出しながら創作する活動に主体的に取り組む。<br>・実際に使用されている他地域のCMソングを聴く。<br>・自分の住む地域のCMソングについてイメージをもつ。<br>・地域のキャッチコピーのリズムや「レ」「ミ」「ソ」「ラ」「ド」五音を使って，実際に音を出して確かめながら，表現したいイメージに合うような4小節の旋律をつくる。<br>・自分がつくった旋律をワークシートに記録するととも，今後の創作活動の見通しを立てる。 |
| 第2時間目 | ○構成を工夫し，表したいイメージと関わらせて旋律をつくる。<br>・実際に音を出して確かめながら，表現したいイメージ第に合うようなCMソングをつくる。<br>・グループで，自分が工夫したいことやつくった音楽を言葉や演奏で紹介し合い，意見交換する。<br>・紹介したい地域の名所や名物をCMソングで伝えるために， |

| | |
|---|---|
| | 自分がつくった旋律をどのように繰り返すかなど構成の工夫についての思いや意図をワークシートに書き，表現の工夫に取り組む。 |
| 第3時間目 | ○　創意工夫を生かした表現で旋律や音楽をつくるために必要な技能を身に付け，表現したいイメージにふさわしい旋律をつくる。<br>・作品発表会に向けて，自分がCMソングで表現を工夫第しようと思うととや自分がつくった旋律をどのように構成するかについての思いや意図を再確認する。<br>・全体で作品発表会を開き，それぞれ自分がつくった作品を発表し合う。<br>・演奏を振り返り自己評価を行うとともに，他者の表現についてよいと思ったことを交流する。<br>・感じ取ったよさを生かして，自分の表現の工夫に再度取り組む。 |

**解説**　各時間で何をするのかを大きく提示し，その下位活動を(多くなりすぎないように)3，4つ示す。まずCMソングがどのようなものかをつかみ，興味・関心が高いことを受けて即興的にイメージに合う旋律をつくってみる。次に，地域について，グループで意見交換をしながら具体的に構成を工夫し，さらに表現の幅を広げられるようにする。イメージをもつことと，イメージをもとにまとまりを構成する工夫がみられるような活動を設定する。さらに，作品発表することにより，言語化することでアイデアに主体性が生まれる。また，他の作品から刺激を受け，評価と振り返りにより相互効果が得られる。

---

**問題 7**

　題材「日本の民謡に親しもう」(全2時間)の鑑賞領域の学習を第1学年で行うこととする。第1時間目(50分)における学習指導の展開例を次の条件に従って書け。

[条件]

○　本時の目標を踏まえた展開とすること。

○　教材を適切に取り扱い，比較鑑賞する学習を取り入れること。

327

秋田県の音楽科

○ 本時で取り扱う教材名を全て記すこと。
○ 中学校学習指導要領(平成29年3月告示)「音楽」に示されているように, 音楽科の特質に応じた言語活動を取り入れること。
○ 本時の目標を踏まえた学習評価及びその方法を明記すること。

1 題材名 「日本の民謡に親しもう」
2 本時の目標
○ 民謡の特徴と曲想との関わりについて理解する。
○ 民謡に親しみ、音楽を形づくっている要素とその要素の働きが生み出す雰囲気やよさを味わって聴く。

3 教材名 (　　　　　　　　　　　　　　　　　　　　　　　　)

4 本時の展開

| 主な学習活動 | ○指導上の留意点　●評価（方法） |
|---|---|
|  |  |

解答

1. 題材名「日本の民謡に親しもう」
2. 本時の目標
   ○民謡の特徴と曲想との関わりについて理解する。
   ○民謡に親しみ、音楽を形づくっている要素とその要素の働きが生み出す雰囲気やよさを味わって聴く。
3. 教材名（ソーラン節・炭坑節）
4. 本時の展開

| 主な学習活動 | ○指導上の留意点　●評価（方法） |
|---|---|
| ・『ソーラン節』を鑑賞する。<br><br>・メロディ以外の"声"に着目し、再度「ソーラン節」を鑑賞する。<br><br>・班活動で気づきを共有する。 | ○最初に鑑賞する際には私語をせず、音楽によく耳を傾けられる環境を作る。一度聴き終えて、班で意見を共有する際には、小さな音で流しておく。生徒自身から合いの手についての気づきが出るように机間指導で声かけを工夫する。<br>●関心を持って鑑賞できている。気づきを班で共有できている。（観察・発表） |
| ・班活動で出た気づきを全体で共有する。 | ○発表した言葉を、教師が言い換えるだけではなく、音楽を流して確認する。 |
| ・ソーラン節は元々働くときに歌われていた仕事歌であるということや、仕事歌における合いの手の役割を説明する。<br><br>・様々な民謡の種類がある中の一つの仕事歌について紹介する。 | ○仕事歌だけが民謡という誤解を与えないように、適宜子守唄や、踊り唄、祝い唄なども紹介する。 |
| ・仕事歌である炭坑節を鑑賞する。 | ○音源だけではなく、実際に働きながら歌っている動画を鑑賞する。一曲を長く鑑賞させる必要はなく、印象的な部分のみ切り取る。元々は言葉から生まれたことを実感させる。 |
| ・歌を歌うグループと、合いの手を入れるグループに分けて、実際に『ソーラン節』を歌唱する。<br><br>・振り返り | ○音とりはピアノを使わずに、口承伝承である民謡を踏まえ、言葉の延長線上で行う。民謡の独特な発声についても触れ、西洋の歌曲とは異なる地声に近い発声で活動させる。<br>●合いの手を入れたことで、音楽的にどのような効果があるかを実際の自分の経験に基 |

329

| | づいて考えることができる。(ワークシート記述) |
|---|---|

解説　まずは，指定されている目標に即した内容となっているかどうかが重要なポイントである。本授業を受けた後の生徒の状態をよく想像しながら思考を進めること。学習活動や指導上の留意点の部分では，比較鑑賞する学習を取り入れているかどうかや，音楽科の特質に応じた言語活動を取り入れているかどうかも重要である。言語活動というと言葉でのやり取りに終始されるイメージがあるが，音楽科の場合は必ず発言の根拠となる音に立ち返ることが必要である。

## ●書籍内容の訂正等について

　弊社では教員採用試験対策シリーズ（参考書，過去問，全国まるごと過去問題集），公務員試験対策シリーズ，公立幼稚園・保育士試験対策シリーズ，会社別就職試験対策シリーズについて，正誤表をホームページ（https://www.kyodo-s.jp）に掲載いたします。内容に訂正等，疑問点がございましたら，まずホームページをご確認ください。もし，正誤表に掲載されていない訂正等，疑問点がございましたら，下記項目をご記入の上，以下の送付先までお送りいただくようお願いいたします。

> ① **書籍名，都道府県（学校）名，年度**
> 　（例：教員採用試験過去問シリーズ　小学校教諭 過去問　2026 年度版）
> ② **ページ数**（書籍に記載されているページ数をご記入ください。）
> ③ **訂正等，疑問点**（内容は具体的にご記入ください。）
> 　（例：問題文では"ア～オの中から選べ"とあるが，選択肢はエまでしかない）

〔ご注意〕

○ 電話での質問や相談等につきましては，受付けておりません。ご注意ください。

○ 正誤表の更新は適宜行います。

○ いただいた疑問点につきましては，当社編集制作部で検討の上，正誤表への反映を決定させていただきます（個別回答は，原則行いませんのであしからずご了承ください）。

## ●情報提供のお願い

　協同教育研究会では，これから教員採用試験を受験される方々に，より正確な問題を，より多くご提供できるよう情報の収集を行っております。つきましては，教員採用試験に関する次の項目の情報を，以下の送付先までお送りいただけますと幸いでございます。お送りいただきました方には謝礼を差し上げます。

（情報量があまりに少ない場合は，謝礼をご用意できかねる場合があります）。

◆あなたの受験された面接試験，論作文試験の実施方法や質問内容

◆教員採用試験の受験体験記

- - - - - - - - - - - - - - - - - - - - - - - - - - - - - - - - - - - - - - - - -

**送付先**
○電子メール：edit@kyodo-s.jp
○FAX：03-3233-1233（協同出版株式会社　編集制作部 行）
○郵送：〒101-0054　東京都千代田区神田錦町2-5
　　　　　協同出版株式会社　編集制作部 行
○HP：https://kyodo-s.jp/provision（右記のQRコードからもアクセスできます）

　※謝礼をお送りする関係から，いずれの方法でお送りいただく際にも，「お名前」「ご住所」は，必ず明記いただきますよう，よろしくお願い申し上げます。

教員採用試験「参考書」シリーズ

# 秋田県の
# 音楽科 参考書

---

編　集　ⓒ協同教育研究会

発　行　令和6年7月25日

発行者　小貫　輝雄

発行所　協同出版株式会社
〒101-0054
東京都千代田区神田錦町2-5
電話　03-3295-1341
振替　東京00190-4-94061

印刷所　協同出版・POD工場

落丁・乱丁はお取り替えいたします

---